한국의회행정론

박 기 관

청목출판사

머리말

우리는 현재 민주주의의 시대에 살고 있는 것일까? 그리고 우리는 민주주의의 본질이라고 할 수 있는 자유와 평등 그리고 행복한 삶을 누리고 있는 것일까? 민주주의가 인류의 보편적 가치로 자리하고 있지만, 아직도 도처에서는 민주주의의 변용과 함께 이질적 내용을 담아 비민주주의의 굴레를 벗어나지 못하고 있다. 그리고 민주주의가 표방하고 있는 자유와 평등 역시 그 고유의 숭고한 가치가 훼손된 채, 정치·경제·사회적 억압과 지배를 넘어 불평등이 엄존하고 있는 것도 부정할 수 없는 사실이다.

민주주의는 인류사회의 변천과 함께 인간의 지적 성장에 따라 계속 발전해 갈 것이며, 민주주의를 뒷받침하고 있는 본질적 가치인 자유와 평등의 내용 역시 시대의 흐름에 따라 변천할 것이다. 하지만 분명 민주주의는 장구한 세월동안 면면히 흘러내려 오는 인류정신의 보편적 가치임에 틀림이 없고, 민주주의가 이상으로 삼고 있는 자유와 평등이 제대로 실현될 때 개인의 행복한 삶과 인류의 번영이 이루어질 수 있을 것이다.

인류의 역사를 반추해 보건대, 인간은 억압과 지배 그리고 불평등으로부터 벗어나고자 하는 갈망과 투쟁의 연속이었다. 결국 근대 이전까지 자유와 평등이 보장되지 못한 것은 그만큼 인간의 지배에 종속된 사회였고, 법이라고 하는 제도 자체도 지배의 종속적 방어 기제에 지나지 않았다. 하지만 이러한 인간의 지배와 법의 지배를 단호히 거부한 근대시민혁명의 촉발은 참된 자유와 평등을 확립케 하였고, 비로소 민주적인 국가와 정부의 제도적 장치를 작동하게 하였다. 즉 인간은 참된 자유와 평등 그리고 행복을 추구하기 위해 정부를 수립하였고, 그 정당한 권력은 국민의 동의와 지지에 비롯되었다고 보아야 한다.

한때 국가의 기능과 활동을 제한하고, '보이지 않은 손'에 의해 정치·경제적 자유의 영역을 넓히려 했던 자유방임적 시대가 있었지만, 점차 발전하는 자본주의에서는 이를 더 이상 허락하지 않았다. 자유와 평등이라는 상호보완적 관계를 유지하기 위해서 특히, 모든 사람들이 참된 평등한 삶을 누릴 수 있도록 하기 위해서는 '보이는 손'의 적극적인 작동이 필요했던 것이다. 이에 따라 국가의 기능과 행정부의 활동은 더욱 확대되었고, 그 만큼 국가와 행정부에의 권력집중은 불가피하게 되었다. 이는 결국 오늘날과 같은 행정부 우위의 국정 운영이 이루어지고, 계층제적인 행정관리 방식이 강조됨으로써 정부의 변용된 지배를 비롯하여 자유의 억압과 평등의 훼손을 가져오는 우려의 현상이 나타나고 있다.

민주주의 이념을 보장하고 확립하기 위해서는 국가 또는 행정부에 대한 민주적인 통제가 제대로 작용해야 한다. 특히 행정부 우위의 국정운영에 있어서는 '대중적 대표성'을 유지하는 것이 필수적이다. 이를 위해서는 시민들의 정치참여가 보장되고, 대의제도인 의회의 역할과 기능의 발전이 중요하다. 특히 민주정치제도의 정착여부는 민주정치의 요람인 의회가 어떠한 기능을 수행하느냐에 달려 있다고 해도 과언이 아니다. 근대사회 이전의 의회는 전제군주나 일인 통치자의 정책수행을 위한 정당성 확보의 수단으로, 또는 영향력 있는 국민집단들의 동의나 지지를 필요로 하는 장치로서의 역할에 그쳤다. 그러나 근대사회에 이르러서는 전통적인 의회의 대표기능이나 입법기능 이외에, 국가와 행정부의 운영에 대한 견제와 통제가 중요시되었다. 특히 의회는 점차 다원화되고 분화된 사회의 다양한 욕구를 수렴하여 정치행정체제에 반영함으로써 갈등적인 사회구조를 공동체적 시각에 의거 통합시키는 역할을 수행하게 된 것이다.

우리나라 국회는 대의제 기구로서의 본연의 기능과 역할을 수행하고 있을까? 오랫동안 한국사회에서 국회의 존립과 위상이 가장 절실한 정치과제 중의 하나로 여겨져 왔다는 것은 국회의 제도화 수준이 그 만큼 미약함을 의미한다. 이는 한국 국회가 정치·사회적 변동의 주체적 활동의 중심지가 아닌 오히려 개혁의 대상 또는 개혁의 걸림돌이 되고 있음을 방증하고 있기도 하다. 민주화 이후 한국 국회의 위상은 다소 높아지고 있으나, 여전히 한국정치의 중심지가 되지 못한 채 변방에 머물고 있다. 사실 국회가 그동안 의회민주주의 기능을 제대로 수행해 왔는지에 대해서는 회의적이고 부정적인 의견이 지배적이다. 이는 대통령 우위의 권위주의 체제라는 정치 환경을 비롯한 정치인들은 낮은 의식수준과 전문성, 정경유착에 따른 정치인들의 부정부패, 대의민주주의에 대한 국민들의 그릇된 인식과 기대, 국회운영 제도의 문제점 등에 연유한다. 특히 강력한 대통령의 권력집중과 행정부 우위의 관료주의는 국회를 정치변방의 행위자로 내몰고 있고, 수 십년간 지속되고 있는 지역할거주의적 정당이 국회의 자율성을 더욱 약화시키고 있다는 데 문제의 심각성은 더하다.

따라서 대의민주주의 그리고 민주정치가 활성화되기 위해서는 한국 국회가 행정부에의 종속된 관계를 벗어나 국민을 대표하는 기관으로서 행정부에 대한 감시와 견제의 기능을 회복하는 것은 국정운영이 효율적이고 민주적으로 운영되어지는 데 필수적인 조건이다. 국회는 행정부와의 일정한 긴장관계를 유지하며 행정부의 정책집행상의 오류, 실책과 정합성 부족을 시정함과 동시에 민의수렴 및 반영을 통해 궁극적으로 국민주권의 원리가 현실정치에서 실현될 수 있도록 기능해야 한다.

한편, 지방분권사상과 자유민권 사상에 기반한 지방자치가 부활된 지 24년이 지나가고 있다. 지방자치 실시는 오랜 중앙집권적 정치체제 하에 중앙에 예속 내지 종속되어 온 지방의 재발견과 함께 다원적 민주주의의 실현을 촉진시켰다. 그러나 지방자치의 일천한 역사성과 함께 분권화의 미흡한 수준으로 인해 지방정부의 자치권과 지방의회의 자율성이 완전한 수준으로 도달했다고 보기에는 어렵다. 더욱이 정부 권력구조면에서 볼 때 중앙집권적 잔재가 남아 있어 지방정치 공간의 제한성은 여전하다. 한국의 지방의회는 1952년 구성하여 운영해 오다가 1961년 5·16 군사 쿠데타에 의해 해산되었고, 그 이후 30년 만인 1991년에 재 부활되어 오늘에 이르고 있다. 지방의회의 부활은 오랜 중앙집권적 정치체제하에 매몰되었던 지역의 주체성을 생성시켰음은 물론 주민의 자치의식과 참여를 신장시켰다. 또한 지방의회는 일천한 역사성과 정당정치의 구조적 제약 속에서도 주민의 의사와 이익을 대표하고, 집행기관의 행정을 감시·견제하였을 뿐 아니라 강력한 단체장의 전횡을 방지함으로써 지역민주주의 성장을 더욱 가속화시켰다. 하지만 지방의회에 대한 인식과 평가는 그리 긍정적이지 못하다. 이는 지방의회의 제도적 한계, 지방의회의 소극적 기능 수행, 지방의회 의원의 도덕성과 전문성 부족, 지방의회에 대한 주민의 이해부족과 무관심 등에 연유한다. 특히 중앙정치의 파행적 운영과 지역주의에 따른 실종된 정당정치는 지역주민에게 지방정치의 무관심과 냉소적인 반응은 물론 지방의회 존립에 대한 회의감을 불러일으키는 결과를 초래하고 있다. 더욱이 중앙정치의 권력기반의 기반위에 자유롭지 못하는 지방정치는 단체장의 과도한 권력의 집중으로 인해 지방정치체제의 분화를 더욱 어렵게 하고, 지방정당의 부재 속에서 중앙권력의 지지기반을 지방에서 찾으려는 혼탁한 정치양상은 지방정치의 불신을 심화시키고 있다. 지방정치 발전 그리고 지방의회의 발전은 중앙정치로부터의 상대적 자율성을 확보하고, 건전한 지방정당의 존재 하에 지역일꾼이 선출되어 지방의회로 진입되어야 한다.

무릇 민주주의와 민주정치는 끊임없이 변화·발전해 나가고, 그 본질적 가치인 자유와 평등의 내용도 변화해 갈 것이다. 하지만 이러한 숭고한 가치는 인류가 존재하는 한 인간의 존엄성과 행복의 조건을 실현시켜 주는 것에는 변함없이 지속될 것이다. 우리가 민주주의가 실현되고 있고, 자유와 평등이 보장되어 행복한 삶을 영위하고 있는가를 알아보기 위해서는 민주정치의 중심지인 의회가 어떻게 현실 속에서 작동하고 있는지를 알아보아야 한다. 특히 의회정치는 의회를 둘러싸고 있는 정치·사회·경제·문화의 특수성에 기반해 연구되어야 하고, 이는 국가의 중앙단위는 물론 지역적 공간에 기반한 지방에서도 그대로 적용된다. 한국의 정치는 중앙이든 지방이든 권력의 중심을 향해 소용돌이 치고 있다. 한국의 국회는 강력한 대통령 그리고 지방의회는 강력한 자치단체장의 주변에 머물고 있는 정치행위자로서의 한계를 벗어나지 못하고 있다. 그리고 중앙정당의 미숙한 성장과 지방정당의 부재의 결과, 정당은 지역적 균열에 따라 지역별로 일당독재 현상이 도처에 나타나고 있다. 강한 지역주의의 지속성이 국회의원과 지방의원들로 하여금 정치수요자인 국민들과 지역주민들의 요구를 충족시키지 못하면서도 정치공급자로서 생존할 수 있게 보장해 주고 있다. 여전히 한국 의회정치는 중앙이든 지방이든 급변하는 환경변화의 속도에 따라가지 못하고 있을 뿐만 아니라 제 기능과 역할을 수행하지 못하고 있다.

이제 한국 민주주의 공고화를 위해 국회와 지방의회 모두 새로운 변화와 발전적 위상을 높이기 위한 노력이 필요하다. 중앙정부이든 지방정부이든 행정 관료제의 분권화와 다원화가 강조되어야 하고, 의회는 물론 이익집단이나 기타 시민들이 정부를 통제하는데 순기능적인 제도적 장치들이 마련되고 활성화되어야 한다. 중앙에서는 국정운영과정이 지방에서는 시정운영과정이 일반 대중에 공개되고 투입되며 통제되어야 한다. 또한 강력한 대통령제와 강력한 지방자치단체장의 정치행정체제에 따라, 국회와 지방의회 모두 국정 및 시정통제의 균형적 시각에 근거한 의회와 행정부의 관계정립이 요구된다. 이는 권력기관 간의 불균형과 견제의 부재는 행정부의 전횡과 남용을 불러일으킬 수 있는 반면, 행정부에 대한 지나친 간섭과 경계는 행정부의 창조적인 업무방해, 정책효율성 저하의 원인이 될 수 있다는 점에서 강조되어야 한다. 결국 행정부에 대한 의회의 통제는 행정부의 합리적 재량권의 필요성과 의회의 견제와 감독을 어떻게 조화시킬 것인가의 여부에 달려 있다.

아울러 국회와 지방의회의 정치인들은 자신들을 위한 지나친 권력

게임의 경쟁에 몰두하기보다는 정치수요자인 국민과 지역주민들의 요구에 대응하는 정책적 대안을 제시하기 위한 경쟁을 벌여야 한다. 의회 내 정치인들이 정책에 기반하지 않은 지나친 권력의 집착과 투쟁의 정치는 결국 승자독식의 정치가 될 것이고, 의회의 기능을 퇴보하게 만들 것이다. 한국의 대의민주주의 그리고 의회주의 위상은 선거로 선출된 대표들이 정치수요자인 국민과 지역주민들이 무엇을 원하고 있는가를 정확히 파악하고, 이를 정책적으로 실현시키기 위한 경쟁을 벌일 때 제고될 것이다. 국회와 지방의회는 끊임없이 변화하는 사회공동체 구성원의 요구에 조응하고, 그 결과 부단히 변화해 나가고 발전적 위상을 높여가야 한다. 민주주의는 제도내에서의 정치이고, 다양한 사회세력들 간의 갈등을 제도 내 장치에서 해결하는 것이다. 국회는 국가정책대안 그리고 지방의회는 지역정책대안들이 경쟁되고 협상되는 장소가 되게 하여야 한다. 또한 의회는 정당이 활동하는 제도적 장치임으로, 정당이 고질적인 지역주의에서 벗어나 지역감정에 호소하지 말고 정책과 대안을 중심으로 정치수요자인 유권자들의 표를 유도해야 할 것이다.

민주정치의 핵심적인 기능을 수행하는 의회는 정치행정체제의 내·외적 환경변화에 따라 달리 제도화되고 운영되는 관계로 그 본질을 규명하는 작업은 결코 쉽지 않은 일이다. 더욱이 의회와 행정체제는 사회경제문화의 여건과 국민의 지적수준에 따라 가변적이어서 그 활동의 성과를 평가하는 작업 또한 어려운 일이다. 따라서 의회의 본질을 규명하거나 의정활동의 성과를 평가하기 위해서는 일정기간 동안 그 의회가 변모해 온 궤적을 추적함은 물론 현실적 구조와 운영을 연구해야 한다. 그러나 이 책은 필자가 대학에서 '의회와 행정'이라는 교과목을 강의해 오면서 정치와 행정 그리고 국회와 지방의회를 공부하는 학생들에게 그 제도와 운영을 보다 쉽게 소개하고 이해시키기 위한 의도로 씌여진 것이다.

이 책은 크게 의회의 발전사적 차원과 함께 한국국회와 지방의회의

제도 및 운영 차원으로 크게 나누어 살펴보았다. 제1장부터 제3장까지는 의회의 발전사를 비롯하여 의회행정의 접근방법과 주요이론을 소개하였다. 특히 접근방법과 주요이론들은 의회 및 행정의 현실적 실제를 파악하는 데 보탬이 될 수 있을 것이다. 제4장부터 제7장까지는 한국 국회의 제도와 운영 그리고 제8장부터 제15장까지는 한국 지방의회의 제도와 운영으로 나누어 살펴보았다.

이 책은 철저한 이론과 정교하고 치밀한 논리로 무장된 연구서가 아닌 일반 입문서적 교과서의 성격에 지나지 않아 미흡한 부분이 적지 않다. 이 미흡한 부분은 끊임없이 노력하여 충실한 내용으로 보완하고자 한다. 따라서 이 책이 의회와 행정을 이해하는 기본서와 함께 한국 국회와 지방의회를 조망하는 데 기반이 되고, 이 기반 위에 다음 준비하고 있는 새로운 판에서는 한국의회의 역동적 실제를 보다 심도 있게 다루고자 할 생각이다. 아무쪼록 '한국의회행정론'이 의회민주주의와 의회정치의 기초적인 이해는 물론 한국 국회와 지방의회의 실상을 파악하는 데 조금이나마 도움이 되기를 기대한다. 이 책이 세상을 내보이는 데 많은 도움을 받았다. 어려운 사정에도 기꺼이 출판을 위해 힘써 준 청목출판사 유성열 사장님과 함께 수고해 주신 편집부 여러분께 감사드린다. 그리고 연구년을 맞이해 온 미국의 아파트 2층에서 자신의 컴퓨터 책상을 기꺼이 양보해 주고, 플로리다 주립대학교 Strozier 도서관에서 무더운 여름을 함께 했던 아들 준석에게 고맙다는 말을 전하고 싶다. 늘 필자를 위해 변함없이 곁에서 응원해 주고 있는 아내 경진과 딸 세미에게도 감사한다.

이 책을 늘 저자를 위해 사랑의 기도를 아끼지 않으시고 계시는 사랑하는 어머니께 바친다.

2015년 1월 새해

박기관

차 례

의회제의 기원과 역사적 발전

제 1 절 의회제의 기원과 직접민주제

1. 의회제의 기원

오늘날 의회는 국민의 직접 선거에 의해 구성된 민의(民意) 및 대의(代議)기관이고, 국가의 법률을 제정함은 물론 예산을 심의하며 국가의 중요한 정책을 결정하는 최고의 의사결정기관이다. 이러한 의미를 지니고 있는 의회는 과연 어떠한 뿌리를 두고 있고, 어떠한 역사적 발전을 거쳐 왔을까?

고대 그리스와 로마시대에 있어서는 대부분 직접민주주의에 뿌리를 둔 정치의 형태였다. 이 시대의 사회는 작은 규모의 마을 및 도시의 형태가 하나의 정치적 공동체의 단위로 운영되었다. 이 고대사회의 직접민주제를 대표할 수 있는 것이 이른바 공직추첨제와 민회를 들 수 있다. 아테네에서 시행된 공직추첨제는 모든 주민이 공직에 참여할 수 있는 권리가 있다는 사상 아래, 추첨을 통해서 공직에 앉히는 형태로 운영되었다. 그리고 민회(Eocleoia; 民會)는 모든 시민이 한 장소에 모여 국사를 논의하여 결정하는 것으로, 어느 누구도 아무런 제약 없이 법률을 제안하고 결정할 수 있는 특징을 지니고 있었다.[1] 그러나 이 제도는 인구증가에 따른 정치참여의 제한과 생계나 거주지가 너무 멀기 때문에 정기적인 회의에 참석할 수 없어 결국 유산계급만 참가하게 되는 한계도 있었다.

이상에서 살펴본 바와 같이 고대사회에서는 작은 지역적 단위 그리고 작은 인구 규모로 인해 시민 전체가 언제든 한 장소에 모여 공동체의 주요사항을 결정할 수 있는 직접민주제가 가능했다. 그리고 이러한 직접민주제의 형태는 아마 시민에 기반을 둔 가장 이상적인 정치제제인 민주주의 형태라고 할 수 있을 것이다. 특히 고대사회의 회의제도는 근대 및 현대 의회제도와는 달리 시민이 직접 참여하는 직접민주주의 형식에 기초하였고, 시민 모두가 참여하여 작게는 자신들의 생활문제와 크게는 공동체의 정책문제를 직접 해결했다는 점에서 오늘날 의회의 기원이 될 수 있을 것이다. 하지만 근대국가에 이르러서는 계속 증가하는 인구로 인해, 모든 구성원이 한 곳에 모여 주요사항을 결정하는 것은 현실적으로 어렵게 되었다. 즉 국가사회의 발전에 따른 지역적 단위의 확대와 인구증가는 사회구성원 전체가 직접 한 장소에 모여 중요 정책을 결정하고 제반 문제를 처리할 수 없게 된 것이다. 이러한 이유로 국가의 구성원(국민)이 직접 선출한 대표가 국가의사를 간접적으로 결정하는 이른바 간접민주제가 채용될 수밖에 없었고, 결국 이는 의회제도의 출현을 가져왔다.

이에 따라 의회는 국민의 직접 선거에 의해 선출된 대표로 구성되는 하나의 합의체 기관으로 자리 잡게 되었고, 적어도 민주정치체제하의 정치적 중심의 큰 축이라고 하는 생각이 보편적으로 받아들여지게 된 것이다. 일찍이 J. S. 밀은 가장 이상적인 정부형태는 인민주권에

---

1) 예컨대, 아테네의 민회였던 시민총회(ecclesia)는 만 20세 이상의 남자인 시민이면 누구나 회의의 구성원이 되어 국가의 주요사항을 결정하였고, 스파르타의 아펠라 역시 30세 이상의 남자가 구성원이 되어 내정(內政) 및 외정(外政)에 관한 사항을 결정하였다.

기초한 정부로, 인민이 선출한 대표를 통해 인민이 최고의 통제권을 행사하는 것이리고 주장하며 대의정부를 높이 평가했다. 인민의 대리인이나 대표들이 의회를 구성하고 여기서 중요사항을 결정하며, 행정업무를 감시하는 정부형태를 가장 이상적인 형태로 파악한 것이다. 이와 같이 국가의 구성원인 국민들이 직접 선출한 대표를 통해 간접적으로 정치에 참여하는 형태의 정치제제를 이른바 의회제도 또는 의회민주주의라고 할 수 있다. 따라서 오늘날 의회는 국민의 직접 선거에 의해 구성된 민의(民意) 및 대의(代議)기관이고, 국가의 법률을 제정함은 물론 예산을 심의하며 국가의 중요한 정책을 결정하는 최고의 의사결정기관으로서의 의미를 지니고 있다.

2. 직접민주제의 변천과 효용

직접민주제는 무엇보다 국가 또는 사회의 모든 구성원이 그 국가나 사회의 중요한 사항을 결정하는데 직접 참여하고 결정하는 정치제도이다. 이 제도는 앞서 살펴본 바와 같이 고대 그리스 도시국가의 에클레시아(ecclesia)와 B.C 1세기 전후에 존재했던 게르만족의 민회(民會)에까지 거슬러 올라가는 오랜 역사를 지니고 있다. 이 직접민주제는 국가의 지역적 확대와 계속적인 인구증가에 따라 소멸되어 후세의 직접민주제와는 연결성이 없다. 다만 스위스의 민회가 고대의 유제(遺制)를 엿보이게 하는 것으로서 오늘날까지도 존속하고 있을 뿐이다. 그리고 근대에 와서는 미국과 프랑스에서 다시 채택되어 오늘날까지 시행되고 있다.

특히 미국에서는 건국시대에 뉴잉글랜드 주의 각각의 부락에 '타운미팅'(townmeeting)이 행해져 직접민주제의 기초가 마련되었고, 1778년에 이르러 매사추세츠 주에서 헌법의 '레퍼렌덤'(referendum : 국민표결)이 실시되어 최초로 헌법에 대한 국민투표제가 실현되었으며, 이후 미국의 각 주에 이 제도가 채택되었다. 그리고 1874년 이후부터 스위스의 여러 캔톤(Kanton)에서는 다양한 종류의 직접민주제가 채용되었으며, 프랑스에서는 혁명시대에 대의제(代議制)와 사회계약사상을 조화시키기 위한 방법으로 직접입법(直接立法)이 주장되어 헌법의 국민투표가 실시되었다. 이와 같이 오늘날 세계 각국에서는 직접민주제를 나라의 역사적 상황에 부합하게 채택·운용하고 있음을 알 수 있다.

따라서 오늘날 세계 각국에서 채택하고 있는 직접민주제의 형태로는 국민의 직접표결에 의해 결정하는 국민표결(國民票決, plebiscite), 일정한 법안을 국민 자신이 제안하는 국민발안(國民發案, initiative), 공무원을 그 임기만료 이전이라도 국민이 부적격하다고 판단하는 경우에 국민투표로 해임하는 국민소환(國民召還, recall), 그리고 국민표결과 같은 방법으로서 특히 중대한 문제에 관해 단행되는 국민투표(referendum) 등이 있다. 그러나 이러한 제도들은 본래 의미에서의 직접민주제를 실현하고 있는 것은 아니다.

보다 자세히 살펴보면 국민표결은 특정의 정치적 중요 사건을 국민투표에 의해서 결정하는 제도로 국민투표와 비슷하나, 주로 항구적인 어떤 정치 상태를 창출하는 데 쓰이는 용어라는 점에서 구별된다. 레퍼렌덤은 법안에 대한 승인 또는 거부에 그치고 그것을 직접 토론의 대상으로 여기는 것은 아니며, 이니셔티브도 전원토의가 불가능하다. 그러나 이들 제도는 간접민주제에는 할 수 없는 국민의 국정에 대한 직접적 통제를 주안점으로 하기 때문에 직접민주제라고 할 수 있다.

물론 이와 같은 형태의 직접민주제는 대의제가 지닌 결함을 보완한다는 점에서는 바람직하지만 그 실시가 어렵고, 나폴레옹이나 히틀러, 그리고 제3세계 국가의 독재자들이 종종 시행한 국민투표의 경우에서와 같이 집권자의 독재를 합리화하기 위한 수단으로 이용되기도 했다. 어떻든 직접민주제는 국민에게 국정참여의 기회를 부여함으로써 정치적 지각을 높일 수 있고, 국민자치 원리를 가장 충실히 실현할 수 있는 효용의 가치가 있으나, 대규모 집단에서는 실시하기가 곤란하다.

직접민주제를 각국에서 널리 채택하고 있는 것은 그것이 민주정치 본
래의 이념을 실현할 수 있기 때문이라고 볼 수 있다. 우리나라의 경우
는 현재 직접민주제의 요소로 국민투표, 국민발안, 국민소환제도를 채
택하여 운영하고 있다.

제 2 절   의회제의 역사적 발전

근대의회 제도를 비롯한 많은 국가의 의회제도는 의회의 생성과 발
전에 선구적 역할을 해온 영국 의회제에 비롯되었음을 부인할 수 없
을 것이다. 이에 따라 영국의 역사적 상황과 의회제의 발달을 연관하
여 살펴보는 것은 의회제의 근원과 그 변형의 역사적 발전을 이해하
는데 도움을 줄 것이다. 기나긴 영국의 역사와 함께 하는 의회제 확립
의 발전사는 크게 두 단계로 나누어 살펴보고자 한다. 대체로 의회제
는 13세기부터 왕권을 제한하는 제도로 출발한 후, 18세기 중엽까지
점차 의회의 주권을 생성 및 확립하는 단계를 거친다. 그리고 18세기
중엽 이후부터는 국민에 기반 한 의회정치와 의회민주주의를 발전시켜
오늘에 이르게 된다.

1. 의회제의 출현과 왕권의 제한

본디 의회제는 국왕의 절대적 권력과 권한을 제한하기 위하여 군주
제도 내에서 발생하였다. 즉 영국의 근대의회는 중세 동족회의(신분회
의)에서 그 근원을 찾을 수 있다. 동족회의는 13세기로 접어들면서
귀족, 성직자, 시민이라고 하는 세 계급의 위임을 받은 대표자로 구성
되었다.[2] 이 동족회의는 각 계층의 대표적 성격을 띠면서 국왕으로부

---

2) 동족회의는 중세 봉건제의 가신(家臣)회의에서 출발하였는데, 봉건제에서는 귀

터의 선전포고나 과세 등의 국정상 자문에 응하거나 또는 중요 입법
및 신규 과제징수 동의권을 행사하는 역할을 수행했을 뿐 국왕을 견
제할 만한 권한은 가지지 못했다.[3] 하지만 실질적으로 국왕을 견제하
게 된 것은 1215년에 공포된 대헌장(Magna Carta)이었다. 이는 의
회주권을 확립한 가장 큰 사건으로, 당시 국왕 존의 폭정에 대해 성직
자·귀족 등의 봉건지배층과 자유도시의 권리를 문서상으로 확인한 것
으로, 전제왕권을 저지하는 중요한 근거가 되었다.[4]

이후 1265년에 와서는 국왕(헨리 3세)은 고위 성직자, 대귀족뿐만
아니라 자치도시의 대표들을 참가시킴으로써 의회구성원의 확대와 함께
대의제 의회로 질적인 진전을 가져왔다. 그리고 1295년에는 국왕(에드
워드 1세)의 명령에 의해 당시 영국의 특권적 사회계층 전반을 전형
적으로 대표한다고 하는 모범의회(Model Parliament)가 구성되기도
했다.

이 모범회의는 당시 전쟁으로 인한 어려운 재정적 형편을 극복하기
위해 과세 부과대상자를 넓혔다.[5] 그리고 이 회의를 소집한 이유는
에드워드 1세가 주력하고 있던 경제 정책의 핵심인 조세 문제에 대해
서 회의에 참석한 대표를 통해 지방 납세자들에게 미리 통보하면 징
수가 쉬울 것이란 생각이었다. 또한 이들 지방 대표들에게 이 의회에
서 왕국의 정세까지 곁들여 설명함으로써 중앙 통치책에 도움이 될

족, 대지주출신인 가신들이 군주의 자문기관 역할을 수행하면서 큰 영향력을 행
사하였으나, 이후 성직자, 도시상공업자, 시민들이 경제를 비롯한 사회전반에 큰
영향력을 행사하였다.

3) K. R. Mackenzie, *The English Parliament* (Middlesex: Penguin Books,
1950), pp. 22-23.

4) 대헌장(Magna Carta)은 원래 봉건제도를 온존시키기 위한 문서로, 근대적인
의미의 자유 또는 기본적 인권의 보장을 목적으로 한 것은 아니었다. 단지 전제
군주인 존에 대해 귀족과 성직자들이 항쟁하는 과정에서 도시·상인·기타의 지
원을 필요로 하였기에 나온 반사적인 이익에 불과한 것이었다. 그럼에도 불구하
고 중산계급이 대두된 17세기에 이르러 이에 대한 근대적 해석이 가해지면서 중
요한 지위를 차지하게 되었다. 마그나 카르타의 전문은 신동아 편집실(편), 『세
계의 인권선언』(동아일보사, 1980), pp. 24-31에 수록.

5) 귀족·고위성직자 약 120명, 각 주교관구(主教管區)의 하급성직자 2명, 각 주의
기사(騎士) 2명, 각 도시의 시민 2명 등이 출석하였다.

것이라는 계산에서 이루어진 것이기도 하다. 이와 같이 모인 자문회의
는 이후 참가의 주된 계급층인 중산층 대표들이 자기들만의 토의 관
행을 만들면서 모임을 주도하게 되었는데, 이것이 바로 진정한 의회의
모습이며 동시에 하원(Commons)의 탄생이었다. 결국 의회란 처음에
는 왕권 강화를 위한 모임이었던 것이 국민을 위한 왕권 견제 기관으
로 점차 그 모습을 바꾸어 나간 것이다.

　이와 같이 영국의 의회의 출현과 함께 시작은 재정 심의 기관적 성
격이 강했고, 당시 국왕의 절대적 권한에 의한 전제체제를 제한하거나
견제하는 장으로서의 성격을 지닌 의회로 자리했던 것이다.

2. 입헌의회 형성과 의회주권의 확립

　이후 영국의회는 절대적 왕권을 제한하는 성격을 지나, 본격적으로
의회의 위상을 정립하는 과정을 밟는다. 즉 의회의 권한과 영향력이
강해져 국왕이 의회를 무시하고는 통치하기 어려운 시기로 이르게 된
것이다. 주로 이 시기는 청교도혁명, 명예혁명을 거쳐 17세기 중·후
반에 해당된다고 볼 수 있다. 특히 17세기에 접어들면서 시민혁명을
통한 입헌정치의 실현이 가능하였으며, 1642년 청교도혁명과 1649년
국민협약, 1653년 정부조직법 제정으로 의회가 국민을 대표하는 계기
가 되었고, 그 후 1688년 명예혁명(名譽革命)을 통하여 근대적 의미
의 의회제도가 시작되었다고 볼 수 있다.

　명예혁명은 영국정치의 실질적인 민주화를 가져왔으며 이 혁명에서
승리한 의회는 '권리장전(1689)'을 의결하였는데, 왕권의 전제를 크게
제한하였을 뿐만 아니라 의회의 권위를 인정하고 보장한 것으로 현재
까지 영국헌법의 중요한 법원(法源)의 하나로 기록되고 있다. 이 권리
장전의 계기로 영국의 통치구조의 변화를 가져왔는바, 영국의 절대주
의를 종식시키고 의회정치를 확립하는 기초를 마련하였다는 점에서 큰
의의를 지닌다. 즉 국왕은 상징적 의미를 지니게 한 반면 의회 통치의

기초와 법의 지배원리를 확립시킨 것이다.

권리장전(Bill of Rights, 1969)

영국 명예혁명의 결과로 이루어진 인권선언이다. 제임스 2세의 전제정치와 가톨릭 신앙에 반대하여 일어난 이 혁명은 1688년 국왕이 프랑스로 도망가고, 그 이듬해 국민협의회가 윌리엄 3세를 국왕으로 추대함으로써 무혈혁명으로 끝났다. 이 때 의회는 새 왕을 추대하면서 왕관과 함께 '권리선언'을 제출하여 그 승인을 받았다. 그리고 이 선언을 기초로 "신민(臣民)의 권리와 자유를 선언하고 왕위계승을 정하는 법률"이라는 이름의 의회제정법이 공포하게 된 것이 바로 권리장전이다. 주요내용은 의회의 동의 없이 왕권에 의하여 이루어진 법률이나 그 집행 및 과세의 위법, 의회의 동의 없이 평화시에 상비군 징집 및 유지의 금지, 국민의 자유로운 청원권의 보장, 의원선거의 자유 보장, 의회에서의 언론 자유의 보장, 지나친 보석금이나 벌금 및 형벌의 금지 등이었다.[6]

이후 왕권조차도 궁극적으로 의회에 의해 결정되는 것이 제도화(1701년의 왕위계승법)될 정도로 의회의 위상은 강화되었다. 18세기에 이르러 효력을 발휘하게 된 이 법은 의회가 왕위를 박탈할 수 있도록 함으로써 왕은 효율적인 통치자가 될 수 없었고, 이를 계기로 왕의 권력은 입헌군주의 틀 내에 머무르게 되었다(Leon E. Epstein : 420).[7]

명예혁명 이후, 영국의 국정 논의와 활동의 중심은 의회로 넘어가 주도권을 잡게 되었고, 결국 의회의 신임 하에 존립하는 이른바 의원내각제가 확립되어 의회의 우월성이 한층 고조되고 정당 활동이 더욱

---

6) 미국의 독립선언, 버지니아 권리장전, 매사추세츠 권리선언 등에도 영향을 주었고, 이들을 통하여 다시 프랑스 인권선언에도 영향을 미쳤다.

7) Leon E. Epstein, "Parliamentary Government," in David L. Sills(ed.), *International Encyclopedia of Social Science*, Vol. 11(New York : The Macmillan Company & The Free Press, 1968), p. 420.

활발해 졌다. 즉 17세기 후반에 이르러 영국은 각료들로 구성된 회의
체가 국왕을 대신하여 국정을 담당하였는데, 이 회의체는 18세기부터
"내각(cabinet)"으로 불리어졌고, 내각의 수장(Primer Minister)은
수상으로 호칭되었다. 환언하면 이 시기는 영국정치의 실권은 국왕에
서 내각으로 이동함을 의미하는 것으로, "국왕은 군림해도 통치는 하
지 않는다"(The Crown reigns but does not rule)라고 하는 원칙
의 실현이 이루어지게 되어 결국 내각이 국정의 모든 책임을 지게 되
었던 것이다.[8]

3. 의회민주의의 실현과 발전

내각의 각료들이 의회에 정치적 책임을 지는 내각책임제의 발달은
의회의 위상을 확립시킴으로써 적어도 근대적 의회제도의 개념이 더욱
확고해졌다. 하지만 의회주권의 확립이 의회민주주의, 즉 국민주권[9]에
뿌리를 내린 의회제도의 확립을 의미하는 것은 아니었다. 의회의 지위
가 아무리 높다고 하더라도 일반국민(인민)은 의회에 직접 관여할 수 없
어, 국민 없는 의회주권의 상태에 놓여 있었기 때문이다(이병훈, 1992:
43-53; 백영철 외, 1999: 23). 따라서 18세기 이후부터 영국의 의
회는 선거법 개정을 시작으로 하여 19세기 후반까지 영국의회의 대
개혁을 단행하였고,[10] 이로써 점차 의회의 대중적 지위를 더욱 확장

---

8) 의원내각제는 18세기 초 휘그당의 R. 월폴 내각(1721~1742)하에서 보다 굳건
   히 이루어졌는데, 특히 월폴수상은 정당의 결속과 서민원의 지지를 바탕으로 내
   각의 권위확립과 근대적 의원내각제를 확립했다는 점에서 최대의 공로자로 평가
   되고 있다.
9) 국민주권이란 최고, 독립, 절대의 그리고 단일적이고 양도할 수 없는 권력이 국
   민에게 양도하는 것이다. 그러나 이 개념을 보다 정확하게 이해하기 위해서는 프
   랑스혁명 이후 나타난 것처럼 국민의 개념에 대한 역사적 규명이 필요하다. 이에
   대한 논의는 이병훈, 『대표원리와 의회주의』(박문사, 1992), pp. 43-53 참조.
10) 특히 영국의 의회는 18세기 중엽부터 귀족을 비롯한 특권계급이 의회를 지배함
    으로써 극심한 부패가 만연되어 있었다. 이 특권층의 권력약화를 가져온 시기는
    1832년 제1차 선거법 개정에서 비롯되었고, 이후부터는 서민원(하원)이 귀족원
    (상원)보다 상대적으로 영향력이 강화되었다.

시킴으로써 국민을 기반으로 하는 의회정치와 의회민주주의의 실현을 꾀하게 된다. 즉 의회 위상의 확립과 함께 국민이 의회에 직접 참여함으로써 국민의 의사가 제도적으로 국정을 좌우하게 되는 시대를 맞이하게 되는 것이다. 이러한 국민에 기반한 의회정치 및 의회민주주의의 실현은 영국의 정치민주화 추진 과정의 여러 단계를 거쳐 왔지만, 그 결정적인 단초를 제공한 것은 선거권의 확대, 즉 1927년의 보통선거권제도의 시행이라 할 수 있다.

이 역사적인 보통선거제는 영국의 산업혁명 이후 지속적으로 단행해 온 선거제도개혁에 의해서 비롯되었다. 영국의 산업혁명에 따른 공장제와 도시화는 국가의 근본적인 변화를 가져왔는데, 전통적 귀족 뿐아니라 공장이나 상업을 운영하여 부를 이룬 부르주아와 공장에서 일하는 노동자들의 정치 참여가 한꺼번에 분출되었다. 특히 노동자계급은 자신들의 사회적 성장에 대응하는 정치적 영향력의 강화를 요구하며 선거권 확대운동을 강력하게 전개했다. 그 결과 19세기 말까지는 선거권의 대폭적인 확대가 이루어졌는데, 1832년 영국의 제1차 선거법개정을 시작으로 세 차례의 선거법 개정을 거쳐 영국의 완전한 보통선거가 실현되기까지는 약 백년의 기나긴 시간이 소요되었다. 즉 제1차 선거법 개정(1883)에서는 거의 모든 중산층이 선거권을 갖도록 하였으나,11) 노동자들은 여전히 유권자에 포함되지 못했다. 이에 노동자들은 차티스트(Chartist) 운동을 전개하였고, 이를 바탕으로 1876년 제2차 선거법 개정에 따른 대부분의 도시임금노동자들에게도 선거권이 부여되는 결과를 가져왔다.12) 그리고 제3차 개정(1888년)으로 농민들

---

11) 1832년 "개혁법"이라고 불리는 영국의 제1차 개정 선거법이다. 이 선거법 개정으로 50개 이상의 불합리한 선거구를 없애고 그 의석을 신흥공업도시에 배정하였으며, 선거 자격을 완화하여 거의 모든 중산층이 선거권을 갖도록 하였다. 그 결과 잉글랜드와 웨일스의 유권자는 36만 여명에서 65만 여명으로 78%가량 늘었고, 전체 인구 30명 중 1인, 성인 남자 7명 중 1명이 선거권을 획득하게 되었다.
12) 차티스트(Chartist) 운동에서 노동자들은 1838년 인민헌장(People' Charter)을 작성하고, ① 성인남자의 보통선거, ② 인구비례에 의한 평등한 선거구 설정, ③ 하원의원의 재산자격 폐지, ④ 비밀투표, ⑤ 의원에 대한 세비(歲費) 지불,

에게도 선거권이 부여되었고, 1918년 국민대표법에 의하여 21세 이상
의 모든 남자들과 일부 여성들이 선거권을 획득하였다. 이후 1928년
에 이르러서는 모든 여성들이 선거권을 획득함으로써 비로소 남녀평등
의 보통선거제가 이루어지게 된 것이다.

한편, 국민에 기반 한 의회민주주의의 발전을 가져온 두 번째 계
기는 양원제의회에서의 하원의 우월화라 할 수 있을 것이다. 영국은
14세기 의회가 하원(서민원, House of Commons)과 상원(귀족원,
House of Lords)으로 분리된 이래 양원의 권한다툼이 계속되었다.[13]
왕권이 축소되어 가면서 지위가 상승한 의회에서 상원의 권한을 제한
하고 더욱 민의를 반영하려는 하원에 대해, 세습귀족을 주요구성원으
로 하는 보수적 성향의 상원이 자신들의 영향력 감소를 우려하여 정
치개혁을 저지하려고 함으로써 갈등이 빚어진 것이다(우병규, 1983:
15).

영국의 양원제 의회는 1653년 '정부조직법'에 의해 전 국민을 대표
하는 근대의회제도로 발전하게 되었고, 1688년 명예혁명 이후에는 의
회의 실권이 귀족원에서 서민원으로 이동하였다. 즉 영국의 귀족계급
의 약화에 따라 보통선거로 구성된 하원이 민의를 대표하는 주요기관
으로 부상하게 된 반면 상원은 보수주의와 안정화를 지키는 지위에
그칠 수밖에 없는 존재로 남아 있었다.

영국의 의회내의 정치권력은 상원에서 하원으로 이동하게 되었는데,
특히 20세기 초인 1911년의 국회법 이후 하원의 권한을 더욱 증대시
키고 하원에 우월적 지위를 더욱 공고히 다져 나갔던 것이다. 요컨대,
상원보다 국민의 민의를 더 정확하게 반영할 수 있는 하원은 실질적

---

⑥ 매년선거 등을 요구하였다. 이듬해 125만 명의 서명을 받은 헌장청원서가 제
출되었으나, 의회는 이를 거부하였다. 이 운동은 노동계급의 자발적 정치운동으
로 기록되고 있다.

13) 영국의 경우, 처음에는 귀족층과 서민층이 각각 별개의 장소에서 신분회의를
하면서 의회는 자연히 귀족원과 서민원으로 나뉘게 되었는데, 1330여년 이후에
는 귀족과 성직자가 귀족원을, 기사와 도시대표자는 서민원을 형성하여 양원제
도가 확립되었다.

인 입법부의 위상을 확립시키는데 중요한 역할을 하였고, 특히 의회민주주의 확립에는 국민의 지지를 받는 원(院)이 제도적으로 우위를 차지하는 것이 불가결의 조건이 됨을 알리는 중요한 계기를 마련해 주었다.

지금까지 살펴본 바와 같이 왕권의 제한에 따른 근대의회의 출현을 계기로 시작된 의회제는 의회주권의 확립, 그리고 보통선거제 실시와 함께 국민에 기반한 의회장치 마련이라고 하는 기본적 조건의 충족에 의해 오늘날과 같은 의회민주주의의 골격이 비로소 정비되어 점차 발전 및 확대되었다고 할 수 있다. 따라서 의회제의 역사적 의의는 대헌장으로부터 약 700년이 경과해서야 비로소 국민에 의한, 국민을 위한 의회가 실현되었다는 점에서 의회민주주의의 실현의 고통이 얼마나 귀중하고 값진 것인가를 인식해야 할 것이다.

의회행정의 관점과 접근방법

제 1 절   의회행정의 관점

의회와 행정은 정치학과 행정학에 기반을 두고 있는 일종의 교과목이라 할 수 있다. 이에 따라 의회와 행정의 접근방법은 정치학과 행정학의 시대적 상황과 함께하는 접근방법에 의존할 수밖에 없다. 정치학은 고대 그리스 시대 아리스토텔레스의 정치학을 시초로 하여 근대 정치학의 선구자 마키아벨리의 군주론에 이르기까지 오랜 역사를 지니고 있다. 하지만 행정학은 모(母)학문인 정치학에서 분리되어 통치활동에 관한 체계적 관리에 관심을 갖게 된 것은 18세기 이후 독일의 관방학에서 비롯되었다. 특히 행정학의 모국(母國)이라고 할 수 있는 미국에 있어서도 행정학의 시발점은 19세기 말인 1887년 윌슨(W. Wilson)의 『행정의 연구(The Study of Administration)』란 논문이 발표된 시점이라 할 수 있을 만큼 그 역사는 짧다(F. Heady: 1991:1).[1]

이러한 맥락에서 정치학과 행정학은 깊은 상호보완적 관계를 지니

---

1) F. Heady, *Public Administration: A Comparative Perspective, fourth edition* (New York: Marcel Dekker, Inc., 1991), p. 1.

고 있으며, 의회의 측면에 기반을 두고 있는 정치학과 행정의 측면을 기반하고 있는 행정학은 학문적 접근방법과 이론 역시 긴밀한 관계를 지니고 있다고 할 수 있을 것이다. 다만, 학문적 성격상 행정학이 정치학의 이론 및 연구방법론에 기인하고 있음은 부인할 수 없음으로 상당 부분을 정치학에 의존할 수밖에 없을 것이다.

이제 의회행정이 현대의 정치학 및 행정학의 접근방법과 이론 속에서 어떻게 투영되고 반영되어 있는지를 검토하고자 한다. 그 이유는 정치와 행정이 표방하고 실현하려는 이념이나 여러 산출물들이 입법부(의회)와 행정부(행정)라는 기제를 통해 실제 매개되고 작동되기 때문이다. 특히 '의회'에서는 가치의 배분 그리고 '행정'에서는 정책집행의 행정적 임무를 수행하는 관계로 서로 불가분의 관계를 맺고 있기 때문에 의회행정의 이해를 위해 정치적 접근과 행정적 접근은 물론 정치이론 및 행정이론을 검토하는 것은 그만큼 유용하고 필수적이다.

정치학과 행정학의 역사적 변천과 발전과정을 통해 그 추구하는 내용을 자세하게 소개하는 것은 보다 전문적인 연구가 필요하다. 여기서는 본질적인 정치와 행정의 개념적 의미와 함께 정치학과 행정학의 시대적 변천에 따른 방법론적 특징을 간단히 살펴보고자 한다.

1. 정치학의 발전과 관점

본디 정치는 인간의 행태적 반영이라 할 수 있음에 따라 사회가 있는 곳에는 언제나 정치가 있다. 그러나 정치란 무엇인가?라는 근원적인 물음에 대한 해답은 그리 쉽지 않다. 이는 '정치'라고 하는 자체가 내포하고 있는 용어상의 추상성, 무정형성으로 인해 그 개념적 정의가 쉽지 않기 때문이다. 특히 정치 또는 정치학에 대한 정의는 관찰자 또는 연구자의 경험이나 문제의식에 따라서 달라질 수밖에 없는 관계로 언제나 논쟁을 불러일으킬 소지를 안고 있다.

정치의 사전적 의미는 나라를 다스리는 일, 국가의 권력을 획득하고

유지하며 행사하는 활동으로, 국민이 인간다운 삶을 영위하게 하고 상
호 간의 이해를 조정하며, 사회 질서를 바로잡는 역할을 하는 것으로
하고 있다. 또한 '권력의 획득과 유지를 둘러 싼 활동'을 정치활동, 정
치활동의 행동양상을 정치 현상으로 보며, 정치활동이 전개되고 있는
환경이나 조건을 정치상황 그리고 이 정치적 상황에서 정치적 가치를
추구하는 사람을 정치적 인간으로 정의하고 있기도 하다(정치학 대사
전, 1975: 132-1326).2) 이에 따르면 정치는 적어도 권력의 획득과
유지를 둘러싼 인간의 모든 활동을 일컫는다고 볼 수 있다.

한편, 정치를 바라보는 관점에 따라 그 정의도 달라지고 있는데, 국
가현상설과 집단현상설이 대조를 이루고 있다. 전자는 정치의 주체를
국가로 보고, 정치를 국가의 의사 창조와 결정 및 그 행사를 둘러싼
사람들의 활동으로 보는 관점이다. 이와 대조적인 후자는 정치현상을
반드시 국가에만 특유한 또는 직접 국가에 관련되는 현상으로 보지
않고, 인류의 사회생활 관계에서의 집단 일반의 현상이라고 주장하는
견해이다. 그러나 이 두 대조적인 관점을 비판하면서 나온 정치의 정
의가 오늘날 많이 통용되고 있다고 볼 수 있는데, 바로 데이비드 이스
턴(David Easton)이 내린 정치의 정의로 "사회적으로 희소한 가치를
권위적으로 배분을 하는 일련의 과정이다"라 할 수 있다.3) 어떻든 정
치는 "배분", "국가 혹은 정부의 활동", "권력관계"라는 측면에서 정
의되고 있으며, 이 속성들 어느 하나도 소홀할 수는 없다고 보여진다.
요컨대, 정치는 인간 생활에서 필수적인 현상이며, 인간 사회에서 발
생할 수밖에 없는 다양한 이해를 둘러싼 갈등을 조정하여 안전한 삶
을 유지할 수 있게 만드는 일련의 과정이라고 할 수 있을 것이다.

정치학은 정치적 행동을 과학적으로 연구하고 분석하는 학문이다.

---

2) 정치의 정의에 관해서는 『정치학대사전』(박영사, 1975), 이극찬, 『정치학』, 법
   문사, 1992, 백완기 외, 『현대정치과정론』(법문사, 1994), 『정치학의 이해』(서
   울대학교 출판부, 박영사, 2011)을 참고하기 바람.
3) 이와 다소 같은 입장을 취하고 있는 해롤드 라스웰(Harold Lasswell)은 정치
   를 "누가 무엇을, 언제, 어떻게 갖느냐(Who gets what, when and how)"라
   고 함으로써 '배분'의 측면에서 정의하고 있음을 알 수 있다.

정치학은 시대의 변천에 따라 그 성격과 연구방법을 달리하며 발전해 왔다.

고전정치학은 대체로 1860년대까지 정치학 연구의 주류를 이루어 왔다고 할 수 있다. 이 시대의 정치학은 주로 일반적인 전제에서 구체 적인 결론에 도출하는 연역적 방법에 의존하였고, 인간의 본질 또는 정치의 본질에 대해서 철학적 접근이나 규범 및 사변적 접근을 지향 했다. 예컨대 국가는 왜 존재하고 필요한지? 또는 인간은 왜 자유와 평등을 추구해야 하는지?에 대한 근원적인 물음을 던지고 그에 대한 해답을 구하고자 하는 것이다.[4] 이 고전적 정치학의 접근방법들은 오 늘날 정치학의 정치철학가 정치사상분야에서 활발히 논의되고 있다.

근대적 정치학은 주로 1860년대부터 1900년대 초까지 해당되는데, 이 시대의 정치학은 주로 제도주의 정치학 또는 법적 및 제도적 방법 론이 주를 이루었다고 할 수 있다. 이 시대에는 정치학이 하나의 독립 된 학문으로 인정되었고,[5] 주로 법 및 정치제도의 기원과 역할 및 구 조 등에 대한 역사적 기술(descriptive)에 집중하는 연구를 수행했다. 즉 제도적인 구조가 중요한 독립변수이고 인간성은 일정 불변의 것으 로 간주한 것이다. 이 정치학의 연구들은 오늘날 정치학에 있어서 정 치제도론, 정당론 등에 영향을 미쳤다고 볼 수 있다.

이후 1900년부터 약 20년간 전통적 정치학에서 과학적 정치학으로 가는 과도시기를 거친 후, 현대 정치학으로 이동하게 된다. 이때 정치 학은 경험적 사실을 중시하는 사회과학계의 학문적 조류 그리고 실용 주의와 정치개혁 운동에 힘입어 경험주의 철학과 실증주의 방법론으로 무장한 행태주의 정치학으로 새롭게 출발하였다. 행태주의는 정치 분 석의 수준을 인간 및 그 행태(행동의 양태)에 두고 있고, 검증될 수

---

4) 홉스나 록크의 인간성에 관한 최초의 일반적인 전제에서 사회계약의 내용, 타당 한 정부의 형태, 정치적 의무의 성격을 도출한 것이나, 정치에 있어서 '당위'의 문제를 주로 다룬 아리스토텔레스의 선한 정부와 이상적인 국가, 플라톤의 정의 란 무엇인가(What is Justice?)라는 것들이 대표적이다.
5) 1880년 칼럼비아대학 대학원에 최초로 정치학이 학문적으로 교수되기 시작하였 다.

없는 사변에 대해 단호히 반대함으로써 직관이나 가치판단보다는 사실 분석에 초점을 맞추었다. 이후 행태주의는 여전히 유효하나 너무 지나친 과학적 연구방법에 대한 반성으로 후기 행태주의가 출현한다. 그래서 후기 행태주의는 간주관적이며(intersubjective), 정치에 대한 가치판단 및 가치선호를 중시하였다.

〈표 2-1〉 정치학의 발전과 특징

시기	~1860	1860~1900	1900~1930	1930~
학문	고전정치학	근대정치학	과도기	현대 정치학
방법	규범론적·사변적 접근방법	법적 및 제도적 접근방법	혼합 접근	경험주의 및 실증주의 접근방법
영향	정치철학, 정치사상	정치제도론 정당론	-	행태주의 정치학

2. 행정학의 발전과 관점

근대입헌국가의 탄생과 함께 권력분립을 통해 성립된 행정은 정치만큼이나 그 개념적 정의가 쉽지 않다.6) 행정이란 무엇인가? 라는 근원적인 물음에 대한 해답 또한 혼란스럽고 명확치 못하다. 이는 행정이 내포하고 있는 의미만큼이나 바라보는 관점 그리고 시대적 상황에 따라 다양하게 정의되고 있기 때문이다. 행정의 사전적 의미로는 국가목적 실현 또는 공익 실현을 목적으로 하는 통일성을 가진 계속적·형성적 일련의 활동이고7) 행정권은 일반 행정을 행하는 국가의 통치권

---

6) 절대군주시대에는 입법·사법과 대립되는 행정이라는 개념은 없었고, 모든 국가작용은 통치라는 이름으로 한사람의 통치권자의 수중에 장악되었다. 비로소 17·18C 근대입헌국가의 탄생과 함께 국민주권원리를 구현하고 국민의 기본권보장을 위해 권련분립을 통하여 성립·발전된 관념으로 이론적·실정법상 학문상으로 발전된 개념은 아닌 것이다.
7) 행정을 이와 같이 공익실현을 위한 국가작용을 볼 때는 정부의 행정 즉 공행정(public administration)에 국한 것이다. 하지만 행정은 공행정뿐만 아니라 더 넓게 민간 기업의 경영, 즉 사행정(business administration)까지 포함하기도 한다. 이를 일반행정(general administration)이라고 한다.

그리고 행정 제도는 행정청에서 좀더 많은 자율과 신뢰를 부여하기 위하여 체계화시킨 제도를 총칭하는 개념으로 정의하고 있다.

행정은 또한 그 바라보는 관점에 따라 그 개념도 달라질 수 있는데, 주로 네 가지 학설로 나누어진다. 행정관리설은 행정을 관리적 측면에서 파악하는 것으로, 국가 목적을 실현하기 위한 사람과 물자의 관리이고, 통치기능설은 행정을 정치와 더불어 통치과정의 일부로서 정책과정으로 보는 입장이다. 또한 발전기능설은 사회를 바람직한 방향으로 변화시키고 발전을 유도하는 통치 기능으로 보며, 행정행태설은 행정인의 행태에 초점을 둠으로써 행정을 공동목표를 달성하기 위한 합리적이고 집단적인 협동 행위로 보는 견해이다. 이와 같이 행정의 개념은 다양하게 정의되고 있으나, 광의적 차원의 행정은 모든 조직에 적용할 수 있는 인간 협동적 행위라고 할 수 있고, 협의적 차원의 행정은 행정조직을 중심으로 이루어지는 그 구조와 공무원의 활동이라고 할 수 있을 것이다.

기나 긴 역사를 지닌 정치학에 비해 짧은 역사를 지닌 행정학은 정치학의 연구 방법론에 영향 받은 바 크다. 또한 행정학에 관련된 이론 역시 미국 행정학의 성립과 발전에 근원을 두고 있는 바, 미국 행정이론의 성립 및 발전사를 정치와 행정간 관계와 연관시켜 시대적으로 간단히 살펴보고자 한다.

행정학은 1880년대 정치-행정이원론으로 출발하는데, 이 행정은 정책과 국가의사의 집행과 관련된 시기이다. 이 시기에는 정치와 행정의 분리, 행정의 정책결정기능의 부인을 통한 행정의 독자성을 강조하였다. 1930년대의 행정학은 정치-행정일원론의 시대로 접어드는데, 이 시기에는 행정의 정책결정 기능을 중시함으로써 정치와 행정의 영속성을 강조하는 기능적 행정학이 주류를 이루었다. 이후 1940년대 들어서는 새로운 정치행정이원론의 시대인데, 이 시기에는 행정연구의 대상을 사실(fact)에 국한 시킨 연구를 중요시하였다. 즉 가치(value)

판단을 배제하는 논리실증주의 접근법에 기초한 행정이론의 과학화를 꾀하였다. 1960년대에는 다시 정치행정일원론으로 회귀하게 되는데, 이 시기는 국가발전을 위해서는 정책결정기능이 강조될 수밖에 없으며, 또한 급변하는 사회변동의 관리자로서 행정의 역할을 중요시 하게 되었다.

〈표 2-2〉　행정학의 발전과 특징

시기	정지행정이론	특징	행정이론	학자
1880년대	정치행정이원론	행정의 정책기능(정치성) 부인 정치와 행정의 분리	행정관리론 기술행정학	Willson White Gulick
1930년대	정치행정일원론	행정의 정책결정기능 중시 정치와 행정 영속성 강조	통치기능설 기능행정학	Dimock Appleby
1940년대	새이원론	행정연구대상을 사실에 국한 가치판단배제(논리실증주의) 행정이론의 과학화	행정행태론	Simon Barnard
1960년대	새일원론	국가발전을 위한 정책결정기능 강조 행정은 사회변동의 관리자	발전행정론	Esman Weider

이상의 논의로 볼 때, 정치학과 행정학은 불가분의 관계를 맺고 있고, 그 시각과 관점 그리고 접근방법 역시 밀접한 관계성을 지닌다. 특히 정치와 행정의 관계 속에서 논의될 때, 행정은 순수한 기술과정으로서만 파악할 수 없으며, 행정과정에서의 자유재량이나 결정의 범위가 확대되고 있는 현대 행정국가 하에서는 행정의 가치판단이 그만큼 인정되어야 하는 것에 주목할 필요가 있다. 또한 현대 행정은 정치적 성격을 전제하고 있다고 보아야 한다. 행정은 정치체제를 유지하고 정치권력의 공고한 지지와 지원을 받으며 모든 행정의 임무가 정치적 환경 속에서 수행된다 할 것이다. 또한 행정부의 관료들은 정치

적 역할을 수행한 가치를 다분히 선택하며 정책결정에 큰 영향을 미치고 있는 것도 현실적인 측면에서 고려해야 한다. 따라서 정치와 행정은 분리될 수 있다고 보는 견해보다는 정치와 행정은 연속체를 형성하고 있다고 보아야 한다. 요컨대, 일련의 행정과정은 정치과정과 중첩되어 있을 뿐만 아니라 넓게는 정치과정에 내포되어 있다. 이렇게 볼 때 정치와 행정의 실제 기제로 작동하며 무수한 정책을 산출하는 입법부인 '의회'와 행정부인 '행정'은 긴밀한 관계성에서 바라보는 관점이 필요하다.

제 2 절 의회행정의 접근방법

무릇 학문이란 독자적 연구대상에 대한 체계적 인식을 통한 독립적 이론을 뜻한다. 어떠한 학문이건 일정한 방법이 존재하며, 그 학문의 연구대상을 어떻게 연구할 것인가와 관련하여 다양한 견해나 시각 그리고 관점들이 제시된다. 이러한 견해나 관점들은 일반적으로 접근방법이라 하며, 이는 그 분야의 연구 활동을 안내해 주는 일종의 전략이나 지향점(orientation)이라고 할 수 있다.[8] 이러한 측면에서 의회와 행정의 연구도 일정한 접근방법이 존재하며, 이러한 접근방법들은 정치학을 비롯한 행정학이나 혹은 인접 사회과학의 학문적 연구의 정향 및 방법과 대체로 유사하다. 다만 부문적으로 '의회행정'이 행정학 교과목 중 한 부분에 포함시키고자 하는 의도와 전제에 따라, 행정학의 성격과 접근방법에 적합한 방법들을 선택하여 적용하고자 한다.[9]

---

8) Alan C. Issak, *Scope and Methods of Political Science.* Homewoo(IL: The Dorsey Press., 1981), p. 191.
9) 여기서는 정치학과 행정학에 기초하되, 그 접근방법의 고찰과 내용에 있어서는 '행정'이라는 용어로 하여 논의하고자 한다. 즉 논의 중 정치와 행정을 분리해 보는 관점이 아니고 편의상 행정학적 측면에서의 '행정체제' 또는 '행정'이라는 용어를 주로 쓰고자 한다. 이하 접근방법들은 유광호·박기관, 『관료제론』(대영문화사, 2011)에 전적으로 의존하였다.

1. 법·제도적 접근방법(legal-institutional approach)

이 접근방법은 전통적 접근방법중의 하나로서 인간의 행동이 규범과 신화를 넘어 법과 제도의 틀 속에서 역사적으로 규정되어지는 과정을 이해하고 서술하는데 치중하는 접근방법이다. 즉 행정과정에 영향을 미치는 법률이나 제도를 중심으로 행정현상을 서술적으로 연구하는 방법이라 할 수 있다. 법적 연구는 주로 헌법, 법전의 해석과 집행 관행을 연구하는 접근방법이며, 제도적 연구는 대통령이나 수상, 관료들의 권한, 선거제도, 정당 등 제도들에 대한 역사적 배경조사와 서술적 사실을 탐구하였다. 특히 제도론적 접근방법은 초기 정치학자들이 단순히 정치의 역사나 법률이 아닌 정치실제에 대한 연구에 관심을 갖는데서 촉발되었다. 그래서 제도주의 정치학은 군주의 세습권이나 지도자의 전횡적 군력에 대한 비판을 가하는 한편, 안정적이고 합리적인 제도수립을 통해 권력을 제한하는데 많은 기여를 하였다. 행정학 측면에서도 입법·행정·사법부의 제도, 중앙과 지방간 관계, 각 행정부처간 관계 그리고 행정 직제를 비롯한 공무원의 인사제도 등이 이 접근방법에 의해 연구되고 있다. 그러나 이 접근방법은 헌법과 법체계 그리고 제도의 내용 서술에 치중하여 법과 제도안의 사람들이 실제 어떻게 연결되어 인간의 행동을 유발하는지에 대한 체계적인 검토가 이루어지지 못했다. 또한 공식적 제도나 법률에 치중한 나머지 행태적 측면과 환경적인 측면을 파악할 수 없을 뿐만 아니라 행정의 동태적인 면을 설명하지 못하고 있다. 미국을 비롯한 선진국의 행정제도를 무비판적으로 도입하여 제도와 실제 간의 불일치 현상이 빈번하게 일어나고 있는 발전도상국의 행정현상을 설명하는데 한계를 드러내었다.

2. 생태론적 접근방법(ecological approach)

이 접근방법이란 행정이 환경조건의 영향을 받아 형성되는 측면을
주의 깊게 관찰하는 학문경향을 말한다. 이 접근법은 진화의 관점에서
역사적 연구에 치중하게 되며, 또한 행정과 그 환경과의 접촉의 관점
에서 사회상황을 중시하게 된다. 이 접근방법을 행정의 연구에 적용해
보면 그 의미가 더욱 명확해질 수 있다. 행정은 일종의 유기체로서 그
것은 정치·경제·사회 등의 환경과 상호의존 및 상호작용하는 실체이
다. 행정유기체와 그를 둘러싼 환경의 관계를 밝히고 그러한 맥락에서
행정현상을 설명하며 예측하고자 하는 것이 생태론적 접근방법이라 할
수 있다.

생태론적 접근방법은 문화적·환경적 맥락 속에서 특정 국가나 문
화권의 행정 특징을 더욱 명확하게 설명하고 예측했다는 점에서 공헌
했다. 그러나 이 접근방법은 환경을 중요시한 나머지 환경결정론 혹은
환경종속론적 입장에서 행정을 설명하였기 때문에 행정의 주체성이나
자발성이 결여되었다는 비판을 받고 있다.

3. 행태주의와 후기 행태주의 접근방법

행태론적 접근방법(beahavioral approach)은 어느 한 학문이 아닌
사회과학 전체에 걸쳐 응용 및 적용되고 있는 접근방법이다. 행태론자
들은 행정의 주요 관심사가 정치·행정제도 내의 행정인의 행위나 활
동에 있어야 하고, 연구의 초점은 행정행태로 모아져야 함을 주장한다.
행태주의 접근방법은 정치나 행정현실의 실체를 객관적이고 체계적인
사실을 통해서 분석하며, 지식은 반드시 검증을 통해서 그 타당성을
객관적으로 가려낼 수 있도록 해야 한다는 전제에 입각하고 있다.

행정학 분야에서의 행태주의 운동은 논리실증주의를 강조하던 사이먼

(H. A. Simon)이 1945년 『행정행태론(*Administration Behavior*)』을 발표하면서 크게 발전되었다. 즉 행태주의는 사물을 인식하는 방식에 있어서 논리적 실증주의에 기초하고 있다. 이에 따르면 우리가 진리로 받아들일 수 있는 것은 오감에 의하여 인지될 수 있는 사실에 근거해야 하며, 객관적으로 증명될 수 있는 것이어야만 한다(경험주의 철학). 이러한 기준에 의하면 지식과 학문은 사실자료와 현장연구를 토대로 해서 입증되고 체계화된 것이어야 한다(실증주의 방법론). 이러한 행태론적 접근방법은 다음과 요약해 볼 수 있다. 첫째, 선험적 교리 및 선언적 가설체계를 거부하고 실존하는 제 사회현상과 이들의 상호관계에 대한 경험론적 설명을 주요 연구대상으로 삼는다. 둘째, 추상적인 이상과 목표에 치중하기보다는 인간의 노력으로 만들어진 조직, 결사, 제도, 권력관계 및 그 결과를 구체적으로 밝혀내고자 한다.10) 셋째, 사회현상도 자연과학과 마찬가지로 엄밀한 과학적 연구가 가능하다. 넷째, 인간행태의 규칙성, 상관성 및 인과성은 경험적으로 입증하고 설명할 수 있다. 넷째, 연구에서 가치 중심성이 엄밀히 지켜져 한다. 즉 가치와 사실을 분리하며, 사실세계에 대한 객관적, 경험적, 체계적 일반이론을 구축한다. 다섯째, 자료를 분석할 때 계량화와 객관적 측정 방법을 이용한다.

행정학의 과학화, 정체성의 위기를 극복하는데 크게 공헌한 행태론은 다음과 같은 이유로 1960년대 중반부터 많은 소장 정치학자들로부터 비판받기 시작한다. 특히 이 당시 정치학 연구를 보다 엄격하게 과학적인 혁명으로 만들려고 하는 시도에 대한 불만이 더욱 증폭되었는데, 이 불만과 비판에 대응하여 이른바 '후기행태주의(post-behavioralism)'로 수정 발전을 도모하였다. 후기행태주의의 중심 내용을 보면 첫째, 본질은 기법에 우선하므로 사회의 시급한 문제는 연구의 도구보다 훨씬 중요한 것이다. 둘째, 행태주의 자체는 이데올로기적으로 보수적이

---

10) David Easton, "The New Revoluation in Political Science," *American Political Science Review*, 63,4(December 1969), pp. 1051-1061 참조.

며, 위기에 처한 시대의 현실보다는 추상성에 머물고 있다. 셋째, 과학은 가치중립적인 평가를 내릴 수 없으며, 사실과 가치가 분리될 수 없고 가치전제는 지식과 연관되어야 한다. 넷째, 지식인은 사회문제를 해결하는데 자신의 지식을 활용하고 실천에 옮겨 한 사회를 재구성해야 한다. 다섯째, 행태주의 연구들은 너무나 사소한 문제에만 관심을 두어 급박한 사회적 문제에는 소홀히 하고 있다. 그러나 후기행태주의는 행태주의에서 발전된 과학적 방법론을 그대로 수용하여 분석에 있어서 이론화를 중시하고, 객관적 검증과 방법론적 엄밀성을 추구하는 전통을 따르고 있다. 따라서 후기행태주의는 기본적으로 행태주의의 연장선에서 그 결함을 보완하려는 노력이었지, 이를 대체하거나 새로운 학문적 패러다임으로서의 전환을 의미하는 것은 아니었다고 보아야 한다.

〈표 2-3〉 행태주의와 후기행태주의 비교

행태주의 접근방법	후기행태주의 접근방법
사실과 가치의 분리	사실과 가치는 행동과 적실성에 연관됨
비규정적, 객관적, 경험적	인간중심적이며 문제지향적, 규범적
동질성과 규칙성에 관심	규칙성과 비규칙성에 관심을 가짐
비교적 여러 국가에 초점	비교적 여러 국가에 초점
자민족 중심주의, 특히 영미형 모델에 초점	특히 제3세계 지향적
추상적, 이데올로기적인 보수적, 정태적	이론적, 급진적, 변동지향적
공식적, 비공식적(집단)구조와 기능에 초점	계급과 집단의 관계와 갈등에 초점

4. 체제적 접근방법(system apporach)

이 접근방법의 기본적 관점은 체제(system)라는 개념을 기초로 해서 모든 현상을 분석하는 것이다. 여기서 체제란 상호 의존적이고 상호관련성이 있는 복수의 구성요소 또는 변수가 어떤 관계를 가지고 질서, 안정, 균형을 유지하고 환경과 영향을 주고받으면서 전체성을 유지해 나가는 추상적인 집합체이다. 체제적 접근방법은 자연현상이나 사회현상을 전체의 한 부분으로 본다. 체제이론가들은 모든 체제가 상호작용하는 여러 구성요소로 이루어져 있다고 본다. 뿐만 아니라 체제는 환경과 구별되는 경계가 있으며, 이것이 체제와 외부와의 구분을 밝혀 준다는 것이다.

체제적 접근은 구조-기능주의적 접근과 밀접히 관련되어 있다. 구조기능론은 분석단위로서 전체적인 체제를 강조하고, 전체체제 유지를 위한 요건으로서 특정한 기능을 가정하며, 전체 체제내의 여러 구조가 기능적으로 상호의존적임을 전제로 한다. 구체적으로 설명해 보면 정치나 행정을 하나의 시스템(system: 체제) 현상이라 보고 시스템을 구성하는 여러 가지 구조가 있으며, 이 구조는 일정한 기능을 수행하고 이러한 기능의 수행을 통해서 시스템 유지나 시스템을 둘러싸고 있는 '환경'과의 상호작용이 행해진다고 본다. 그래서 '구조'가 되는 것은 '공식·비공식적 제도들'이라 해도 무방하며, 구조가 수행하는 기능은 시스템에 대하여 파괴적인 '역기능'과 시스템 유지와 시스템의 환경에 대한 적응에 필요한 '순기능'으로 나눌 수 있다. 이와 같이 구조와 기능의 분화 등을 연구하는 것이 구조기능주의 접근법이며, 그것에 의하여 체제 전체의 유지·발전, 변화, 환경에의 적응·부적응 등을 고찰하는 것이 바로 체제적 접근법이다.

이러한 맥락에서 체제적 접근방법을 논의할 때 구조기능론과 연관시키고 특히 파슨스의 구조기능론을 소개하는 이유가 여기에 있다. 파슨스(Parsons)는 체제가 그 목적을 달성하기 위해 각기 다른 하위체제가 다음과 같은 네 가지 기능을 수행한다고 한다. 즉 체제는 환경의 변화에 적응해야 하는 적응기능(Adaption), 가치를 창출하는 목표달성 기능(Goal attainment), 목표 달성을 위해 하위 체제의 활동을 조정하는 통합기능(intergration), 체제가 갖고 있는 가치 체계를 보존하고 제도화된 체제를 유지하는 유형유지기능(Latent pattern maintenance)이다.

체제적 접근방법의 핵심 개념인 체제를 행정과 연관시켜 볼 때, 행정체제는 서로 관련된 환경·투입·전환·산출·환류 등의 상호작용을 반복하는 개방체제의 성격을 갖는다. 이에 따라 행정체제는 동태적인 사회변동의 영향을 받을 뿐만 아니라 내부 환경으로부터도 영향을 받는 것이다. 이 행정체제를 구성하고 있는 주요 구성요소는 다음 5가지로 구분된다.

- 환경: 환경은 체제에 대한 요구나 지지를 발생시키는 것이다. 행정체제를 둘러싸고 있는 외부환경은 고객, 압력단체, 정치상황 등을 말한다.
- 투입: 환경으로부터 행정체제의 전환과정에 받아들이는 자원·정보 등을 의미한다.
- 전환과정: 환경요소로부터 투입을 받아 그 결과로서 어떤 산출을 내기 위한 작업절차를 의미한다.
- 산출: 환경에 응답하는 결과를 의미하는 것으로, 산출에는 정책입안, 법령제정, 재화의 생산 등의 응답이 포함된다.
- 환류: 투입에 대한 산출의 결과가 다음 단계인 투입이나 환경요소에 연결되는 과정을 의미한다.

이와 같은 체제적 접근방법은 미시적인 부문이나 과정·절차에 한정하기보다는 거시적으로 전체를 보며 부분간의 상호 기능적인 관계를 밝혀줌으로써 복잡한 행정현상을 포괄적으로 이해하는 데 많은 도움을 주었다. 특히 선진국을 비롯한 후진국의 행정체제를 비교분석할 수 있는 유용한 틀을 제공하였음은 물론 체제분석을 통하여 문제해결과 의사결정의 합리화에 기여하는 행정이론의 과학화에 공헌하였다. 그러나 체제적 분석방법은 다음과 같은 이유에서 비판받았다. 첫째, 이 접근방법은 정태성과 현상 유지적 성격을 띠고 있어 목적성을 띤 변화나 정치 사회의 변화나 발전을 잘 설명하지 못한다는 것이다. 둘째, 체제

적 섭근 방법은 행정과 환경과의 교호작용을 강조하지만 특히 발전도
상국이나 후진국의 경우 행정의 환경에 대한 독립 변수적인 성격을
충분히 설명하지 못한다는 것이다. 셋째, 체제적 접근 방법은 거시적
접근 방법이므로 체제의 전체적인 국면은 잘 다루고 있으나 체제의
구체적인 운영이나 행태적인 측면은 잘 다루지 못한다는 것이다. 넷째,
정치 행정 현상에서 특수한 인물의 성격, 개성, 리더십 등이 큰 비중
을 차지하는 경우 이를 과소평가하기 쉬우며, 행정 현상에서 중요한
권력, 의사 전달, 정책 결정 등의 문제나 혹은 행정의 가치문제를 고
려하지 못한다는 것이다.11)

---

11) 이종수·윤영진 외 공저, 『새 행정학』(대영문화사, 2003), pp. 164-165 참조.

의회행정의 주요이론

　'의회와 행정'은 정치학과 행정학에 기반을 두고 있고, 그 실제는 정치와 행정으로 구체화된다. 이에 따라 의회행정에 관련된 이론 역시 정치(학)차원에서의 이론과 행정(학)차원에서의 이론을 살펴볼 필요가 있다. 일찍이 전통적인 연구방법인 규범적이고 제도적인 연구방법에 기반 하였던 정치학과 행정학의 이론들은 보다 과학화를 꾀하는 노력에 따라 다양한 접근방법과 새로운 이론들을 형성하였다. 여기서는 두 학문적 차원에서의 주요 이론들을 간단히 소개하기로 한다. 특히 이 이론들은 '의회'와 '행정부'라고 하는 구조적 틀 속에서 역동적으로 작동하는 정치·행정적인 활동들을 분석 및 논의하고자 할 때는 많은 도움이 될 것이다.

제 1 절   정치(학)의 주요이론

1. 합리적 선택이론[1]

현대정치이론의 중요한 발전의 하나는 정치행태 분석을 위해 인접 학문으로부터 여러 접근법을 응용해 왔다. 합리적 선택이론은 정치와 경제의 구조적 유사성에서 비롯해 정치학의 중요한 학문적 이론으로 자리 잡았다. 경제행위의 교환을 통한 자원의 분배와 같이 정치행위는 권력을 통해 자원을 재분배하는 것과 같다는 인식에서 출발한다.

합리적 선택이론은 인간의 의도적 행위 중 극히 합리적 성격을 지니고 있는 행위가 있다는 것을 전제하고 있다.[2] 그리고 이러한 합리적 행위가 지닌 특성을 체계적으로 파악하고, 이로부터 도출될 수 있는 다양한 주장들로서 정치현상을 설명하고자 하였다. 이 이론은 일정한 가정에 기초하고 있는데, 즉 "인간은 이기적인 욕구와 함께 합리적인 사유능력을 소유하고 있으며, 이에 따라 주어진 조건과 환경의 제약 하에서 가능한 여러 행동의 대안들 가운데서 자신들에 의해 선호된 목적 또는 가치를 실현하는데 가장 유리한 결과를 가져올 것으로 기대되는 행동을 선택하려는 경향이 있다." 이 같은 합리성과 이 가정을 토대로 논리적 전개를 펴 나가는 이론이다.

특히, 이 이론의 접근방법은 인간이 어떤 목적이나 믿음에 기초하여

---

1) 이 합리적 선택이론은 다음의 문헌에 의존하였다. 합리적 선택이론에 관한 논의는 사회과학 논총(한양대), 제13집 제13권, 1994, pp. 1-20, 김순규 외, 『정치학의 이해』(박영사, 2005), pp. 34-36, 신명순, 『비교정치학』, 2010, pp. 24-25. 그리고 합리적 선택에 근거한 공공선택론의 가정과 방법론의 특징은 김세균 외, 『정치학의 대상과 방법』(박영사, 2015), pp. 218-231을 참조하기 바람.
2) 합리성은 주어진 목표를 달성하는 데 있어서 여러 대안 중 최소의 비용으로서 최대의 이득을 보장할 수 있는 대안을 선택하는 경우와 목표의 합리성을 뜻하는 것이 아니라, 목표가 주어졌을 때 그것을 달성하기 위한 '방법'의 합리성을 말한다.

내리는 합리적 선택들이 취합되어 어떤 집단 행위나 사회적 유형을 만들어 내려는 일련의 과정을 분석하고자 하는데 있다. 즉 합리적 선택은 합리적 행위자들이 목적지향적, 계획적임을 강조한다. 그리고 사회 현상을 설명하는 데 있어서는 개인적 행위가 이루어지는 상황이 어떻게 일정한 행동의 유형을 자극함으로써 어떤 관찰될 수 있는 사회현상을 만들어 내는가 하는 것을 밝혀내는 것에 주안점을 두었다.[3]

정치학분야에서는 주로 헌법적 질서의 형성, 투표행위의 규칙성, 정당과 선거제도의 분석, 공공재의 문제 등과 같은 광범위한 정치현상의 분석과 설명에 기여할 수 있는 새로운 이론으로 각광받고 있다.[4]

2. 권력엘리트이론

권력엘리트이론은 현대사회의 권력관계를 설명하는 이론이다. 이 이론은 정치에 있어 중요한 개념을 권력으로 보았는데, 권력(power)은 행위자가 다른 사람의 행동에 영향을 미치는 것이다. 즉 권력이론에서는 권력을 형성하는 요소가 무엇이며, 권력과 자원 간의 관계를 논리화하는데 두고 있다. 어떤 공동체이든 소수의 엘리트는 중요하게 자리하고 있는데, 그들은 바로 강력한 힘을 가지고 있기 때문에 가능하다는 전제를 두고 있다. 따라서 엘리트이론은 민주주의이론으로서 다원주의이론과 대립적인 구조를 취하고 있다. 이 이론에 해당되는 이론들

---

3) D. Little은 합리적 선택에 의한 집단수준의 현상을 설명하는 구체적인 절차로서 세 가지 점이 고려될 것을 강조한다. 행위의 환경을 구성하는 선택의 상황, 이러한 상황에서 합리적이며 신중한 사람들이 추구할 수 있는 전략들, 이러한 전략들이 집합적 효과들을 강조한다.

4) 애로우(Kenneth Joseph Arrow, 1921~)는 개인적 선호를 통합해 집단적 선호에 대한 순위를 일관되게 결정할 수 있는 방식이 없다는 불가능성의 원리를 제시하였다. 이와 같은 발견은 공동체의 선호를 확인하는 방법인 투표 역시 엄밀한 정당성을 지니고 있지 못하다는 '투표의 역설'을 제시하기도 하였다. 다운스(Anthony Downs, 1930~)는 그의 저서 『민주정치의 경제이론(An Economic Theory of Democracy)』에서 민주정치의 작동하는 모델을 정립하였다. 다운스는 모든 정부는 정치적 지지를 극대화하려고 한다는 가정의 합리주의 모델을 제시하고, 이를 위한 선거경쟁을 이해하는 방식을 분석하였다.

은 대체로 엘리트론, 신엘리트론, 도시한계론, 성장기구론 등을 들 수 있다.

① 엘리트론

엘리트론은 어떠한 사회이건 간에 엘리트의 역할은 예외 없이 지배적이라고 일관되게 주장한다. 일찍이 엘리트론에 기초하여 경험적 연구를 수행한 프로이드 헌터(Floyd Hunter)에 의하면, 권력엘리트는 서열적으로 구조화되어 있으며 응집적 피라미드식 권력구조의 정점에는 경제엘리트가 존재하고 있고, 대부분의 중요한 정책은 결정과정의 전면에 나타나지 않은 경제엘리트에 의해 결정된다고 한다(Hunter, 1953: 88-114). 즉 지방정부의 중요한 정책사 안에 있어서 경제엘리트들은 자기들끼리 공동이익, 상호책임, 돈 및 관행으로 뭉쳐 자신들의 이익을 위해서 지배적인 영향력을 행사한다고 한다. 그리고 정부는 부차적인 수준의 기관으로 정책을 형성하는 것이 아닌 정책 집행을 위한 도구에 지나지 않는다는 것이다.

② 신엘리트론

신엘리트론은 편견의 동원(mobilization of bais)을 통해 무의사 결정을 유도하는 지배엘리트의 존재를 지적하여 권력이 분산되어 있다는 다원론의 입장을 비판한다(Bachrach and Baratz, 1970; 박종민 외, 1999: 125). 여기서 무의사 결정(Non-Decision)이란 의사결정자의 가치나 이해관계에 대해 잠재적이거나 명시적이거나 도전하지 못하도록 억압하거나 좌절시키는 결과를 초래하는 일종의 결정이다. 즉 정치적인 투쟁의 장 밖으로부터 그들의 이익을 위협하는 이슈들을 유지하게 하거나, 상대적으로 안전한 이슈들인 경우에 대하여 조직집단이 의사결정을 제한할 수 있을 때 일어난다.[5]

---

5) 무의사 결정에 대한 좋은 예는 인디애나 주의 가리(Gary)지역의 철강산업을 연구대상으로 한 크렌슨(Crenson)의 연구에 잘 설명되어 있는데, 이는 정덕주 역(1995: 53), 「도시와 지방자치」를 참조.

③ 도시한계론

도시한계론은 역시 지방정부 정책에 있어서 경제엘리트 이익의 우선을 강조하고 있다. 즉 지방정부가 재화를 둘러싼 배분의 정치보다는 타 도시와의 경쟁적 관계 하에서 최대의 경제적 이득에 관심을 두고 있다. 피터슨(P. Peterson)에 의하면, 경제성장에 최고의 가치를 두는 지방정부는 개발정책에 매우 열성적인 정렬을 쏟는 반면, 지역경제에 도움이 되지 않는 재분배 정책은 소홀히 하며 배분정책의 추구에는 중립적인 입장을 보인다고 한다.

④ 성장기구론

성장기구론은 로간과 몰로치(Logan & Molotch, 1987)라는 대표적인 학자에 의해 주장되었다. 이 이론은 도시개발 문제에 초점을 두고 있는데, 지주를 중심으로 구성된 성장연합이 도시성장을 주도하는 세력으로 보았다. 이 이론의 핵심은 지역경제의 성장으로 이익을 향유하게 될 세력들이 연합하여 도시정치를 이끌어 간다는 것이다. 즉 토지의 교환가치를 높이려는 대지주와 간접적 이익을 향유하는 추종세력들이 지방정부와 연합함으로써 도시의 초성장을 이룬다고 한다. 예컨대, 도시개발 과정에서 직접적으로 참여하여 경제적 이익을 창출하는 토지소유자들을 위시한 이익 집단들과 간접적으로 이득을 보는 여러 이익집단들[6]이 성장연합(growth coalition)을 형성하여 개발정책을 주도해 나간다는 것이다.

3. 다원주의 이론

권력엘리트이론과는 대조적으로 민주주의 사회에서 사람들은 각자의 이해관계에 따라 집단을 형성하고 그들을 바탕으로 하여 정치가 행해

---

6) 전자에 해당되는 집단들은 주로 토지소유자를 비롯하여 금융자본가, 건설업자, 전문기술자 등이며, 후자에 해당하는 집단들은 지방언론, 공기업, 대학, 문화기관, 스포츠클럽, 노조, 자영업자, 소매업자 등 토착적 이익집단 들이 해당된다.

진다고 보는 것이다. 이 다원주의의 접근방식은 집단이론과 민주주의 엘리트의 경쟁관계를 통해서 잘 나타나고 있음에 주목할 필요가 있다.[7] 여기에 해당되는 이론은 주로 다원론, 신다원론, 레짐이론 등을 들 수 있다.

① 다원론

다원론의 핵심은 지역사회의 권력이 일부 계층에 독점되어 행사되는 것이 아니라 다양한 집단에 분산되어 있다는 것이다. 다원론의 입장을 가장 잘 대변하고 있는 달(Robert Dahl, 1961: 6)은 뉴헤이븐(New Haven)을 대상으로 한 연구에서 권력은 은막 뒤에 숨겨진 최상위 경제엘리트 집단에 누적적으로 집중되지 않고 유동적이며 다양한 집단에 분산되어 있다고 한다. 즉 정치적 자원의 불균등이라는 문제는 계속 남아 있지만, 권력은 비누적적(non-cumulated)이며 분산되어 있다는 것이다. 어떻든 다원론은 정치과정의 개방성을 인정하면서 정부정책은 정치과정상 갈등하는 개인과 집단들간의 상호작용을 통해 형성된다고 보았다.

② 신다원론

신다원론은 초기 다원론과는 달리 정치과정이 모든 집단이나 개인에게 동일하게 개방되어 있지 않고, 정부도 모든 집단을 동등하게 대하지 않는다는 것이다(Lindblom, 1977). 이 이론은 다원화된 사회의 구조적 권력을 인정한다는 점에서 초기 다원론과 구별되는데, 대표적으로 기업은 지방정부가 필요로 하는 자원, 정보, 전문성을 갖고 있어

---

7) 아더 피셔 벤틀리(Arthur Fisher Bentley, 1870~)는 정치란 집단의 활동이라는 입장을 제시하였다. 그는 정치과정에서 중요한 단위는 독립된 세력이 아니라 이익집단이라고 보았고, 정치현상을 이익추구 활동의 주체인 상이한 집단들이 쟁점에 따라 자유롭게 이합집산(離合集散)을 거듭하는 항상 유동적인 과정으로 파악했다. 이익집단은 그 구성원을 보호하고 혜택을 보장하기 위해 활동하면서 정부의 통치에 다양한 방법으로 영향을 미치게 되면서 권력의 분산화를 가져온다. 로버트 앨런 달(Robert Alan Dahl, 1915~2014)은 경쟁적 이익집단 간의 상호작용 관계가 다원주의 정치과정의 주된 흐름을 형성한다고 본다. 결과적으로 민주적인 정치체계는 다양한 이해관계를 지닌 집단들이 서로 상호작용을 통해서 만들어내는 다수지배체제(polyarchy) 특성을 가지는 것으로 본다.

일반시민이나 다른 집단과 달리 특권적 지위 혹은 구조적 권력을 소유한다고 한다(Stone, 1980; 박종민, 1999: 125).[8]

③ 레짐이론

레짐이론(regime theory)은 성장연합이론의 한 형태로서 경제결정론적인 성장기구론을 극복하고자 하였다.[9] 레짐이론의 핵심은 지방정부와 비정부(non-government)영역과의 협력 및 생산을 위한 레짐형성에 주목하고 있다는 점이다. 도시레짐이론은 도시개발의 유형을 형성하는데 있어서 지방통치연합의 중요성에 주목하고 있는 바, 정치세력과 시장(市場)세력들이 연합하여 통치체제를 구축한다는 것이다. 이는 레짐이론을 이론적으로 정교화시킨 스톤(C. Stone)이 지방정부의 효과성은 비정부 부문의 자원을 지방정부의 역량과 '얼마나 잘 결합할 수 있는가'에 달려 있다고 지적한 점(Stone, 1989: 27; 1993: 7)에서 잘 알 수 있다. 결국 지방정부는 정책의 효과성을 제고하려 하지만, 정부의 역량에 한계가 있기 때문에 지방정부가 보유하지 못한 자원을 가진 비정부 부문과 안정적이고 지속적인 협력을 시도하여 연합형성을 유지한다는 것이다(Stone, 1993: 17).[10]

---

8) 구조적 권력(systemic power)이란 사회 경제적 맥락 속에서 차지하는 특권적 지위로 인해 어떤 집단에 부여되는 우호적 대우라 할 수 있다. 즉 지속적인 사회경제적 특징이 공무원으로 하여금 다른 집단을 희생시키더라도 일부집단의 이익을 선호하게 하도록 하는 권력의 한 차원이다(Stone, 1980). 예컨대 기업이 구조적 권력을 갖는 이유는 기업이 지방정부의 생존과 번영을 좌우하는 생산적 자원과 전문적 기술을 소유하는데 기인한 것으로 본다(유재원, 1999: 10).

9) 성장기구론은 토지소유자를 중심으로 한 개발과 성장위주의 통치연합 형태를 취하긴 하지만 보다 넓은 경제적·사회적·정치적 환경변화를 반영하는 여러 형태의 레짐의 존재 가능성을 인정하지 않고, 정부와 비정부 부문간의 공식적·비공식적 협력의 필요성을 주요하게 인식하지 못한 점에서 레짐이론과 차이가 있다(이종원, 1999: 143).

10) 이른바 정치와 시장(市場)세력들이 연합하여 통치체제(regime)를 구축하는데, 그 이유는 복잡성과 권위의 분절성으로 지방정부 단독으로 주어진 목적을 효과적으로 성취할 역량을 갖고 있지 못하기 때문이다. 통치체제는 사회적 생산 혹은 공적 목적을 성취할 통치능력을 획득하기 위해 구축된다. 정부와 기업공동체간 연대는 효과적인 통치연합을 형성하는데, 지방정부는 지역사회 전체복지의 제고에 관심이 있고 기업은 이를 위한 자원과 전문성을 갖고 있기 때문이다(박종민 외, 1999: 126).

4. 게임이론[11]

게임이론은 주로 군사학에서 적용되어 왔으나, 경제학·경영학·정치학·심리학 분야 등에도 널리 적용되고 있다. 특히 현대의 정치학에 있어서 게임이론은 이론의 구축 및 정교화를 실행하는데 있어서 중요한 분석수단이 되고 있다. [12]

게임이론(game theory)이란 상충적(相衝的)이고 경쟁적(競爭的)인 조건에서의 경쟁자간의 경쟁 상태를 모형화하여 참여자의 행동을 분석함으로써 최적전략(最適戰略)을 선택하는 것을 이론화하려는 것이다. 즉 게임이론은 한 사람의 행위가 다른 사람의 행위에 미치는 상호의존적, 전략적 상황에서 의사결정이 어떻게 이루어지는가를 연구하는 이론이다. 게임이론의 중요한 특징 가운데 하나는 의사결정자들이 합리적으로 선택한다는 점이다. 즉 의사결정자들의 선호는 명확하게 정의되어 있다. 또 다른 특징은 사람들이 상대방의 반응을 충분히 고려하고 의사결정을 내린다는 점이다. 이것이 바로 전략적 상황을 고려한 의사결정이다.[13]

사람 사이에 상호작용이 존재하는 한 게임은 진행되고, 게임 상황은 도처에서 발생한다. 그리고 현실에서 전략적 고려가 필요한 경우는 수

---

11) 21세기 정치학대사전, 한국사전연구사, 신성휘, 『게임이론 길라잡이』 (박영사, 2006) ; 왕규호·조인구, 『게임이론』 (박영사, 2005) ; 최정규, 『이타적 인간의 출현』 (뿌리와 이파리, 2009) ; Ken Binmore, 『*Game Theory, A Very Short Introduction*』, (Oxford University Press, 2007)을 참조. 특히 이 부문은 김철환 교수의 '게임이론'에 전적으로 의존하였음을 밝힌다.

12) 예를 들면 모로우(James D. Morrow)와 포웰(Robert Powell)에 의한 국제분쟁 연구, 라이커(William Riker)와 섑슬(Kenneth A. Shapsle)에 의한 정권형성·입법과정 연구, 오데슉(Peter Ordeshook)과 콕스(Gary Cox)에 의한 선거과정 연구에 있어서 게임이론이 활용되고 있다.

13) 게임이론은 1944년 폰 노이만(Johann Ludwig von Neumann)과 모르겐슈테른(Oskar Morgenstern)의 공저 『게임의 이론과 경제행동』의 출판으로 널리 알려지게 되었고, 이 들은 두 경기자 사이의 영합 게임(zero-sum game)을 연구했다. 이 게임이론은 1980년대에 이르러 본격적으로 사회과학의 각 분야에 응용되었다.

없이 많다. 예컨대, 혼잡한 도로상에서 운전하는 운전자와 물건을 사기 위해 온라인 매장에서 입찰하는 사람은 각각 운전과 경매라는 게임을 하는 것이다. 기업과 노조가 임금 및 단체협약을 논의하는 것은 협상이라는 게임을 하는 것이고, 정당들은 선거에서 정책과 정강을 통하여 유권자의 지지를 얻는 정치적 게임을 한다.

게임이론은 경기자(player), 전략(strategy), 보수(payoff)라는 요소로 구성되어져 있다. 경기자는 게임의 주체로 사람일 수도 있고, 기업이나 국가일 수도 있다. 경기자의 수는 둘일 수도 있고, 셋 이상일 수도 있다. 전략이란 경기자가 행할 수 있는 모든 가능한 행동이다. 보수는 각 경기자들이 선택한 전략 하에서 이들에게 돌아갈 결과를 수치로 나타낸 것이다. 보수는 실제 금전적 보상일 수도 있고 기수적(수치로 나타난) 효용일 수도 있다

게임이론에서 영합게임(zero-sum game)은 중요한 이론의 단초를 제공했다. 이 영합게임의 본질은 게임 참가자가 서로 경쟁하고 그 결과 한 사람의 이득이 다른 사람의 손실로 귀착되는 현상이므로 적대적 게임이다. 대표적 영합게임으로는 포커, 동전던지기, 홀짝게임 등을 들 수 있고, 탁구나 야구 같은 스포츠나 전쟁도 적대적 게임의 하나로 간주할 수 있다.

1994년을 기점으로 많은 학자들은 게임이론을 이용해 사회과학의 문제를 해결하고자 하였는데, 그 문제 해결의 열쇠는 폰 노이만과 모르겐슈테른이 제시한 적대적 게임 또는 영합게임을 연장하면 찾을 수 있다고 생각했다.[14] 이에 따라 서로 상반된 새로운 게임이론이 나타나게 된다. 그 하나는 양의 합 게임(positive-sum game)인데, 이는 승자의 이득이 패자의 손실보다 큰 경우이다. 예컨대, 현실에서 국제무역을 통하여 무역 당사국 모두가 유리해지는 경우나 주식 투자에서 호황기에 투자 이익이 발생하는 경우는 양의 합 게임이 가능하다. 다

---

14) 1994년 게임이론으로 노벨 경제학상을 공동 수상한 존 내쉬 이후, 경제학자와 수학자들은 새로운 게임이론과학에 대해 본격적으로 탐구하기 시작했다.

른 하나는 음의 합 게임(negative-sum game)도 존재한다는 것이다. 예컨대, 폭력의 경우로, 술 취한 사람의 뒤통수를 쳐서 기절시킨 후에 지갑에서 돈을 훔쳐가는 속칭 '아리랑 치기'의 경우에는 가해자는 돈만 강탈하지만 피해자는 돈도 잃고 신체적인 고통도 겪어야만 한다. 전쟁의 경우도 양측 모두 생명과 재산의 손실을 입는 음의 합 게임이다.

한편, 게임이론에서 협조적 게임이론(cooperative game theory)과 비협조적 게임이론(non-cooperative game theory)이 있다. 협조적 게임은 경기자의 일부 또는 전부가 자발적으로 구속력 있는 계약 (binding agreement)에 합의하여 연대(coalition)가 허용되는 경우이다. 협조적 게임은 국제무역, 노사 단체협약, 그리고 선진국에서 시행되고 있는 검사와 변호사 사이에 이루어지는 유죄협상제도 등이 포함된다. 게임 경기자가 합의한 구속력 있는 계약을 위반하여 자신의 이익을 챙기는 경우에 협조적 게임은 파기된다. 이 때 합의한 계약을 위반한 경기자는 계약위반에 대해 법적으로 처벌받는다.

비협조적 게임은 원칙적으로 구속력 있는 계약이나 연대를 허용하지 않는 경우이다. 단지 게임의 규칙이 허용하는 한도 내에서 구속력 있는 계약의 체결은 가능하나 이를 위반하더라도 처벌될 수 없다. 대표적인 비협조 게임은 죄수의 딜레마, 적대적 합병, 순수 경쟁 등을 들 수 있다. 비협조적 게임은 결국 자신의 이익을 추구하게 되고, 이러한 행동을 자기 구속적 행동(self-enforcing behavior)이라고 한다. 아무도 강제할 수 없는 상황에서 경기자 스스로 자신의 행동에 구속력을 부여하는 이유는 자기 구속적 행동이 자신의 이익과 부합되기 때문이다. 따라서 비협조적 게임의 초점은 경기자의 자기 구속적 행동이 무엇인지를 규명하는 것이다.

제 2 절   행정(학)의 주요이론[15)]

1. 신공공관리론(New public Management)

　　신공공관리론은 1970년대 중반 이후 영·미의 신자유주의와 맥을 같이 하고, 기존 전통적인 관료제 패러다임의 한계를 극복함은 물론 작은 정부를 구현하기 위해 개발된 정부운영 및 개혁에 관한 이론이다. 이 이론의 배경은 서구 자본주의 사회의 국가관리 패러다임의 변화와 함께 서구 복지국가의 정책을 비판하는 데에서 찾아볼 수 있다. 그동안 서구복지국가는 행정의 양적팽창이 시장기능의 약화와 거대한 관료제화를 낳아 과도한 정부지출과 함께 재정적자를 가져와 국가경제의 위기를 초래하였다. 이러한 위기를 극복하고자 하는 개혁적 방안으로 정부의 기능과 규모를 줄이고 시장의 기능을 활성화시켜 경쟁의 원리를 확산시켜 성과를 창출하자는 것이 신자유주의이다. 특히 행정의 효율성을 높이기 위해서는 관료제적 패러다임의 변화가 전제되어야 함을 강조하고 있는데, 바로 기존의 관료제적 패러다임을 기업형 정부로 대체하는 것이다. 즉 신공공관리론은 전통적 관료제 정부모형을 새로운 정부모형인 기업가적 정부모형으로 전환하기 위한 행정개혁 전략의 개발을 지향하고 있다.[16)]

　　미국을 중심으로 하는 이 기업가적 정부모형은 대표적으로 세 가지 주장으로 요약할 수 있다.[17)] 우선 최소국가론을 지향하는데, 이는 정

---

15) 이 부분은 유광호·박기관, 『관료제론』 (서울: 대영문화사, 2011)에 전적으로 의존하였다.

16) O. E. Hugh, *Public Management and Administration: An Introduction.* N. Y.: St. Martin's Press. 1994.

17) 서창록 외, "거버넌스의 개념: 거버넌스의 개념과 쟁점에 관한 소고", 김석준 외, 『거버넌스의 정치학』 (서울: 대영문화사, 2002), p. 9.

부 행위의 주요목적을 공공재의 공급에 한정할 것을 주장하며 행정체
계를 시장과 같은 경쟁적 체계로 전환해야 한다는 인식에 근거하고
있다. 둘째, 이 모형은 민영화와 규제완화를 중심으로 한 탈규제정부
모형이 논의되는데, 느슨한 계층제로의 정부조직개편, 정부의 중재자적
입장에서의 통제 등을 강조한다.[18] 셋째, 오스본과 개블러에 의해 제
안된 정부 재창조모형은 공공부문에 민간부문의 기업가적 정신을 제시
한 것으로 알려져 있는데,[19] 정부는 조정자 입장에서 경쟁, 시장, 고
객, 성과를 강조하는 기업가적 정부를 지양해야 함을 강조하고 있
다.[20] 어떻든 신공공관리론은 신자유주의 이념에 기초한 것이며, 이
이념과 기본 정신에 기초하여 공공서비스에 경쟁원리를 최대한 도입하
고자하는 것이 바로 '시장주의'로 표현된다.

　　한편 신공공관리론의 내용에 있어서 중요하게 자리하고 있는 것 중
하나가 '신관리주의(new managerialism)'이다. 이 신관리주의는 시
장적 개인주의 기업 모형을 공공부문에 적용하려는 노력의 일환으로
이해할 수 있다. 즉 행정과 경영의 유사성에 대한 인식하에 기업의 경
영원리와 관리기법을 행정에 도입 및 적용하여 정부의 성과 향상과
관리의 효율성을 제고하는 것을 강조하고 있다. 마지막으로 신공공관
리는 성과주의와 그 내용에 포함시키고 있다. 성과주의는 행정의 과정
보다는 결과를 강조한다. 특히 이는 신공공관리 방식의 도입에 따른
행정조직의 규제완화로 야기되는 통제 및 책임의 결여를 막기 위한
전략이다. 그리고 고객주의는 시장주의에서 파생되는 하나의 지향성으
로서 "소비자가 왕"이라는 생각으로 고객을 중시하는 경향이며 태도
이다. 오늘날 공공부분에 있어서 고객주의 구현방식으로 활발히 적용

---

18) 김정렬, "영국 블레어 정부의 거버넌스," 『한국행정학보』, 35권 3호(2001), p.
　　90.

19) 오스본과 개블러(Osborn & Gaebler)의 『정부재창조론(Reinventing Government,
　　1992)』에서 제시된 '기업가적 정부운영의 10대원리'는 신공공관리론의 특징과
　　정부개혁의 방향을 잘 제시하고 있다.

20) D. Osborn and T. Gaebler, *Reinventing Government: How the Entrepreneurial
　　Spirit in Transforming the Public Sector* (New York: Addison-Wesley,
　　1992), p. 20

되고 있는 서비스 헌장, 시민헌장, 시민평가, 고객만족도 조사 등이 여기에 해당된다.

지금까지 살펴본 바와 같이 신공공관리론은 공공조직의 특수성과 과정·절차·규칙 대신에 공사부문의 유사성을 강조하고, 공공부문에 있어서 조직관리의 자율성과 성과 및 결과중심의 관리를 강조하고 있음을 알 수 있다. 이러한 신공공관리론은 1990년대 초기 관료제의 문제를 반성하고 그에 대한 엄밀한 진단을 통해 새로운 정부혁신의 기풍을 확산시킨데 공헌한 점은 분명하다. 그러나 시장과 민간부문을 지나치게 이상화하는 반면 정부와 관료제를 지나치게 경시함으로써 민주행정 및 책임행정의 지향성과 갈등을 야기할 가능성이 많다는 한계를 드러내고 있다. 또한 정부관료제의 정체성을 무시하고 정부와 기업을 동일시하여 기업의 경영원리와 기법을 무비판적으로 정부에 이식시키려 한다는 비판을 받고 있다.

2. 거버넌스 이론(Governance Theory)

거버넌스(governance)는 1980년대 초 영국학자들을 중심으로 이론적인 차원에서 본격적으로 논의되기 시작한 이래 영국의 정책결정시스템에 도입되었다. 그 이후 OECD국가들로 급속히 확산되어 현재 모든 사회과학분야에서 이론 및 실무적으로 널리 활용되고 있다. 이 이론의 일반적 배경은 후기관료주의 국가의 등장에 따른 공공서비스의 민간위탁, 정책과 집행기능의 분리, 다양한 기관들 간의 성과경쟁중시와 관련지을 수 있다. 많은 민간기관들이나 집행기능을 수행하는 준공공기관의 등장은 조직간 네트워크의 필요성이 절실히 요구된 것이다.

거버넌스 이론의 등장은 국가중심이론의 쇠퇴를 반영한 이론적 조류로 인식될 수 있을 것이다. 거버넌스는 국가와 사회관계를 수직적이고 위계적인 형태로 유지하는 것보다는 양자를 수평적인 파트너 관계 또는 네트워크 관계로 운영하는 것이 보다 효율적이라는 것을 주장한다. 환언하면 거버넌스는 공공서비스 전달 또는 공공문제의 해결에 있어서 정부라는 제도적 장치에 전적으로 의존하기보다는 정부와 민간부문 및 비영리부문 간의 협력적 네트워크를 적극 활용한다는 의미를 담고 있다.

거버넌스의 개념은 그 자체가 갖는 용어의 다양성만큼이나 학문분야와 관심영역에 따라 다양하게 정의되고 있다.[21] 행정학 분야에서는 새로운 국가 통치행위나 방식을 의미하는 국정관리로, 정치학분야에서는 다원적 주체들 간의 협력적 통치방식을 의미하는 네트워크 통치 혹은 협력적 통치로, 사회학 분야에서는 국가나 시장과 구별되는 사회의 자연스러운 조정양식의 원형 혹은 자기 조직적 네트워크 등으로 다양하게 정의되고 있다.[22]

이와 같이 학문분야에 따른 개념적 정의가 다소 다르게 나타날 수 있으나, 접근시각에 따라 크게 국가중심 거버넌스, 시장중심 거버넌스 및 시민사회중심 거버넌스로 나눌 수 있다. 국가중심의 거버넌스는 국정관리 또는 통치의 중심적 주체로서 역할을 국가 또는 관료제가 수행하는 체제이며, 시장중심의 거버넌스는 국가의 자원배분과 서비스 생산 활동을 주로 시장메커니즘에 맡기는 체제이다. 시민사회 중심 거버넌스는 시민들의 직접적 참여 또는 시민을 대표하는 시민단체가 국정관리의 중심에 대한 시민의 요구를 거버넌스 체제이다.

국가중심 거버넌스 이론은 국가, 시민사회, 시장 및 국제체제와의 관계 속에서 국가가 기본적으로 자신의 운영논리인 관료주의와 관리주의를 어떻게 시장원리나 시민사회의 원리에 맞추어 조정하느냐에 문제에 관심을 두고 있다. 이때 관리주의나 관료주의는 시장과 시민사회의 영향력에 따라 개별국가의 역사적 맥락에 따라 상대적으로 다르게 나

---

21) 거버넌스는 국정관리, 신국정관리, 국가경영, 통치, 정치적 관리, 협치(協治) 등 학문적 논자에 따라 여러 가지로 번역되어 쓰여지고 있다.
22) 거버넌스의 개념적 정의 부문은 다음의 저서에 전적으로 의존하고 있다. 김석준, 『뉴 거버넌스 연구』(서울: 대영문화사, 2000), p. 41; 김석준, 『거버넌스의 분석의 틀: 21세기 한국사회와 정치의 뉴 거버넌스 모색』, 김석준 외, 『거버넌스의 정치학』(서울: 대영문화사, 2002), pp. 38-39 참조.

타난다. 하지만 기본적으로는 오랜 정부의 관료주의나 관리주의가 시장 자본주의에 영향을 주고, 이것이 시민사회의 민주주의에 영향을 주면서 삼자간의 결합체를 형성하게 되는 것으로 대륙계 국가모형이 대표적인 예라 할 수 있다. 이에 비해 시장중심 이론이나 시민사회중심 이론의 경우에는 그들 간의 영향력 행사 위치와 방향이 바꾸게 되며, 개별국가에 따라 약간의 다양성을 보이나 대부분 영미계 국가들이 여기에 해당된다.

어떻든 거버넌스의 핵심개념은 네트워크에 있음은 분명하고, 이는 단체나 조직들 간의 긴밀한 유대를 지속시켜 주는 연계망으로서 국가로부터 비교적 자율성을 갖는 단체나 조직들이 상호 신뢰의 바탕에서 긴밀한 유대와 상호작용을 유지해 나가는 특성을 갖는다고 할 수 있다. 협력적 네트워크 또는 협치를 강조하는 거버넌스는 그동안 정부의 일방적 또는 주도적 국가관리가 한계에 직면하고, 공공목표 추구를 위한 협동체계 구축의 필요성이 요구되는 시대에 유용한 국정패러다임이 될 수 있다는 공헌을 하였다. 그러나 거버넌스는 다음과 같은 면에서 비판을 받고 있다. 첫째, 각 주체간의 네트워크는 주체들 간의 상호작용과 영향력을 설명하는데 역점을 두고 있으나, 실제 어느 주체가 어느 정도의 영향력을 행사하고 있는가를 구체적이고도 명확히 밝혀내기 어렵다. 둘째, 공공서비스의 공급이 여러 주체에 의해서 제공되므로 분절화(fragmentation) 현상이 나타나 통합성이 약화되고 통제와 조정이 상실될 수 있다. 특히 여러 주체 간 공동 관리체제로 인해 정책결정이나 서비스제공의 실패에 따른 책임성을 확보하기가 어려워질 수 있다. 마지막으로 사회의 모든 현상을 비롯한 공공문제들은 정치와 깊은 관련이 있으며 종국적으로는 합리적인 정치적 권위에 의해 해결되는 점을 볼 때, 거버넌스가 지향하는 네트워크적 방법은 집단간 수평적 협상과 타협 및 조정을 강조하기 때문에 정치적 권위나 정당성을 체감시킨다는 비판이 제기되기도 한다.23)

---

23) 김정열, "정부의 미래와 거버넌스-공공관리와 정책네트워크-," 한국행정학보,

3. 포스트모더니즘 이론(Postmodernism Theory)

20세기 후반에 이르러 하나의 시대적 조류를 형성한 포스트모더니즘은 학문의 영역을 넘어 의식과 문화 그리고 정치활동의 영역을 모두 포괄하고 있다. 1990년대부터 행정학 분야에서도 하나의 패러다임으로 여겨지면서 연구의 관심이 증대되고 있다.

포스트모더니즘은 산업화 이후 사회의 조건, 즉 포스트모더니티를 설명하고 처방하는 하나의 관점이다. '탈근대적 문제의식'이라 일컬어지는 일련의 현상들은 포스트모더니즘의 등장배경을 이해하기 위한 중요한 지침이 된다.[24] 즉, 근대적 과학, 철학, 테크놀로지, 정치 영역에서 영향력을 행사해 온 메타설화들에 대한 불신감의 고조, 전 사회영역에 걸쳐 이루어진 합리화가 새로운 문제와 위험을 초래한다는 사실에 대한 인식의 확산, 새로운 정보기술의 폭발적 증대와 보급, 그리고 새로운 형태의 사회운동의 등장이라는 복합적 현상들은 탈근대적 사고의 출현과 관련된 현상들이자 문제의식의 배경을 이루는데 충분하다. 여기서 우리는 '메타설화'에 대해 주목할 필요가 있는데, 포스트모더니즘은 모더니즘이 안고 있는 '메타이론' 혹은 '메타설화에 대한 회의(incredulity toward metanarratives)'를 의미하기 때문이다.[25] 모더니즘은 인간의 이성이나 합리적 사고를 토대로 사회를 통일적으로 설명할 수 있는 근본주의적 메타이론이나 메타설화가 가능하다고 생각하여 왔는데, 포스트모더니즘은 이러한 가정을 비판하고 부정한다. 여기서 '메타설화'란 근대기술 및 정치적 과업을 정당하기 위한 틀로서 절대적 진리와 보편성의 근원에 관심을 갖는다. 즉 사회현상을 통일적으

34(1), 2000 봄, p. 31.

24) White Stephen, *Political Theory and Postmodernism*. Cambridge: Cammbridge University Press.

25) Jean-Francois. Lyotard, *The Postmodern condition. Minneapolis*: University of Minnesota Press, 1984.

로 설명할 수 있는 절대적 진리나 보편적 원리 또는 역사적 법칙을 말하는 것이다.

포스트모더니즘은 근대성과의 단절 및 기존 이론에 대한 비판적 태도를 보인다. 포스트모더니즘은 근대성의 산물인 합리화, 산업화, 도시화, 기술의 발전 등을 모두 비판하며, 근대사회에서 중시되는 가치들 −직업, 자유민주주의, 휴머니즘, 평등주의, 중립성, 합리성 등−에 도전한다. 그리고 포스트모더니즘은 객관적 현실의 존재를 부정하고, 예측과 인과적 설명의 가능성에 의문을 제기한다. 그래서 현실은 단지 이미지로 구성된 허상에 지나지 않음을 지적하고, 심지어 기호(sign)와 상징(symbol)이 객관적으로 존재하는 현실을 표현하기보다는 오히려 현실을 창조한다고 본다.[26] 이러한 전제하에서 포스트모던론자들은 인간정신과 외부의 현실의 구분을 하나의 환상으로 보며, 현실은 의미부여의 능력을 가지는 인간 의식의 구성물이라는 구성주의적 현실론을 수용하고 있다.

지금까지 논의를 토대로 포스트모더니즘이 지향하고 있는 지적특성을 살펴보면 다음과 같다.[27] 첫째, 구성주의를 들 수 있는데, 포스트모더니즘은 우리가 발견할 수 있는 객관적 사실이 있다고 보는 객관주의를 배척하고 사회적 현실이 우리들의 마음속에서 구성된다고 본다. 둘째, 인식론적 상대주의인데, 포스트모더니즘은 사람들의 서로 다른 특성, 사회구조들의 서로 다른 특성을 존중하고, 인식론적·윤리적·심미적 상대주의를 받아들인다. 셋째, 포스트모더니즘은 해방주의적 성향을 지닌다. 개인들은 조직과 사회적 구조의 지시와 제약으로부터 해방되어야 함을 주장한다. 즉 개인은 인위적 계서제와 구조들로부터 자유로울 수 있고 서로 다를 수 있으며 각자가 자기 특유의 개성을 가질 자유를 누려야 한다는 것이다.

한편, 포스트모더니즘이 행정학에서 어떠한 의미를 갖고, 특히 근대

---

26) Jean. Baudrilard, *America London*: Verso, 1989.
27) 오석홍, 『행정학』 (서울: 박영사, 2004), p. 140 참조.

성의 상징 중 하나인 관료제와의 관계성을 논의한 대표적 이론인 파머의 반관료제론과 폭스와 밀러의 담론이론을 살펴보면 다음과 같다.[28]

우선 파머(David J. F Farmer)의 반관료제론을 보면, 파머는 관료제를 중심으로 한 근대행정이론의 비판적 해석에 기초해 포스트모더니즘 행정이론을 상상(想像), 해체(탈구성), 탈영역화, 타자성(他者性)으로 나누어 설명하고 있다. 특히 우리는 관료제와의 관련성에서 상상과 타자성에 주목할 필요가 있다. 첫째, 상상을 들 수 있는데, 이는 합리성으로부터 벗어난 것을 의미한다. 즉 모더니티에서 합리성이 핵심적 역할을 하였다면, 포스트모더니즘에서는 상상이 그 역할을 한다는 것이다. 행정에서도 상상은 중요한 의미를 던져주고 역할을 수행할 것이다. 즉 모더니티의 합리화는 최적의 결과를 가져오도록 하는 목적-수단간의 도구적 합리성을 의미하는데, 이와 같은 합리성은 관료와 고객 모두에게 인간적인 희생을 가져왔다고 본다. 차가운 이성보다는 따듯한 마음과 감정이 보다 선호되어야 한다는 것이 포스트모더니즘의 입장이다. 그리고 부정적으로 보았을 때 상상은 규칙에 얽매이지 않은 행정의 운영이며, 긍정적으로 보았을 때 상상은 문제의 특수성을 인정하는 것이다.

둘째, 파머는 타자성을 강조하고 있는데, '타자성'이란 나 아닌 다른 사람을 인식적 객체로서가 아니라 도덕적인 타자로 인정하는 것이다. 포스트모더니티는 행정은 "반행정"이라고 부르는 방식으로 그 기능을

---

28) 이 부문은 다음의 문헌에 의존하고 있다. D. J. Farmer, *The Language of Public Administration: Bureaucracy, Modernity, and Postmodernity.* Tuscaloosa, Alabama: The Univ. of Alabama Press. 1995. C. J. Fox, & H. T. Miller, *Postmodern Public Administration: Toward Discourse.* London: Sage Publications. 1995. 강신택 역, 『행정학의 언어』(서울: 박영사, 1999), pp. 326-329. 이종수·윤영진 외, 『새 행정학』(서울: 대영문화사, 1993), pp. 182-183. 오석홍, 『행정학』(서울: 박영사, 2004), pp. 140-141. 백완기, 『행정학』(서울: 박영사, 2006), pp. 56-58. 김종술, "포스트모더니즘을 통해서 본 행정학의 이해", 「정부학 연구」, 5(1). 윤영진·김태룡 외, 『새 행정이론』, 2002, pp. 38-39.

수행해야 한다고 한다. 행정에서 "타자"를 인정하는 것은 "반행정"의 성격을 가지고 있다. 타자성에 대한 포스트모던적 태도의 네 가지-개방성, 다양성의 선호, 상위설화에 대한 반대, 기존 질서에 대한 반대-특징을 살펴보면 '반행정'의 성격이 선명하게 드러나 이해하는데 도움을 줄 것이다.

우선 타인에 대한 개방성은 관료주의를 비판하고 부정하는 것이다. 즉 행정실무에 있어서 반권위적으로 집행되어야 한다는 것을 의미한다. 즉 봉사지향적이며 행정의 의사결정은 지역공동체에 개방되어야 한다. 다양성에 대한 선호는 다른 것에 비하여 어떤 특권적 지위를 누리는 의미가 없다는 것을 인정하는 것이다. 즉 관료들과 사람들 구분해 놓고 이들을 어떤 범주나 틀에 집어넣고 규격화시키고 정형화시키는 상자주의(boxism)를 반대하는 것이다. 상위설화에 대한 반대란 비현실적인 근거들을 해체하는 것이며, 그런 의미에서 반행정이다. 즉 행정의 비현실적 제도의 근거와 행정적 권위의 신비로운 태도를 부정하고 해체하자는 것이다. 마지막으로 타자성은 기존질서에 대해 반대할 것을 요구한다. 대부분 행정인은 그 성격상 기존의 행정제도를 선호하는 경향이 있는데, 타자성을 인정하면 행정의 반 행정적 방법을 개발할 수 있는 가능성을 찾아보아야 한다. 환언하면 통제위주의 기존 제도와 행정을 지양하고 행정의 반제도적인 방법을 모색해 보자는 것이다.

다음으로 폭스와 밀러는 구성주의를 통해 관료제를 인식론적으로 비판하고, 이에 기초하여 관료제에 대한 대안으로 담론이론을 제시하고 있다. 특히 이들은 담론이론이 관료제도의 대안으로 가장 적합한 것으로 여기고 있다. 담론(discourse)이란 정책의 형성·집행·평가 등에서 참여하는 사람들을 통해서 업무를 수행해야 한다고 본다. 담론이론은 그동안 대의민주주의 시대에 있어서 시민의 의견을 제대로 반영하지 못하자 이에 대한 대안으로 제시되었다. 즉 정책이란 국민이 무엇을 원하는가를 파악하여 국민의 의견을 정책에 반영해야 한다고 주장한다. 이러한 담론이론의 이론적 기반이 되고 있는 것은 구성주의와 현상학이라 할 수 있다. 담론이론은 구성주의의 틀을 바탕으로 관료기구와 이를 구성하는 제도를 해체한다. 그리고 현상학은 인간이 어떤 상황에 직면했을 때 수동적으로 관찰하는데 그치지 않고, 그런 상황에 대처하는 어떤 행동을 취하려는 의도를 가지고 관찰하게 된다. 담론이론에서도 참여자들은 단지 상황을 이해하는데 그치지 않고 그와 관련된 행동을 취하려고 노력한다.

담론주의는 행정기구를 담론의 장소로 보는데, 여기에 적극적으로 시민의 참여를 강조하고 있다. 이에 따라 정책결정을 위한 토론과정을 민주화하려는 담론이 중요하다고 여기고 있다. 따라서 정책결정에 있어서 시민들이 직접 참여는 물론 적극적인 토론과 함께 정책결정자들과 직접 협상할 수 있어야 한다고 보고 있다. 이와 같이 파머와 밀러는 근대 관료제를 탈근대의 시각으로 해석하고 있을 뿐 아니라 행정조직을 진정으로 민주주의적인 담론의 장으로서, 그리고 한걸음 더 나아가 타자로서의 시민들에게 권력을 부여하고 동등한 위치에서 시민들로 하여금 실질적으로 행정에 참여하게 하려는 새로운 행정의 길을 제시하고 있다. 그리고 포스트모더니즘은 기존 관료제의 한계를 극복하고 기존제도에 대한 반대와 비판 등으로 행정의 새로운 연구의 지평을 넓혀 주었다는 점에서 그 의의가 크다고 볼 수 있겠다.

포스트모더니즘은 기존의 패러다임의 가치관, 세계관에 대한 회의주의를 지향하였고, 근대성과 단절 및 기존이론에 대한 비판적 태도에 대해 혁신적인 인상을 우리에게 준 점은 분명하다. 그리고 획일적인 주체관념을 부정하고 다원적인 세계관을 통해 사회 내의 다양한 요구의 정당성을 부여해 주었다는 점에서 사회과학의 주요한 이론적 자원으로 인식되기에 충분하다. 그러나 포스트모더니즘의 보다 현실적 한계는 근대적 합리성에 대한 일방적 부정에서 기인한다.[29] 물론 포스

---

29) Jurgen Habermas, *The philosophical Discourse of Modernity Cambridge*: The MIT Press, 1987.

트모더니즘이 제기하는 근대성의 제도와 문화에 대한 비판은 상당부문 적실하다. 관료제와 같은 근대제도가 가지는 억압성과 현대사회에서의 정치적 소외는 근대성의 부정적 결과들이다. 그러나 근대성이 내포하는 가능성과 긍정적 기여에 대한 균형 잡힌 평가를 결여한 채 근대성에 대한 편협한 이해에 근거하여 근대성을 전면적으로 부정하는 포스트모더니즘의 입장은 "새로운 암흑(the new obscurity)"30)으로 평가될 수 있음을 상기할 필요가 있다.

4. 현상학 이론(Phenomenological Theory)

현상학은 사회과학의 연구에서 계량적인 방법의 한계가 드러나면서 1960년대부터 관심이 증대되었고, 현재에는 그 학문적 위치를 확고히 다져가고 있다.31) 행정학에서도 논리실증주의에 입각한 행태주의 접근에 대한 전통적 방법론의 한계를 극복하는 차원에서 현상학이 논의되고 있다. 후설이 창시한 현상학의 배경은 과학과 기술의 진보로 모든 사상(事象)을 계량화하는 사유습성과 모든 문화현상을 물상화(物象化)하려는 태도에 대한 반작용으로 인간주의의 재확립을 주장하는 현상학으로의 관심이 고조되었다고 볼 수 있다.

생활세계에 대한 현상학적 분석은 인간의 의미부여의 의식작용에 대한 것이고 더 나아가서는 개인이 일상생활에서 타(他)개인과의 상호작용으로 창조하는 문화의 세계에 대한 것이다. 여기서 우리는 현상학이 인간의 현 존재(現存在)의 분석을 근본과제로 삼고 있음을 알 수 있을 것이다. 그리고 인간학으로서의 현상학은 인간의 본성을 연구하는 것이고, 인간학적 고찰은 인격을 중요시한다. 인간은 언제나 그

---

30) Jurgen Habermas, "The New Obscurity." *Philosophy and Social Criticism* 11, 1896.

31) Maurice Roche, *Phenomenological, Language and the Social Science*, London, RKP, 1973 ; G. *Pasthas, phenomenological Sociology*, New York, 1973.

의 신체주체로서 생각되며 언제나 그의 신체와 일치해서 존재하며, 그가 외부세계에 대해서 의미를 부여하는데 있어서도 신체를 가진 인격으로 객관세계에 지향한다. 따라서 현상학은 "현상에 대한 개인 자신의 지각(perception)으로부터 그의 행태(behavior)가 나온다고 주장하는 철학적·심리학적 접근방법이다.[32] 이는 사회적 행위의 해석에 있어서 의미를 중요시하는 학문으로서 사회적 세계의 현상, 즉 사회적 세계 속의 인간행위, 곧 인간의 의식적 지향성을 함축하는 행위를 연구하는 방법이라고 할 수 있다.[33]

현상학은 현상의 본질을 대상으로 하고 대상을 형성하는 의식작용을 기술하려는 선험적 관념론이다. 현상학이 규명하려는 현상의 본질이란 대상의 근본적·필수적·불변적 특성을 말한다. 본질은 시간과 공간에 따라 달라질 수 있는 구체적·개별적 존재에 내재해 있는 보편적 존재이다. 그리고 본질에 접근하는 방법은 경험적 서술인데, 이는 대상이 의식에 경험되는 과정을 서술하는 것이다. 즉 원초적 인식에 의해 대상의 본질적인 모습을 발견하고 경험적으로 서술하는 것이다.

현상학은 후설(Edmund Husserl), 쉘러(Max Scheler), 슈츠(Alfred Schutz)등이 대표적인 학자이다. 이러한 현상학의 주요 특징을 요약해 보면 다음과 같다.[34] 첫째, 존재론적인 면에서 유명론을, 인식론적 입장에서 반실증주의를, 인간의 성격에 대해서는 자발론적 견해를 견지하며, 방법론상으로는 사례나 문제 중심적 방법의 추구에 초점을 두고 있다. 둘째, 현상학에서는 의미의 세계가 주된 관심사이며, 행태라는 반응적 용어보다 의도된 성격의 용어인 행동 지향성을 선호한다. 셋째, 인간의 행태보다는 행위에 대한 관심과 공조직의 상호주의적 책임성을 강조한다.

---

32) Carl Bellone(ed.), *Organization Theory and the New Public Administration* (Boston: Allyn and Bacon Co., 1980), p. 287.
33) 신두범·오무근, 『최신행정학 원론』(서울: 박영사, 2003), p. 100.
34) 박수영 외, 『현대사회와 행정』(서울: 대영문화사, 2004), p. 87.

특히 행정학 연구에 현상학적 접근 방법을 도입한 대표적인 연구는 하몬의 행위이론을 들 수 있다. 행위이론은 행위지향적인 행정은 다른 개인들의 현실을 이해하고 공감할 수 있는 행위 지향적인 개인들에 의해서만 가능하다는 것이다. 현상학적 접근 방법은 근본적으로 행정학 연구를 행정가의 일상적인 실제적 측면을 강조하는 미시적 관점으로의 방향전환을 시도하는 것이며, 많은 거시적인 문제들은 인간의 상호작용과 이해를 통해 해결될 수 있다는 것이다.[35]

행정학 연구에서 현상학적 접근방법의 적용은 과학적, 객관적, 계량적이며 실증적인 것을 중요시하는 연구방법을 통해서 파악하지 못했던 인간의 인식의 세계와 인식의 주관성에 주의를 환기시켰다는 점에서 의의가 있다. 특히 이 방법이 최소한의 실증주의 과학의 객관성과 분석적 접근에 대한 맹신이 빚은 실책을 고발함은 물론 조직을 다루는 문제에서도 폭넓은 사고와 함께 공공조직의 책임성을 강조하는 철학적 사고방식을 제공하여 주었다는 점에서 공헌하는 바가 크다. 그러나 지나친 주관성에 집착한 나머지 사변적이고 철학적인 사유의 모호한 기술로 그치고 있다는 한계를 드러내고 있다. 특히 조직에의 연구에 있어서 조직내부 구성원의 개별적 행위를 설명하는 데 유용한 접근일 수 있으나, 조직의 전체성을 분석하고 그 대안을 제시하는데 문제가 있다는 비판을 받고 있다.

---

35) M. I. Harmon, *Action Theory for Public Administration*. N. Y. : Longman.

의회의 개념과 특징

제 1 절   의회의 개념과 구성요소

1. 의회의 개념

　　세계 각국들은 근대 입헌주의를 거쳐 의회를 설립하고, 의회가 국민의 대표기관으로 구성되어 국민의 의사를 정치에 반영하는 대의제 민주주의를 발전시켰다. 의회주의는 국민이 직접 선출한 의원으로 구성된 합의기관인 의회가 행정부 및 사법부와의 권력적 균형관계 하에서 입법과정을 통해 국가정책을 결정하거나 행정부의 권력을 견제 및 통제하는 정치원리를 의미한다. 그리고 의회민주주의는 주권자의 의사가 선거를 통해 의회에 전달되고, 의회가 입법과정을 통해 국가정책을 결정하기 때문에 국민의 대표성을 기본원리로 한다.

　　의회 또는 국회는 과연 어떤 의미를 지니고 있을까? 오늘날 각 나라의 정치현실에 따라 의회제도 유형이 다른 모습을 하고 있는 것처럼 의회의 개념 또한 다양하다. 우선 '의회'라는 다양한 명칭부터 살펴보자.

의회의 명칭은 주로 Parliament, National Assembly, Congress, Legislature, Diet 등 여러 가지로 쓰여지고 있다.[1] 하지만 "국회(Parliament)"라는 단어는 영국 국회(British Parliament)에서 나온 말이고, 미국의 의회(Congress)는 영국의 관점에서 "국회"라고 지칭될 수 없다고 하는 견해가 있다. 왜냐하면 미국의 의회에서는 행정수반(Chief Executive)을 뽑거나 해임하지 않기 때문이다(Bagehot 1963: 220). 이처럼 나라마다 다양하게 사용하고 있는 명칭을 우리의 경우는 '국회'와 '의회'라는 용어로 혼동하여 사용하고 있는 것이 현실이다. 하지만 이 두 용어가 갖는 개념상의 의미는 차이가 없다고 할 수 있다. 왜냐하면 '의회'나 '국회'라는 용어는 우리 사회에서 자생적으로 발생한 것이 아니라 외국어를 우리말로 번역하는 과정에서 두 용어를 중복 사용한 결과이기 때문이다. 특히 '국회'라는 용어는 실제로 한국의 의회를 나타내는 데 사용하고 있다. 이는 우리나라뿐만 아니라 의회를 가지고 있는 비영어권 국가에서 나타나는 공통적인 현상이다. 따라서 의회와 국회는 그 개념상의 차이점이 없다고 할 수 있음으로 본서에서는 선출된 대표기구라는 의미를 지니고 있는 "국회(National Assembly)", "의회(Parliament)" 그리고 "입법부(Legislature)" 용어를 같은 의미로 보고 혼용하여 쓰고자 한다.

오늘날 의회 또는 국회는 민주주의 정치체제 하에서 중추적이며 강력한 영향력을 행사할 수 있는 핵심기관이다. 특히 의회는 모든 정부기관 중에서 국민들이 가장 쉽게 접근하여 자신의 의사를 전달할 수 있는 기관이기도 하다. 삼권 분립의 민주 정치체제하에서 행정부는 다양한 정책들에 대한 논쟁과 결정을 국민들도 모르게 자신의 의도대로 이루는 경우가 많다. 사법부 역시 자신의 법리 해석을 기반으로 은밀하게 판결을 내리는 경우가 있다. 그러나 의회만큼은 그 내부에서 이

---

[1] 즉 의회는 어느 특성을 강조하느냐에 따라 다양한 명칭으로 사용되기도 하는데, 일반적으로 토의장(parliament), 위원회(council), 집회장(assembly), 대의기관(representative), 합의체(congress), 입법부(legislative) 등으로 통용되고 있기도 하다.

루어지는 일련의 모든 논쟁과 의견 차이가 공개적으로 이루어진다. 이러한 모든 논쟁의 공개성으로 인해 때론 의회 또는 의회의원들이 조롱과 멸시의 대상이 되기도 하지만, 그렇다고 해서 만일 의회가 내부의 일을 비밀리에 처리한다면 곧 비판의 대상이 된다.

의회 또는 국회는 국가를 통치하는 법을 만드는 즉 법률을 제정하는 곳인 동시에 국민으로부터 직접 선출·구성되어 국민의 의사를 수렴하고 반영하는 대표기관이다. 이러한 의회는 다소 상반되고 모순적인 양면성을 지니고 있다. 의회는 대체로 거대하고 화려한 장소에서 국가의 권위와 법을 집행하고 정의하는 중요한 목적을 표현하기도 하지만, 때론 당리당략에 따른 소모적인 논쟁과 당파적 이기적 투구 그리고 결론에 도달할 것 같지 않은 토론 등으로 인해 의회의 근엄한 본 모습이 훼손되는 경우가 종종 있다.

요컨대 의회 또는 국회 그리고 입법부는 용어상의 차이만 있을 뿐, 모두 국민의 선거에 의해 구성된 민의(民意)의 기관으로 국가의 법률을 제정하고 예산을 심의하며 중요한 정책을 결정하는 최고 의사결정기관이라 할 수 있다.

이러한 의회는 각 나라의 권력구조에 따라 차이가 있는데, 대통령중심제를 채택하고 있는 나라들은 의회와 내각이 분립되어 있어 상호견제와 균형을 목적으로 한다. 반면에 의원내각제를 채택하고 있는 나라들은 의회와 내각이 사실상 융합되어 있으며, 의회 다수당의 대표인 수상은 정책결정 및 집행과정에서 의회와 신속하고 긴밀한 협조를 기할 수 있도록 하고 있다.[2] 따라서 오늘날 대의민주주의 제도하에서 의회는 모든 국가에서 가장 필수적인 기관이자 핵심적인 제도라고 할 수 있다.

한편, 대통령제와 의원내각제는 의회의 위상은 물론 정치행정체제에 상당한 영향을 미친다고 볼 수 있는 중요한 문제로, 그 의의와 특징들

---

2) 대통령제와 의원내각제는 다음 장인 "의회의 구성과 기능"에서 논의되는 양원제 및 단원제와 직접적으로 관련된 중요한 정부형태의 문제이다.

을 간단히 살펴보는 것은 중요한 의미를 갖는다.

1) 대통령제의 의의와 장단점

① 대통령제의 배경과 의의

대통령제는 미국에서 창안되어 오늘에 이르고 있는 관계로 미국의 대통령제라 불린다. 미국의 대통령제는 독립전쟁의 결과 탄생한 전혀 새로운 통치형태 내지 정부형태[3]이다. 이는 역사적으로 연방국가의 탄생과 함께 입헌적 권력분립과 전 국가 통일정부라고 하는 두 가지 요청을 동시에 만족시켜 주는 독특한 대통령제라고 하는 데 연유한다.

대통령제는 행정부와 입법부를 엄격하게 분립시킴으로써 권력의 집중을 방지하고 아울러 정부의 안정을 꾀하려는 정부형태이다. 즉 권력기관의 상호독립의 원리가 대통령제의 기본원리인 동시에 그 특징인 것이다. 이는 입법부와 행정부가 엄격하게 분리·독립하는 권력분립의 원칙에 입각하여 조직되며, 국민에 의하여 선출되는 대통령이 독립하여 행정권을 행사함을 뜻한다. 이러한 대통령제의 특징을 살펴보면 다음과 같다.

첫째, 행정부는 의원내각제의 경우처럼 분할되지 아니하고 일원적이다. 또한 대통령을 수반으로 하는 행정부의 성립과 존속이 의회로부터 완전히 독립되어 있다. 국가원수와 행정부수반의 기능이 대통령 개인에게 통합되고 행정수반인 대통령은 국민에 의하여 선출되며 합의제로서의 내각이라는 구조가 없다. 행정부는 대통령에 의하여 통할되며 대통령은 임기 동안 의회에 대하여 책임을 지지 않는다.

둘째, 행정부의 구성원은 대통령에 의하여 임명되고 오로지 대통령

---

3) 1787년의 필라델피아 헌법제정회의에 참석한 55명의 대표자는 자치의 체험을 토대로 하고 영국의 정치구조라든가 몽테스키외(Montesquieu)의 유럽적 정치이론을 크게 참조하였다. 그러나 영토가 광대하고 각주의 독립성이 강한 데다 통일의 상징이어야 할 전통적 권위마저 없는 〈공화제〉를 대전제로 하였기 때문에 사상 유례가 없는 정치적 난문제에 봉착하였다. 그 중에서도 각 주의 주권을 고집하는 주권파와 연방제를 주장하는 연방파의 대립은 심각하였는데, 이 대립으로부터 세계 최초의 연방국가가 탄생한 것이다.

에 대해서만 책임을 진다. 각부장관은 언제나 대통령의 명에 의하여 개별적 내지 집단적으로 해임할 수 있다.

셋째, 의회의 구성원은 동시에 행정부의 구성원이 될 수 없다. 장관 직과 의원직의 겸직이 허용되지 않기 때문이다. 따라서 국회의원의 국 무위원, 즉 장관의 겸직은 금지된다.

넷째, 대통령은 임기 중 의회에 대하여 책임을 지지 아니하므로 의 회는 행정부를 불신임할 권한을 가지지 못한다. 그 결과 대통령의 의 회해산권도 인정하지 아니한다.

다섯째, 엄격한 권력 분립의 체제이기 때문에 대통령은 법률안제출 권과 의회출석발언권 및 의회해산권을 가지지 않지만 의회가 제정한 법률을 거부함으로써 또는 법률안공포권을 통해 부당한 입법을 견제할 수 있다.

여섯째, 입법부는 행정에 대해 정치책임을 추궁할 수 없으며, 행정 에 영향을 미칠 수도 없다. 또한 행정부는 입법부의 신임을 요건으로 하지 않으며 독립하여 성립·존속한다.

② 대통령제의 장단점

대통령제의 장점은 우선 행정부의 수반인 대통령은 의회의 신임 여 부와 관계없이 재직하므로 적어도 대통령의 임기 동안에는 행정부가 안정된다.

둘째, 대통령이 법률안거부권을 행사함으로써 국회의 졸속입법을 방 지할 수 있으며 의회 다수당의 횡포도 방지할 수 있다.

셋째, 국민에 의해 선출된 대통령이 임기 중 소신을 가지고 정책을 지속적으로 추진하는 것이 가능하므로 국가의 정책이 계속성을 가지게 되고 강력한 행정을 수행할 수 있다.

이에 반해 대통령제의 단점은 대통령제 장점이 곧 단점이 된다 할 수 있다.

첫째, 대통령이 국회의 신임 여하에 관계없이 재직하며, 대통령이 방 대한 권력을 가지면서 임기 중 국회에 대하여 전혀 책임을 지지 아니하므로 독재화의 위험성 그리고 대통령의 권력이 비대화할 가능성이 있다.

둘째, 권력분립의 원리에 충실한 결과 입법과 행정이 분립하여 국정의 통일적 수행을 방해하며, 의회와 행정부간의 권력을 분립시키고 있기 때문에 한 국가 내에 두 개의 정통성 있는 권력이 존재하게 되고 그로 인해 양자 간의 대결과 갈등을 가져오게 된다.[4]

셋째, 대통령의 임기가 고정되어 있기 때문에 정치·경제·사회적 상황이 급변하는 경우에는 경직성을 초래하게 된다. 또한 대통령의 판단착오나 정책실패는 정부를 극히 취약하고 불안정하게 만들 수 있으며 걷잡을 수 없는 위기를 초래할 가능성이 있다.

2) 의원내각제의 의의와 장단점

① 의원내각제의 배경과 의의

의원내각제는 영국의 오랜 역사적, 정치적 관습의 산물로 이루어진 제도이다. 의원내각제는 영국에서 17세기부터 18세기에 걸쳐 점진적으로 생성, 발전하여 19세기 말기에 제도적으로 확립하였다. 역사적으로 국왕과 의회와 권력투쟁과정에서 의회주의가 완성되었고, 17세 후반 실질적인 행정부로 성장한 내각이 18세기에 이르러 국왕의 내각이 아닌 의회의 내각으로 변모했다.[5] 이 과정에서 의회가 국왕을 대신해 내각을 통제하는 불신임제도라든가 그 반대의 기능을 하는 해산제도가 출현함에 따라 이른바 의원내각제의 기본원리가 점차 확립되었다. 의원내각제는 권력융합의 원칙 및 의회중심주의에 입각하여 정부가 조

---

4) 따라서 대통령의 소속당과 국회의 다수당이 일치할 때에는 이 결점은 치유되나 그렇지 않을 경우 행정부와 입법부의 충돌을 해결할 조정방법이 없게 되고, 정국의 불안정이 장기화될 수 있다. 또한 위기관리의 제도적 장치가 미비하여 변화하는 정국에 제대로 대처하지도 못한다.
5) 국왕과 의회의 권력투쟁은 명예혁명을 고비로 드디어 의회가 권력을 쥐게 되어 의회주의가 완성되고 입헌군주제가 완성되었다. 그러나 의회는 국왕을 대신하여 전 영국을 통치하지는 못하였다. 입법권에 있어서는 국왕을 능가하고 행정권까지 장악한 의회가 스스로 행정부로서 통치하기에는 그 대상이 너무나도 컸기 때문이다. 이에 따라 의회를 대신해서 행정권을 행사하면서도 의회의 통제를 따르는 기관이 국왕이나 의회 이외에 필요하였다.

직되며 의회에서 선출되고 의회에 대하여 정치적 책임을 지는 내각 중심으로 국정이 운영되는 정부형태이다. 의원내각제는 다음과 같은 특징을 지니고 있다.

첫째, 행정부의 이원적 구조이다. 행정부는 대통령(또는 군주)과 내각의 두 구조로 구성되는 이원적 구조를 특색으로 한다. 그러나 의원내각제에 있어서는 대통령이나 군주는 국가의 명목상의 원수를 의미할 뿐 행정에 관한 직접적, 실질적인 권한은 내각에 속하는 것을 원칙으로 한다. 또 내각수반(수상)은 의회에 의하여 선출되고 내각은 의회에 대하여 연대하여 정치적 책임을 진다.

둘째, 의회의 정부불신임권과 정부의 의회해산권에 의한 권력적 균형이다. 법 형식상으로는 두 기관이 분리, 독립하고 있지만 정치적으로는 두 기관이 밀접한 협조체제를 이루고 있다. 그리고 정부의 성립과 존속은 전적으로 의회의 신임에 의존하고 있으며 정부는 의회에 대하여 연대책임을 지지만 동시에 의회해산권을 가지고 정부불신임권에 대항하여 의회를 견제할 수 있다. 이와 같은 의회의 정부불신임제도와 정부의 의회해산제도를 통해서 입법부와 행정부간의 권력적 균형이 유지된다.

셋째, 의원내각제는 입법부와 행정부의 두 기관이 밀접한 동화, 협조관계를 유지한다. 입법부와 행정부의 이러한 동화는 책임을 지기 때문에 책임정치가 보장된다. 또 집행부가 의원들로 구성되기 때문에 각료와 의원의 겸직이 가능하며 집행부도 법률안제출권을 가지고 집행부의 각료가 의회에 출석하여 발언할 수도 있다.

넷째, 행정부의 이원적 구조이다. 대통령은 국가원수로서 의례적·형식적 권한을 가지며, 행정권은 의회의 다수당에 의하여 구성되는 내각에 속하므로 행정부의 이원적 구조가 나타난다.

② 의원내각제의 장·단점

의원내각제의 장점은 우선 입법부와 행정부가 일체적이기 때문에 양 기관 사이의 마찰을 피할 수 있고 능률적이고 적극적인 국정수행이 가능하다.

둘째, 책임정치의 실현이다. 행정부가 입법부에 대하여 책임을 지기 때문에 책임정치가 실현되며 국민의 요구에 민감하게 반응하게 된다.6)

셋째, 정국대립의 신속한 해소이다. 의회와 내각이 대립하는 경우에 불신임결의와 의회해산으로 정치적 대립을 신속히 해결할 수 있다.

셋째, 독재정치를 방지할 수 있다. 수상의 지위가 의회 원내 구성에 의해 견제될 수 있고 국민적 요구에 민감하게 반응하기 때문에 독재가 방지된다.

이에 반해 의원내각제의 단점은 다음과 같다.

첫째, 정당정치에 치우칠 우려가 있다. 입법부와 행정부를 한 정당이 독점할 경우에 정당정치에 치우칠 우려가 있으며 내각이 원내 다수당과 제휴하게 되면 다수권의 횡포를 방지할 수 없다.

둘째, 정국의 불안정이다. 다수정당이 난립하는 경우에는 정국의 불안정을 가져올 우려가 있다. 특히 군소 정당이 난립한 경우에는 연립정권의 수립과 내각에 대한 빈번한 불신임결의로 그렇게 될 수 있다.

셋째, 정쟁의 격화가 우려된다. 입법부가 정권획득을 위한 장소가 되어 정쟁이 격화될 우려가 있다. 또한 내각이 그 연명을 위하여 의회의 의사에 반하는 강력한 정치를 할 수 없다.

2. 의회의 구성요소7)

입법부인 의회는 행정부 그리고 사법부를 비롯한 정부의 기관들과는 다른 몇 가지 다른 구성요소를 지니고 있다. 이는 입법부인 의회의 구성이나 그 구성원인 의원들과 밀접하게 연관된 것으로, 대표성, 지역성(다수성), 선출, 평등성이라고 하는 네 가지 구조적인 특징이다. 행정부나 사법부의 일부 기관들이 이 네 가지의 특징 중 몇 가지를

---

6) 이에 따라 유능한 정치적 인재를 등용하고 무능하고 부적당한 인재를 도태시킬 수 있다.

7) 장성호, 『의회민주정치제도 따라잡기』(서울: 창문각). pp. 11-26 참조.

지니고 있을지 모르나, 네 가지 모든 특징을 갖추고 있는 곳은 입법부
인 의회가 유일하다.[8]

첫째, 의회는 대표성을 갖는다. 국가 내에 존재하고 있는 다른 정부
기구와는 다른 유일한 국민의 대표기구이다. 앞서 살펴본 바와 같이
본래 의회는 사회의 일부를 대표하는 수단으로부터 점진적으로 진화했
다. 의회제도는 계급의 대표자로 구성되어 중요 입법이나 신규 과제징
수에 동의(과세징수권)를 하는 것으로부터 왕정을 견제하는 대표기구
로 전환되어 갔다. 특히 왕정이 세금을 올리려는 요청에 대해 국민들
의 동의는 물론 왕정통치에 대한 대표자들의 불만을 전달하는 중요한
역할을 담당했다(Mirongiu 1968). 따라서 의회는 오랜 기간 동안 대
표기구의 존재 자체가 입법부의 근본 목적이자 유일한 기능이었다.

둘째, 의회는 지역성과 다수성을 지니고 있다. 즉 의회의 의원들은
자신의 지역적 기반에 따라 선출되며, 그 수는 다수를 차지하고 있
다. 초기 영국의 의회는 성직자, 대귀족을 비롯한 각주마다 2명의 기
사를 두었기 때문에 전 지역에 걸쳐 많은 의원을 확보할 수 있었다
(Loewenberg와 Patterson, 1979: 45-47). 그리고 본래 귀족원의
일부였던 기사층이 시민과 함께 서민원을 형성하여 절대왕정을 타도하
고 근대적인 국민대표기관을 성장한 것이다. 국가의 여러 지역에서 모
인 많은 의원들로 구성된 대표기구는 그만큼 어떠한 기구보다 강한
'대표성'의 역할을 수행할 수 있었다. 따라서 지역적으로 분산된 기반
하에서 많은 수를 차지하고 있는 것은 의회 대표성의 핵심적 요소 중
의 하나이다.

셋째, 의회는 대표자를 뽑는 "선출"을 구성요소로 한다. 고대에서
근대 그리고 오늘날에 이르기까지 구성원들은 자신들의 대표를 선출하
여 일정한 조직을 구성하였다. 영국의 모범의회(Model Parliament)

---

8) 예컨대, 행정부의 경우 직접 또는 간접 선거로 통치권자를 선출함으로 국민을
   대표한다고 할 수 있다. 또한 사법부 역시 대부분 다원주의 기구(예: 미국의 대
   법원은 9명의 대법관으로 구성)로서 투표에 의해서 의사결정을 하고 대법관들은
   서로 상충하는 의견을 내놓기도 한다.

에서는 각주의 대표 2명 그리고 각 시의 대표 2명은 어떻게 뽑아 회의에 소집시켰을까?

일찍이 교황의 선출방식 그리고 신성로마제국의 왕 선출방식 그리고 근대 의회의 원형이 되고 있는 신분회의와 모범회의 그리고 양원제 의회제 정착에 이르기까지 끊임없이 대표를 선출하고, 그 대표를 통해 일정한 기구를 구성하였다. 하지만 이러한 선출은 근대의회제 출현 전에는 소수의 대표를 선출하는데 그쳤지만 근대 이후부터는 점차 다수의 대표를 선출하는 것으로 이동하였다.

미국은 1787년에 헌법이 제정된 이후 민주주의를 시행·유지하고 있지만, 처음에는 일정한 자격을 갖춘 자에게만 선거권을 부여했다.[9] 무엇보다 미국의 선거혁신은 1820년경 재산권을 박탈하면서 소수에서 다수가 투표권을 획득하게 되어 일반 대중이 의회에서 대표를 뽑을 수 있는 여건이 형성되었던 것이다. 이후 미국을 비롯한 세계 각국에서는 재산, 신분, 성별, 교육 정도 등의 제한을 두지 아니하고, 일정한 나이에 이른 모든 국민에게 제한 없이 평등한 선거권이 주어졌다. 우리나라는 건국 이래로 보통 선거 제도를 취하고 있다. 따라서 유권자 대표를 선출과정에서 공정하고 자유로운 선거는 민주주의의 초석을 이루며, 일반시민이 대표 선출을 통해 권력을 행사할 수 있는 근거가 되는 것이다.

넷째, 의회는 평등한 의원들로 구성된다. 의회는 지역적 기반을 두고 동등하게 선출된 의원들로 구성됨으로 서로 동등한 권리를 갖는다.

---

9) 1776년 7월 4일에 독립선언을 발표한 나라인 미국의 선거 제도도 처음에는 보통 선거가 아니었다. 그 이유는 초기 미국의 선거법을 보면 '선거권은 백인, 남성, 21세 이상, 재산 소유자, 납세 능력이 있는 자에게만 부여된다'라는 구절을 보고 알 수 있기 때문이다. 1861년 통일된 이탈리아도 초기에는 다음과 같이 '선거권은 재산이 있는 21세 이상의 남성으로, 글(이탈리아어)을 아는 자에게만 부여된다'라고 하여 글을 알아야 선거에 참여할 수 있는 제한선거를 시행하였다. 1863년에는 흑인 성인 남성에게도 법적으로만 선거권을 부여받았고, 1898년에는 뉴질랜드에서 처음으로 보통 선거를 실시했다. 20세기 미국에서는 범죄자를 제외한 흑백인 여성에게까지 선거권이 부여되었고, 1930년부터는 인디언 성인 남녀로 확대되었다.

한명의 대통령과 국무총리 그리고 수상이 있을 수 있으나, 입법부는
평등한 권리를 갖는 다수의 의원이 존재한다. 일찍이 영국의 내각제나
미국이 대통령제에서 공통적으로 의회 내의 모든 의사결정 과정은 의
원들의 공동절차(Collective Procedure)로 발전해 온 것이다. 이러한
의원의 집합적 공동절차는 그만큼 정당성을 부여하게 해 준다.[10] 환
언하면 근대 민주주의는 대의제이기 때문에 의회의 결정이 있을 때
불평등마저도 그 만큼 정당성을 획득할 수 있는 것이다. 집합적인 의
사결정은 호명투표(Roll-call Vote)를 통해서 상징화되는데, 이 투표
에서 각 의원들을 각각 한 표씩 행사할 수 있다. 의회 내의 정교한
내부 조직과 공정한 절차는 다수의 대표자 즉 의원들의 평등성에 기
반하고 있는 것이다.

제 2 절 의회의 특징

입법부인 의회는 앞서 언급한 구성요소와 함께 정부의 다른 기관과
다른 특징을 지니고 있다. 이는 주로 구조적인 행정부와의 관계적 차
원이고, 다른 하나는 의회의 절차적 과정에 관련된 차원에서 논의될
수 있다.

1. 구조적(Structure)차원

첫째, 의회는 행정부와 끊임없이 교류한다. 이는 입법부와 행정부의

---

10) 예컨대, 2008년 8월 오바마 상원의원이 흑인으로는 처음으로 미국 주요 정당의
    대통령 후보로 공식 지명된 사례이다. 민주당원들은 27일 콜로라도주 덴버 펩시
    센터에서 사흘째 개최된 전당대회에서 힐러리 클린턴 상원의원의 지휘에 따라 호
    명투표(voice vote)를 실시, 오바마 의원의 당 대선후보로 정식 승인했다. 민주
    당의 이날 결정은 오바마의 경선 승리로 이미 예정된 바 있으나, 흑인이자 정치
    신인에 불과한 오바마가 '민주당 베테랑'인 힐러리를 제치고 후보로 등극했다는
    점에서 미 정계의 관례를 깬 '역사적 사건'으로 인식되었다.

관계성을 말하는데, 의회는 다양한 방식으로 행정기구 및 최고결정권자들과 상호 교류한다. 대통령제에서는 권력분립의 원칙에 따라 한 국가 내에 두 개의 정통성 있는 권력이 존재하게 되어 양자 간의 대결과 갈등이 나타난다. 이와 달리 의원내각제는 권력융합의 원칙 및 의회중심주의에 입각하여 정부가 조직되며 의회에서 선출되고 의회에 대하여 정치적 책임을 진다. 즉 정부의 성립과 존속은 전적으로 의회의 신임에 의존하고 있으며 정부는 의회에 대하여 연대책임을 지지만 동시에 의회 해산권을 가지고 정부 불신임권에 대항하여 의회를 견제할 수 있다. 이와 같이 대통령 중심제나 의원내각제 모두 의회는 행정부 및 행정부 수반과의 긴밀한 관계성을 맺는 가운데 정치행정체제 유지와 국정운영을 해 나가는 특징을 지니고 있다고 하겠다.

둘째, 의회는 정책과 밀접한 관계를 맺는다. 정책결정은 정부기관의 공공정책에 관한 의사결정(decision making)이다. 정책적 사고는 모든 집단과 사회에서 정치적 사고의 기본적 요소이다. 합리적인 정책의 실행을 위해서는 정보수집, 선택안의 판단, 결정의 효과적 수행을 위해 보다 심층적인 전문성이 요구된다. 입법부인 의회는 정부 정책에 대한 결정권을 가진 원천 기구는 아니지만 가장 권위 있는 기관이다. 우리나라 역시 입법부인 의회는 명실 공히 정책결정의 공식적 · 법적권한(헌법 제40조)을 갖도록 하고 있다. 즉 국회의원들은 정책을 입안하고, 정책을 심의하여 최종적으로 국회를 통해 법률로써 만든다. 또한 입법부인 의회가 행정부의 제안을 수정할 수 있거나 거부할 수 있는 정책형성 능력 역시 능동적인 의회인가 수동적인 의회인가를 판가름할 수 있는 중요한 지표가 될 수 있다.

셋째, 의회는 법을 제정한다. 의회는 좋은 법을 만들고 잘못된 법을 고치는 근본적인 기능을 지닌다. 세계 각국의 의회는 그 나라의 역사, 정치문화, 정치 상황 등에 따라 형태와 규모가 다르지만 공통적으로 법률을 제정하는 입법기능을 기본 기능으로 하고 있다. 입법은 국민의 대표기관인 의회가 국민의 뜻을 법제화하는 입법 작용으로서 권력 분립상 의회의 고유권한이다. 현대사회의 발전 속도가 가속화되면서 복잡화·다양화·전문화·특성화 등의 추세에 따라 입법수요는 확대되고 있고, 이에 따라 입법 분야도 전문화·기술화·구체화 등이 요청되고 있다. 국민의 참여와 의회주의의 원칙에 따라 공개적이고 책임 있는 입법과정을 거쳐 법이 제정되어야만 법의 정당성이 보장된다. 따라서 국민의 다양한 의사를 민주주의의 원칙에 따라 합의를 가져 오는 것이 민주주의의 요체이며, 입법은 그 실천의 결과라 할 수 있다.

넷째, 의회는 국민의 의견을 수렴하고 반영한다. 모든 입법부는 정치구조에 대한 국민들의 의견을 형성하는 데에 참여한다. 국민을 대표하고 최고의사결정권을 가진 기구로서 국민들의 다양한 견해와 의사를 하나로 응집할 수 있도록 하고, 이를 정치행정과정에 적극적으로 반영한다. 이는 의회가 지니고 있는 구조적 특징인 지역적 토대에서 국민으로부터 직접 선출된 대표성에 기인하는 것으로, 국민들의 다양한 의견과 요구를 적극 수렴 및 조정하여 반영하는 역할을 하는 것이다. 이로써 입법부인 의회는 국민을 통합시킬 수 있고, 국가의 정책결정에 국민의 동의를 이끌어 정당성을 부여시킬 수 있다.

2. 운영적(Operation) 차원

첫째, 의회는 정교한 내부 조직과 절차를 중요시한다. 입법부인 의회는 대의민주주의의 중심적인 정치기관으로 국민의 대표자들이 한데 모여 공적문제를 토론하고 결정하는 회의체이다. 더욱이 의회는 국민의 대표들이 모여 국가의 중요한 정책을 결정하는 의결기관이기도 하다. 이에 따라 의회는 정보수집, 이해조정은 물론 전문성이 요구된다. 특히 정책 결정에서 있어서 대표 기구이면서 동시에 법적으로 막강한 힘을 가진 입법부는 세밀한 정책적 규칙을 만들도록 권유된다. 즉 동등한 권한을 가진 의원들의 집합체로서 입법부는 정교한 내부조직을 만들고, 보다 세밀하고 공정한 절차를 만드는 특징을 지닌다. 이러한

정교한 내부적 절차를 만들기 위해서 의원들은 의회 내에서 서로 갈등과 당파를 표출함은 물론이다.11)

둘째, 의회는 갈등을 제도화한다. 의회는 국민의 대표기관으로서 사회의 다양성을 포괄하고, 반영하기 위해서 만들어진 기구이다. 입법부는 어떠한 정부기관보다 사회에 존재하는 다양한 이해와 관련된 의견 차이를 반영하고 표현한다. 특히 사람이 사는 곳에서는 갈등이나 분쟁이 빚어질 수밖에 없다. 일찍이 국가가 존재하지 않을 때는 갈등과 분쟁은 당사자들끼리 해결한다. 국가가 존재하지만 불평등한 귀족사회에서는 신분적 우월한 지위를 지닌 사람이 특권적 권한으로 해결한다. 그러나 민주주의 국가에서는 분쟁과 다툼의 최종적 해결 권한은 국가라는 공동체에 위임되어 있다. 특히 대의민주주의 국가에서는 사회내의 상충된 다양한 이해에서 비롯되는 갈등과 분쟁을 의회 내로 흡수하고 조정하여 해결하고자 한다. 의회 내에서도 역시 동등한 지위를 갖는 의원들은 수많은 의안을 놓고 갈등을 표출함은 물론이다. 이러한 갈등의 표출은 '대표성'에 기인하고, 언제나 토론과 합의를 바탕으로 갈등을 제도화하는 특성을 지닌다.

셋째, 의회는 당파성을 지닌다. 대의제 민주주주의 국가에서 의회의 원은 국민전체의 대표자를 의미하였기 때문에 의원은 어디에도 귀속됨이 없이 독자적인 행동을 할 수 있었다. 그러나 정당국가적 경향이 심화되면서 의원은 정당의 구성원으로서 소속정당의 지시에 귀속되며 그 정당의 정책과 이념을 대변한다. 실제 국회의원은 헌법상 형식적으로 국민전체를 대표하는 지위에 있으나, 현실적으로는 정당을 대표하는 이중적 지위에 있다.12) 따라서 입법부인 의회는 사회체제 내의 개인이나 집단으로부터 표출되는 이익을 집약하고 표출하는 여러 정당을 포함하고 있고, 이 정당에 기반한 의원들로 구성되어 있다. 이와 달리 사법부는 정부 기관의 전문화된 행정기관처럼 당이 없는 기구이다. 최고

---

11) Loewenberg & Patterson, 1977 : 23-24.
12) 『국회의원의 헌법상 지위』. 〈고시계〉(1964.8), p. 91.

결정권자와 내각은 상당히 당파적이지만 대개 한 개의 당(또는 연합)으로 이루어져 있다는 점에서 입법부와는 다르다.

마지막으로 의회는 공개성을 지니고 있다. 이는 행정부나 사법부에 비해 일반 대중에게 입법부의 실체가 눈에 잘 보이는 가시성을 의미한다. 의회는 국민의 대표기관으로서 그리고 최고의사결정기관으로서 모든 절차가 공개된다. 의회는 외관상 화려하고 위엄 있게 보이지만, 실제 의회 내에서는 언제나 갈등과 반목 그리 당파적 싸움으로 지내는 것처럼 보여진다. 이는 의회가 대표성과 당파성에 기초함은 물론 의회 내 모든 회의와 절차가 일반 대중에게 공개되는 것에 기인한다. 즉 의회는 갈등을 표출하고 회의가 일반에 공개되기 때문에 의회는 혼란스럽고, 싸우기 좋아하며, 논쟁으로 가득찬 곳으로 대중에게 보일 수 있다. 또한 입법부는 지나치게 형식적이고, 의식적이며, 시간을 낭비하는 곳으로도 보일 수 있다. 그러나 정부기관들은 좀처럼 내부의 갈등을 드러내지 않는다. 예컨대, 정책을 둘러싼 정부 부처 간 이해와 충돌 그리고 예산결정을 둘러싼 관료들의 치열한 논쟁과 싸움은 일반 국민들에게 쉽게 노출되지 않는다. 특히 행정부 관료들이나 사법부의 재판관들이 일상 이루어지고 있는 공식적 회의 역시 공개되지 않은 채 은밀하게 이루어진다. 그러나 입법부는 일반 대중에게 모두 공개된다. 본회를 비롯한 위원회 그리고 심지어 비공식적인 모임에 이르기까지 모두 공개되는 경향이 있다. 의회에서 산출된 모든 절차의 자료는 문서로 또는 방송으로 일반 대중들에게 철저하게 공개된다. 이에 따라 대부분의 다원화되고 경쟁적인 민주국가에서 입법부는 사회 갈등을 적극적으로 표출할 수밖에 없기 때문에. 입법부는 자신을 선출하고 자신을 대표하는 일반 국민들에게 별 존경받지 못하는 이유가 여기에 있다.[13]

---

13) Loewenberg & Patterson, 1979, pp. 283-88, Norton 1990, p. 83.

의회의 구성과 기능

제1절 의회의 구성

의회의 구조는 각 국가가 지니고 있는 역사적 및 정치적인 산물이다. 의회의 구조는 의회가 하나의 원으로 구성된 단원제 의회인가 아니면 두 개의 원으로 구성된 양원제 의회인지를 의미한다. 역사적으로 양원제는 영국의 신분제 의회와 연방제도 등에 영향을 받은 합리적이고 효율적인 의회의 형태로 발달하였고, 단원제는 양원제의 시행과정에서 어려움을 극복하고자 구성되었다는 면에서 두 제도 모두 시대적 상황의 요청으로 이루어졌다고 보아야 한다.[1] 따라서 이 두 의회구조 형태는 각 나라의 역사적 전통과 함께 정치적 환경에 기초해 논의되고 결정되어야 할 것으로 보인다.

---

[1] 양원제와 단원제의 역사적 배경은 최요환, 『의회정치의 이론과 실제』(서울: 박영사, 1987), pp. 47-48; 김현우, 『한국국회론』(서울: 을유문화사, 2001), pp. 33-38; 우병규, 『각국의회의 비교연구』(서울: 일조각, 1983), pp. 13-31; 김현우, 「각국의회제도분석」, 〈국회보〉제371호(1997.9, p. 136)을 참조.

1. 단원제의 개념과 배경

단원제(unicameral system) 의회는 하나의 원(院)으로 구성된, 즉 일원제(一院制)의회로 불린다. 이는 국민이 선출한 의원들로 구성된 단일의 합의체를 특징으로 하는데, 이 단일의 원에서 이루어진 의결사항이 곧 의회의 의결사항으로 효력을 갖는다. 이 단원제는 국민이 선출한 의원 외에 직능대표 중심으로 또 하나의 합의체를 구성할 수 있는 양원제와는 근본적으로 다르다.

단원제는 어떠한 배경 하에서 형성되었을까? 단원제는 프랑스 역사적 전통과 상황에 영향을 받았다. 본디 프랑스는 영국과 같이 양원제를 채택해 운영하다가,[2] 1789년 프랑스 혁명이 일어난 이후 그 동안 양원제인 제 2원을 해로운 존재로 규정하고 의회를 단원제로 구성한 것에서 비롯되었다. 즉 프랑스의 단원제는 양원제 의회에서 어려웠던 경험을 극복하기 위한 시대적 요청에 입각하여 형성된 것이다.

일반적으로 단원제의 형태를 채택하고 있는 국가들은 비교적 소규모의 국가로, 주로 동질적인 사회를 비롯한 국토나 인구의 규모가 그리 크지 않은 나라들이다. 또한 단원제 국가들은 주변의 정세나 환경의 변화에 대응하여 신속한 의사결정을 내릴 필요가 있는 나라에서 채택하는 경향이 있다(김현우, 2001: 37). 여에 해당되는 국가들은 가나·싱가포르·이스라엘·스웨덴·케냐·대만·독일·덴마크·폴란드·뉴질랜드·룩셈부르크 등 세계 30여 개국에서 채택·운용하고 있다. 우리나라는 제 2공화국 때 잠시 양원제를 채택한 적이 있었으나,[3]

---

2) 프랑스는 18세기 부르봉왕조시대 귀족원과 평민원이라고 하는 양원제가 있었다.
3) 1960년 4·19 시민혁명 뒤에 새롭게 등장한 제2공화의 헌법에서의 주요한 특징은 내각책임제와 양원제 채택라고 할 수 있는데, 제5대 국회인 1960년 7월 29일 소선거구제에 의한 민의원(233인 의원)과 대선거구제에 의한 참의원(58인 의원) 선출하였다. 이때 참의원 의원은 특별시와 도를 선거구로 하였으며, 그 정수는 민의원 의원정수의 1/4을 초과할 수 없게 하였다. 민의원 임기는 4년으로 하였고, 참의원 의원의 임기는 6년으로 하여 3년마다 의원의 1/2를 개선하도록 하였다.

제헌헌법과 제 3공화국 이후의 헌법은 모두 단원제를 채택해 오늘에 이르고 있다.

2. 양원제의 개념과 배경

양원제(bicameral system) 의회는 두 개의 원(院)이 서로 독립적으로 존재하는 즉 이원제(二院制) 의회로 불린다. 이는 서로 다른 원(院)이 각각의 입법이나 의결행위를 하지만, 양쪽의 의결이 합의하여 일치될 때 그것이 의회의 의사로서의 효력을 갖는다. 일원제는 의회가 국민에 의하여 선출된 의원들로 구성되는 것이 원칙이지만, 양원제는 국민투표에 의해서 선출된 의원들로 구성되는 다수의 제 1원(院)과 투표·임명·세습·직능(職能) 대표로 구성되는 소수의 제 2원으로 구성된다. 양원제는 의회제도의 모국인 영국의 상원(House of Lords)과 하원(House of Commons)에서 출발했지만, 대부분 일원(一院)은 민의원, 하원, 서민원 등으로 부르고, 다른 2원(二院)은 참의원, 상원, 귀족원 등으로 부른다.

양원제 의회는 영국의 신분회의라고 하는 역사적 전통에 기반을 두다가 '정부조직법'(1953년)에 의해 전 국민을 대표하는 근대의회제도로 발전하게 되었고, 이후 명예혁명(1688)을 기점으로 의회의 실권이 귀족원에서 서민원으로 이동하게 되었다.

양원제의회 설치를 이론적으로 뒷받침한 사람은 영국의 밀(J. S Mill)이다. 그는 단원제의회의 폐단을 지적하고 이를 극복하기 위해서는 양원제가 적합함을 주장함으로써 합리적인 확고한 의회형태로 자리잡게 했다. 단원제의회는 각 사회계급의 이익을 공평하게 대표하기 어렵고, 자칫하면 다수파의 횡포를 가져올 수 있다는 것이다. 또한 연방제 국가에서는 연방과 지분국간의 연락 및 균형을 도모하기 위해서 제1원 이외에 지분국을 대표하는 제2원이 필요하다고 하였고, 특히 상원이 하원과 행정부간의 충돌을 완화함은 물론 행정부의 점진적 발달을 위해서 양원제가 필요하다고 주장한 것이다.[4] 그리고 이후 미국의 연방제 국가에 영향을 미치게 되었는데, 양원제 의회를 정부의 가장 강력한 부로 간주한 해밀턴(Alexander Hamilton)과 메디슨(James Madison)의 주장에 잘 나타나 있다. 이들은 상원과 하원의 견제와 균형을 유지하는 것을 강조하였는데, 특히 해밀턴은, "민주주의적인 하원을 민주주의적인 상원으로 견제케 하여, 이 양자를 민주주의적인 행정수반이 견제케 한다."고 말했던 기록에 잘 드러나 있다.

양원제는 오늘날 미국·영국·프랑스·이탈리아·일본 등 30여 개 국에서 채택하고 있는데, 그 이유는 국가에 따라 다르다.

첫째, 군주제국가에서의 양원제는 군주국가의 구조적 특수성에 기인한다. 군주국가와 같이 사회구조가 귀족과 평민이라는 이원적 구조에 입각하고 있는 경우에는 상원은 귀족으로, 하원은 평민으로 구성함으로써 이 두 정치세력 간에 균형과 이익의 조화를 꾀하고, 때로는 군주의 정치적 권익을 수호하려는 데 양원제의 존재이유가 있다.

둘째, 연방제국가의 상원은 연방을 구성하는 각 주(州)를 대표하고, 하원은 국민 전체를 대표하는 것으로 간주된다. 따라서 국민에 의하여 구성되는 하원이 집권적 기관을 의미한다면, 주를 대표하는 상원은 분권적 기관을 의미한다.

셋째, 단일제국가에서의 양원제 채택은 단원제의회의 경솔·전제(專制)·부패 등을 방지하려는 데 이유가 있다.

한편, 양원제에 있어서 상원과 하원의 권한을 대등하게 할 것인가, 아니면 하원에 대하여 우월성을 인정할 것인가가 문제가 되는 경우가 있다. 이는 각 국가가 지니고 있는 권력구조 여하에 따라 결정된다고 할 수 있다. 연방국가이면서 대통령제인 경우에는 권력의 균형을 위하여 양원의 권한을 대등하게 하지만, 의원내각제인 경우에는 권력의 합리화를 위하여 하원의 권한에 우월성을 인정한다.[5] 단일국가에서는

---

4) 서병훈 역, 『대의정부론』(Considerations on Representative Government, 저자/ 존 스튜어트 밀, 역자/서병훈), 2001 발행 참조
5) 전자인 대통령제의 예는 미국 등이 속하며, 후자인 의원내각제인 예는 오스트리

정부형태가 대통령제인 경우 양원의 권한을 대등하게 하는 경우도 있고, 하원의 권한에 우월성을 인정하는 경우도 있다.

3. 단원제 의회와 양원제 의회의 장단점[6]

양원제 그리고 단원제 의회는 각 나라가 처한 역사적 조건과 정치적 환경에 따라 자국의 적합한 형태로 채택 발전하여 왔다. 어느 제도건 각각의 제도가 지니고 있는 유용성이 있는 반면 그 폐해도 나타나듯이, 이 두 제도가 갖는 장점과 단점도 공존하고 있다. 양원제와 단원제의 장점과 단점을 간단히 살펴보면 다음과 같다.

첫째, 책임소재이다. 단원제는 일원제로 인해 높은 수준의 책임소재를 갖는 반면, 양원제는 이원제 형태로 인해 낮은 수준의 책임소재를 지닌다.

둘째, 국정의 혼란 가능성이다. 일원제는 하나의 원이 갖는 특성으로 인해 국정의 혼란이 낮은 반면, 양원제는 양원의 의견일치 시 상원이 불필요하고 불일치 시 국정혼란이 높은 수준으로 나타날 수 있다.

셋째, 의안심의 효율성이다. 단원제는 의안심의가 지연되지 않고, 국비를 낭비하지 않음에 따라 높은 수준의 의안심의의 효율성을 꾀할 수 있다. 이와 반면, 양원제는 이원적 구조로 인해 의안심의가 지연되고 국비를 낭비하는 낮은 수준의 효율성을 갖는다.

넷째, 의안심의 심층성이다. 단원제는 의안심의 시, 일원제의 특성상 의안심의가 의가 졸속으로 이루어질 수 있는 반면, 양원제는 이원제의

아 · 남아프리카공화국 등이 해당된다.

6) Forsyth, C. (2011), "The Definition of Parliament after Jackson: Can the Life of Parliament be Extended under the Parliament Acts 1911 and 1949?", *International Journal of Constitutional Law*, 9(1) : 132-143. John, M.(2006), The Language of Canadian Politics : A Guide to Important Terms And Concepts, Wilfrid Laurier Univ Pr. 네이버지식백과〈http://terms.naver.com〉, 행정학 백과사전 단원제와 양원제, 양승일 2013.9.15.작성 참조)

특성으로 인해 상대적으로 의안심의에 신중을 기할 수 있어 경솔과 졸속을 방지할 수 있다.

다섯째, 의회의 지위와 위상이다. 단원제는 의회의 갈등과 반목으로 인한 분열 현상이 상대적으로 많지 않아, 분열 시 정부에 대한 의회의 지위가 높은 수준이다. 그러나 양원제는 갈등과 반목으로 인한 의회가 분열이 있을 경우 정부에 대한 의회의 지위가 낮다.

〈표 5-1〉 양원제·단원제의회 비교와 장·단점

단원제 특징	구분	양원제 특징
· 주권1원론 : 국가의 최종의사결정은 한 곳에서 이루어져야 함. 즉 주권은 국민대표들이 모인 1원에 있으며, 주권이 둘 이상으로 나뉘어질 수 없음	이론적 근거	· 사회계급이익대표론 : 사회를 구성하는 계급간의 이익을 공평하게 대표하며, 동시에 다수(하원, 민의원, 서민원)의 의사결정을 조정하여 원만한 사회공동체를 지향 함
· 한국, 이스라엘, 스웨덴, 케냐 등	채택국가	· 미국, 영국, 프랑스, 독일, 일본 등
· 의회제도 역사가 비교적 짧음 · 국토의 규모가 비교적 작음 · 사회적 동질성이 비교적 높음	채택이유 및 채택국가의 특징	· 의회제도 역사가 김 · 국가를 구성하는 주 또는 지역의 이익을 대표
단원제 장점	구분	양원제 단점
높은 수준의 효율성	효율적 의안심의	낮은 수준의 효율성
높은 수준의 책임소재	책임소재	낮은 수준의 책임소재
높은 수준의 지위	의회의 지위	낮은 수준의 지위
낮은 수준의 혼란	국정혼란	높은 수준의 혼란
단원제(단점)	구분	양원제(장점)
낮은 수준의 신중	시중한 의안심의	높은 수준의 신중
낮은 수준의 완화	정부 간 충돌	높은 수준의 완화
낮은 수준의 방지	날치기	높은 수준의 방지
낮은 수준의 견제	다수파의 횡포	높은 수준의 견제
낮은 수준의 보호	특수이익 보호	낮은 수준의 보호
높은 수준의 부패	부정부패	높은 수준의 부패

출처: 김현우, 한국국회론, p. 38의 양원제·단원제 비교와 양승일, 행정학온라인 사전 "양원제와 단원제"의 표를 참고하여 재작성.

여섯째, 의회 내 부정·부패의 문제이다. 단원제는 일원제라는 조직의 특성상 부정·부패의 가능성이 높은 반면, 양원제는 두 개의 조직이 존재하기 때문에 부정·부패를 상대적으로 최소화할 수 있다.

일곱째, 다수파의 횡포 가능성이다. 단원제는 다수파의 횡포를 견제하는데 낮은 수준에 그치지만, 양원제는 권력분립의 원리를 통해 의회 다수파의 횡포를 높은 수준으로 견제할 수 있다.

여덟째, 특수이익의 보호이다. 단원제는 특수 이익을 보호하는 데 한계가 있지만, 양원제는 상원에 직능대표제, 지방대표제를 도입하면 특수이익을 높은 수준으로 보호할 수 있다.

마지막으로 행정부와 의회간의 대립과 충돌이다. 단원제는 행정부와 의회 간 대립과 충돌을 완화시킬 수 있는 장치가 없는 반면, 양원제는 일원이 타원과 정부 간 대립과 충돌을 완화시킬 수 있는 역할을 할 수 있다. 특히 단원제는 날치기 의안통과를 방지하는 한계가 있는 반면 양원제는 이원제의 특성상 날치기 의안통과를 방지할 수 있는 또 하나의 장치가 있다.

4. 양원제 도입 가능성에 대한 견해

단원제와 양원제는 양자가 지니고 있는 장점과 단점을 서로 내포하고 있고, 더욱이 이 두 제도를 시행하는 것은 그 국가가 처해 있는 역사적 전통과 함께 정치적인 상황에 따라 적용되어 시행될 수밖에 없다.

우리나라의 경우 1960년 4·19 혁명 뒤에 새롭게 등장한 제 2공화국에서 양원제를 실시한 바 있으나,[7] 이도 13개월 만에 중단되어 지속적으로 단원제를 유지해 오늘에 이르고 있다. 사실 양원제는 1987년 민주화 이후, 권력구조 개편 논의와 함께 계속 논의되었다. 그리고

---

7) 제1공화국에서 '민의원(하원)'과 '참의원(상원)'으로 구성된 양원제가 채택되었으나, 민의원만 투표로 선출했을 뿐, 참의원은 단 한차례 뽑지 않아 제대로 된 양원제라 할 수 없다.

그 이유는 무엇보다 막강한 대통령의 권한에 따른 권력독점의 폐해를 꼽고 있고, 다음으론 대의제 기관인 의회가 합리적이고 생산적인 그 기능을 제대로 수행하고 있지 못하고 있다는 것에 기반하고 있다. 이에 따라 꾸준히 개헌론이 제기되고 있는 상황에서 최근 정치계 및 학계에서는 양원제 국회와 함께 의원내각제 및 분권형 대통령제를 연관시켜 활발히 논의하고 있다.[8]

우리나라의 경우, 현재의 단원제 국회를 양원제 국회로 전환할 수 있을까? 이는 전면적인 권력구조의 개편을 예고하고 하는 것으로 결코 쉽지 않은 문제이다. 그렇지만 양원제 국회는 현재 과도하게 집중된 대통령의 권한에 따른 권력독점의 폐해를 바로 잡을 수 있다는 점과 국민의 국회의원 견제를 상호간에 시킴으로써 민권을 보다 확립시킬 수 있다는 점에서 신중히 고려해 볼 필요가 있다는 주장이 설득력을 얻고 있다. 특히 의회민주주의를 지향하고 있는 대다수 선진국들의 추세는 단원제보다는 양원제를 채택해 시행하고 있다. 더욱이 내각제를 유지하면서 단원제 의회를 운영하고 있는 나라는 없고, 이원집정제로 알려져 있는 프랑스형 대통령제도 양원제를 기반으로 하고 있는 점도 주목할 대상이다.

앞으로 현행 제왕적 대통령 중심제에서 벗어나 합의제 민주주의에 부합하는 권력구로의 전환해야 한다는 일정한 합의가 이루어진다면, 개헌의 논의는 더욱 탄력을 받게 될 것이다. 이때 논의되어야 할 방법론상의 문제는 다음 세 가지로 귀결된다. 하나는 직선 대통령을 상징적 국가원수로 두는 의원내각제를 도입하는 문제이고, 다른 하나는 분

---

8) "18대 국회에서 시작된 분권형 대통령제에 대한 개헌 논의를 본격적으로 시작해야 한다. 또한 양원제와 정·부통령제를 중심으로 한 통일헌법도 연구해야 한다" "선거법을 고쳐 선거 제도를 시급히 개편해야 한다. 현행 소선거구제를 중선거구제로 바꾸고, 석패율과 권역별 비례대표제도 도입해야 한다. 300석 중 200명은 지역구, 100명은 영남·호남·충청·수도권 등 권역별 비례대표로 하는 방식이다. 그렇게 되면 지역별로 여야가 골고루 분포되고, 양당 체제에서 다당제로 바뀌면서 연정(聯政)이 이뤄져 사회 갈등이 줄어든다. 개헌은 지금 논의해야 한다. 분권형 대통령제를 한다면 대통령과 총리의 갈등을 막는 구조를 연구해야 한다(제19대 국회 정의화(鄭義和) 국회의장의 원코리아 뉴라시아 자료 2014. 7. 25일)

권형 대통령 또는 분권형 이원 집정부제의 형태이다. 즉 현행 직선제 대통령이 국가수반으로 국가를 대표하고 국회에서 선출되는 총리는 행정부 수장으로서 국정 의결기관인 내각회의의 의장이 되도록 분권형 이원 집정부 제도를 도입하자는 안이다. 이는 기존에 논의되던 분권형 집정부제가 대통령과 총리의 권한을 통일, 외교, 국방 등 대외분야와 내치분야로 나누자는 것인데 반해, 이 안은 총리에게 행정의 주도권을, 내각에 의결권을 부여하고 대통령은 견제 및 통제하는 권력으로 국정을 총괄토록 함으로써 제왕적 대통령제의 폐해를 방지하는데 의의를 두고 있다.[9] 어떻든 대통령으로의 과도한 권력집중을 비롯하여 국정 부담과 정파 간의 반목·대립을 개선하기 위해 '분권형 대통령제'를 제안하고 있는 것은 분명한 사실이다.

마지막으로 국가의사를 신중하게 결정하여 보다 생산적인 입법부를 만들어 갈 수 있도록 '양원제 국회'를 고려해 보자는 것이다. 양원제 국회의 방법은 여러 방법이 있겠으나, 현 미국의 양원제를 참고하여 적용해 보는 것도 고려해 볼 만한다. 미국의 양원제의 경우 국가 운영의 안정된 시스템을 유지하는데 적합하다고 볼 수 있는데, 이는 하원의 경우 2년마다 1/3씩 교체하는 반면 6년 임기라는 상원 의원제를 두고 있기 때문이다. 특히 하원에서는 2년마다 정부에 대한 중간평가를 통해 정부의 공과를 평가하는 한편, 상원에서는 6년이라는 긴 임기와 광역화 지역구를 토대로 소신 있게 국가의 일을 처리할 수 있어 상당히 안정된 의회시스템이라 할 수 있겠다.

이와 같은 미국형 양원제를 우리나라에 도입한다면 다음과 같은 장점이 있을 수 있다. 첫째, 우리나라 의회의 고질병이라 할 수 있는

---

9) 의원내각제와 분권형 대통령제에 대해서는 재단법인 대화문화아카데미 자료, 최태욱, 2014 의원내각제 vs 분권형 대통령제, 무엇이 좋을까-승자독식 민주주의에서 합의제 민주주의로 나가야 - 발제논문; 황태연. 2005. "유럽 분권형 대통령제에 관한 고찰." 『한국정치학회보』 제 39권 2호. pp. 52-5; 장영수. 2014. "개헌을 통한 권력구조 개편: 의원내각제 혹은 분권형 대통령제." 동아시아미래재단 신년세미나 발제문. p. 12. http://www.pressian.com/news/article.htm을 참조.

여·야간 극한적인 대립 즉 "전부 아니면 전무(all or nothing)"의 의정 행태를 완화시킬 수 있다. 둘째, 집단이기주의가 날로 심화되고 있는 가운데 지역구에 너무 민감한 반응을 통해 재선에만 몰두하는 행태를 방지하고, 국가적 안목을 지니고 보다 소신 있게 의정활동을 할 수 있는 기반을 마련할 수 있다. 셋째, 세대 교체적 차원에서 참신하고 젊은 의원의 의회진출을 희망하고 있는 현재 상황에서 볼 때, 국가적으로 꼭 필요한 경륜을 지닌 다선의원들이 국민의 선택을 통해 자연스럽게 상원에 진입케 할 수 있다는 점도 고려해 볼 만하다.

요컨대, 현 대통령의 제왕적 권력독점으로 인한 폐해와 함께 정파간 대립과 반목 그리고 비합리적이고도 비생산적인 의회에 대한 우려의 목소리가 점차 높아지고 있다는 사실은 부정할 수 없다. 따라서 이를 시정 및 보완하기 위한 헌법 개정의 논의가 구체화된다면, 향후 의원내각제를 비롯한 분권형 대통령제의 도입 가능성과 함께 양원제 국회로의 전환을 신중하게 고려해 볼만 하다.

제 2 절 의회의 기능과 권한

대의제 민주주의가 정착된 이후 의회는 각 국가에 따라 의회의 구성과 운영 그리고 방법 등에서 차이가 있을 수 있지만, 국민의 대표기관으로 구성되어 국가의 정책을 결정하고 행정부를 통제하는 기본적인 기능은 그대로 유지되고 있다. 입법부인 의회는 국가운영의 핵심적인 통치기관이자 가장 대표적인 헌법상의 기구로, 여러 가지 기능과 함께 역할 및 권한을 지니고 있다. 일반적으로 국민의 대표, 입법, 재정통제, 행정부 견제의 기능수행을 위한 역할을 담당하고 있다. 그리고 이러한 역할수행을 위해 입법권한, 재정권한, 국정통제권한 및 자율권한을 갖고 있으며, 국회의 자율성과 독립성 보장을 위하여 국회에 특별히 인정해 주는 의회특권도 갖고 있다.

1. 의회의 기능

1) 국민 대표기능

본디 민주주의 정치를 실현시키는 가장 이상적인 형태는 모든 국민이 한 장소에 모여 주요 국정을 논의하고 결정하는 직접민주제라 할 수 있다. 그러나 공간의 광역화와 함께 인구의 증가는 이 같은 직접민주제의 실행이 불가능하다. 이에 따라 각 지역별로 대표자를 선출하고 그들로 하여금 국정을 논의하고 결정하도록 하는 대의민주제가 발전하게 되었고, 이 제도는 오늘날 민주정치 실현의 전형이 되고 있다. 간접민주제 혹은 대의민주제가 성공하기 위해서는 의회에서 국민의 의사를 정책형성에 적절히 반영시키고, 국가 권력에 대한 적절한 통제가 이루어져야 한다.

의회는 본디 국민으로부터 직접 선출되었으므로 국민의 대표기관이다. 이러한 의회의 대표성은 의회의원과 국민과의 정치적 대표관계를 의미한다고 볼 수 있다.[10] 즉 의회의원은 자신의 의정활동으로 인해 법적책임을 지지 않는 반면 국민에 대한 정치적 책임은 지게 되는 것을 의미한다.

대의민주제에 있어서 의회의 대표기능은 사회 내의 다양한 집단의 이해를 대표하고 반영하는 것을 의미한다.[11] 국민의 대표 기관으로서 의회는 공중의 관심사나 국민의 의견을 표출·집약하여 정부에 전달함으로써 정부와 시민의 매개자로서의 역할을 수행해야 한다. 또한 결정된 정책을 정당화하여 체제의 안정과 존속을 도모함으로써 체제를 유지하는 기능, 규칙에 의거하여 정치지도자들을 충원·훈련시키고, 다양

---

10) 우리 헌법 제45조는 "국회의원은 국회에서 직무상 행한 발언과 표결에 관하여는 국회 외에서 책임을 지지 아니한다."라고 규정하고 있다.

11) 존 스튜어트 밀은 의회의 기능을 국민과 정부 간의 의사전달 매체, 정부로 하여금 국민에 반응하게 하고 국민으로 하여금 정부의 결정에 따르게 하는 제도로서 강조했다. 따라서 오늘날의 의회를 대표의회라고 부르는 것은 바로 이런 맥락과 관계되는 것이다.

한 의견수렴을 통해 정치체제의 통합성을 높이고 갈등을 조정하는 기능도 수행한다.

2) 입법기능

의회는 입법부로서 입법적 기능이 우선시되며, 의원 스스로 또는 정부의 발의에 의한 법안을 심의·결정함으로써 법을 제정하는 유일한 기관이다. 의회를 입법부로 부르는 것도 국회가 바로 법을 제정하는 유일하고 대표적인 기관이기 때문이다.

의회는 법률의 제정 및 개폐에 관련된 일련의 입법 활동을 통해 국가 정책을 결정하고, 국민대표의 손에 이 역할을 맡김으로써 대의제 원리에 충실하고자 한다. 우리 헌법 제40조에는 "입법권은 국회에 속한다."라고 규정하고 있다. 특히, 법률안은 의원 및 위원회나 정부가 발의 또는 제출하고 소관상임위원회에서 심사한 후 본회의에서 심의·의결하는 중요한 절차를 거친다.

그러나 의회의 가장 본질적인 고유권한인 입법권은 현대 행정 국가화 현상으로 인해 국회 입법권의 제약이 따르고, 정부의 법률안 제출권이나 대통령의 긴급 명령, 긴급 재정 경제명령 등을 통한 입법 활동 그리고 대통령의 법률안 거부권 등은 국회의 입법권을 제약하고 있다. 자유민주주의를 지향하는 국가에서 법률은 국가작용의 근거가 되기 때문에 의회의 입법 활동은 당연 보장되어야 하며, 의회 자체에서도 전문성 확보를 통해 이러한 제약과 한계를 극복해 나가야 한다.

3) 정부통제기능

오늘날 입법부인 의회는 행정부와 사법부를 감시 비판 견제하는 국정 통제 기관으로서의 기능이 상대적으로 강화되고 있다. 국정 통제 기관으로서의 지위는 통치권 행사의 절차적 정당성을 확보하기 위한 것으로 3권 분립주의에 입각한 견제와 균형의 원리에 충실하기 위한 수단으로 작용하고 있다.

의회는 대표 및 입법에 관한 기능 외에도 정부의 정책을 통제할 수 있는 국정통제 및 행정통제 기능이 있다. 국정의 행정관료화 및 전문화 현상의 심화에 따라 균형적인 국가운영의 차원에서 문제점이 나타나고 있는데, 이를 극복할 수 있는 제도적 보완장치가 바로 의회의 국정통제권이다. 이러한 통제 권한을 의회에 부여한 것은 국가를 행정부 단독으로 운영하기보다는 국민의 의견을 수렴한 대표기관과의 상호조정을 통해 보다 민주적으로 운영하겠다는 의지의 표현이다. 우리 헌법에서는 여러 가지 국정 통제 기능을 확인할 수 있는데, 탄핵소추 의결권, 국무총리나 국무위원에 대한 국회 출석 요구권·질문권·해임 건의권·재정에 관한 권한·긴급명령·긴급재정명령의 승인권·계엄 해제 요구권 등이 그것이다. 특히 입법권, 예산심의권, 국정감사·국정조사 등 권한의 적절한 행사를 통하여 행정부의 자의적인 정책집행이나 권력행사를 감시하고 통제할 수 있다.

오늘날 행정 국가화 현상에 따른 대통령 및 행정부의 권한이 보다 강화되고 있는 상황에서는 의회가 이를 견제하고 통제함으로써 정부가 독단적으로 국가 정책을 결정하고 집행하는 것을 방지하는 것은 중요하다. 따라서 향후 국민의 입장에서는 전문성과 책임감을 갖춘 의회의원을 선출하여 이들로 하여금 국민을 대신해 건전하고 비판적인 행정통제를 할 수 있도록 해야 할 것이다.

4) 재정심의 및 의결기능

근대의회제의 모국이라 할 수 있는 영국의회가 재정심의기관에서 출발하였듯이 의회의 재정심의 및 의결기능은 오늘날 매우 중요한 의회기능이다(백상건, 1965: 300).[12] 우리나라 의회는 예산안의 심의 및 확정, 국채의 모집과 예산 외에 국민에게 부담이 될 계약의 체결에 대한 동의권, 예비비 설치에 대한 동의권과 그 지출에 대한 승인권 등

---

12) 영국 근대의회의 역사상 처음 소집된 원인은 재정문제였고, 특히 권리장전 (1689)에서는 과세문제에 대한 의회통제를 명문화시켰다.

국가재정을 심의 확정하는 권한 등을 갖고 있다.

특히 오늘날 어느 나라에서나 경제가 큰 비중을 차지하고 있으며, 이로 인해 재정이 민간경제에 미치는 영향은 매우 크다고 할 수 있다. 이러한 차원에서 재정은 국민의 부담인 조세로 수입을 마련하고 그 지출도 국민전체에 포괄적인 영향을 미치는 점 때문에 조세의 신설이나 변경은 물론 예산 및 결산에 대한 국회의 심의 및 의결이나 승인을 받아야 하는 등의 엄격한 통제를 받아야 한다. 특히 행정부는 다음 해의 수입 및 지출에 관련된 계획적인 예산안을 편성하여 국회에 제출하고 의견을 받은 후에 집행하며, 그 결과를 그 다음해 상반기 중에 결산하여 국회의 승인을 받아야만 한다는 점에서 의회의 재정에 관련된 심의 및 의결기능은 매우 중요하다.

5) 사회통합기능

근대화 이후 사회는 지속적인 산업화 및 분업화가 촉진되었고, 이에 따른 사회구성원들과 집단들의 이해와 요구는 복잡해지고 다양해지고 있다. 또한 다양한 집단과 사회구성원들의 갈등 현상은 날로 복잡해지고 심화되어가고 있는 것이 현실이다. 의회는 이러한 복잡하고 다양한 사회구성원들의 이해와 요구를 적절히 반영할 수 있어야 하고, 특히 더욱 복잡한 사회의 갈등을 적절히 관리하여 사회통합을 이룰 수 있도록 해야 한다.

입법부인 의회는 사회의 갈등을 조정 및 중재하여 사회통합을 이루는 보다 근본적인 기능을 갖는다. 의회는 헌법상 보장된 대표기관의 권위와 정통성을 가지고 최소한의 사회적 가치를 적절히 배분해야 하고, 다양한 이해에 따른 갈등을 최소화시켜야 한다. 특히 의회에는 다양한 계층, 세대, 이념, 지역 등의 다양한 의견들이 반영되어야 하는데, 이를 효과적으로 반영하기 위해서는 이 다양한 차이를 대표하는 능력 있는 의원들이 선출되어야 한다. 또한 사회구성원 및 집단 상호간의 입장과 이해관계를 적절히 조정하고 갈등을 해소해야 할 역할도 지니고 있다. 이는 의회가 국민에 의해 직접 선출된 대표기관으로서 국민의 의사를 적극 수렴하고 반영함은 물론 그들 간의 상충된 이해와 갈등에 관련된 문제를 의회 안에서 대화와 토론을 통해 해결하는 공적 장소이기 때문이다. 따라서 국민들의 다양한 이해관계를 적절히 조정하여 분산된 의사를 일반적 국가의사로 통합하여 국민의 복지를 증진시킨다는 점에서도 의회의 사회통합기능은 매우 중요하다.

6) 엘리트 충원기능

의회는 이 여러 가지 기능 이외에도 엘리트 충원기능을 갖는다. 의회는 선거를 통해 선출된 정치엘리트와 지도자들이 충원되는 정치공간이다. 정치엘리트와 지도자들은 의회라는 장소에서 대화와 토론 그리고 전문적인 의안처리 등 일련의 의정활동을 통해 리더십을 배양하고, 이를 바탕으로 정치 엘리트로서 그리고 지도자로서의 역량을 키워 나간다.

대통령제나 의원내각제인가에 따라 행정부에 공무원으로 임명되는 방법은 다르겠지만, 대부분의 임명직 장관들은 의회에서 정치적인 경험을 토대로 행정적 관리를 잘 수행하는 경우가 많다. 특히 작은 지역적 기반을 두고 정치적 경험을 쌓은 후, 중앙의 정치무대로 옮겨 정치 행정적 지도자로서 역할을 수행하는 많은 사례들은 의회의 정치엘리트 충원기능이 그 만큼 중요함을 보여주는 것이다.

2. 우리나라 국회의 권한

우리나라 국회는 국가 운영의 중심적인 통치기관이자 가장 대표적인 헌법상 기구이다. 즉 우리나라 헌법 제1조에서는 대한민국은 민주공화국임을 선언하고 있고, 제2조에서는 대한민국의 주권은 국민에게 있으며 모든 권력은 국민으로 나온다고 하고 있다. 이러한 대 전제하에 헌법 제31조에서는 입법권은 국회가 행한다고 하고 있으며, 제32조에서는 국회는 보통, 직접, 평등, 비밀 선거에 의하여 공선된 의원으로 조직한다고 규정함으로써 헌법적 국회의 구성을 명확히 규정하고 있는 것이다.

국회는 국민의 대표, 입법·재정심의, 행정부 통제를 비롯한 여러 가지 기능을 수행하기 위한 역할을 담당하고 있다. 그리고 이러한 역할수행을 위해 대한민국 국회는 입법권한, 재정권한, 국정통제권한 및 자율권한을 갖고 있으며, 국회의 자율성과 독립성 보장을 위하여 국회에 특별히 인정해 주는 의회특권도 갖고 있다.

일반적으로 국회의 권한을 논의할 때, 형식적 차원에서 의회의 의결권·동의권·승인권·통고권 및 통제권으로 분류할 수 있고, 실질적 차원에서 의회의 입법에 관한 권한, 재정에 관한 권한, 일반국정에 관한 권한 및 국회내부에 관한 권한으로 분류할 수 있다.

여기서는 의회의 주요기능에 따른 실질적 차원에서 우리나라 국회의 권한을 살펴보면 다음과 같다.

첫째, 입법에 관한 권한으로는 법률안 제출(헌법 제52조, 국회법 제79조), 심의권(국회법 제81·87·93·95·109·98조 제1항), 헌법개정안 발안(헌법 제128조 제1항), 심의권(헌법 제130조 제1항, 국회법 제112조 제4항), 조약체결·비준 동의권(헌법 제60조 제1항)이 있다. 둘째, 재정에 관한 권한으로는 재정입법권(조세법률주의), 예산의 심의·확정(헌법 제54조 제2항), 기채동의권(헌법 제58조 전단), 예산외 국가부담이 될 계약체결에 대한 동의권(헌법 제58조 후단), 재정적 부담이 있는 조약체결에 대한 동의권(헌법 제60조 제1항), 결산심사권(헌법 제99조), 긴급재정·경제처분에 대한 승인권(헌법 제76조 제3항)이 있다.

셋째, 일반국정에 관한 권한으로는 국무총리 임명동의권(헌법 제86조 1항), 국무총리·국무위원해임건의권(헌법 제63조), 국무총리·국무위원 출석요구권 및 질문권(헌법 제62조), 탄핵소추권(헌법 제65조), 선전포고 및 국군해외파견, 외국군 주류에 대한 동의권(헌법 제60조 2항), 일반사면에 대한 동의권(헌법 제79조 2항), 대법원장 및 대법관 임명동의권(헌법 제104조 제1항)과 감사원장 임명동의권(헌법 제98조 제2항), 헌법재판소재판관 및 중앙선거관리위원회 선출권(헌법 제111조 제3항, 제114조 제2항), 계엄 해제 요구권(헌법 제77조 제5항), 긴급명령·긴급재정·경제명령 처분권(헌법 제76조 제3항), (11) 국정감사권·국정조사권(헌법 제61조)이 있다.

넷째, 국회는 스스로의 문제를 자주적으로 처리할 수 있도록 자율권을 폭넓게 지니고 있다. 이는 국민의 대표인 국회의원이 소신을 갖고 대표자로서의 역할을 수행할 수 있게 하는 필수적인 보호조치라고 할 수 있다. 국회의 자율적 권한으로는 의사 및 내부규율에 관한 규칙제정권, 의사진행에 관한 자율권, 내부경찰권 및 국회가택권(출입금지 및 퇴장 요구권), 내부조직권 및 국회의원의 신분에 관한 권한 등이 있다. 특히 국회의 독립성 보장과 밀접하게 관련하여 의원에 대한 불체포특권과 면책특권이 있다.

지금까지 위에 제시한 의회의 여러 기능 중 헌법에 명시되어 있는 의회의 주요 권한을 기능별로 정리해서 제시하면 〈표 5-2〉와 같다.

〈표 5-2〉 우리나라 헌법상 명시된 국회의 권한

권한		헌법상 명시된 주요 권한
일반 권한	입법권	법률의 제정권, 의원의 법률안제 출권, 헌법개정안발의·의결권, 조약비준동의권
	재정권	예산심의·확정권, 결산심사권, 조세종목과 세율법정권, 예비비지출승인권, 긴급재정·경제처분에 대한 승인권, 국가나 국민에게 중요한 재정직 부담을 지우는 조약의 체결·비준동의권
	국정 통제권	국정감사 및 조사권, 탄핵소추권, 국무총리 또는 국무위원해임건의권, 국무총리, 국무위원 등의 출석요구 및 질문권, 계엄해제요구권, 선전포고·국군파병·외국군대주류동의권, 일반사면동의권
특별 권한	자율권 (특권)	국회의 자율권, 면책특권, 불체포특권

한국 국회의 조직구성

제1절 국회의 태동과 발전

1. 국회의 태동과 역사적 개요

우리나라 의회제도의 기원은 고대 신라의 화백제도와 근대의 만민 공동회 또는 미군정하에서의 남조선과도입법의원에서 찾으려는 노력이 있다. 하지만 우리나라 국회의 태동은 제헌국회로부터 시작되었다고 보아야 한다.

한국은 1945년 8월 15일 해방과 더불어 일본의 식민통치에서 벗어 났다. 하지만 바로 국토는 남북으로 분단되었고, 북쪽은 소련이 그리 고 남쪽은 미군이 진주하여 군정을 실시하였다. 남한에서는 제헌국회 구성을 위한 국회의원 총선거가 1948년 5월 10일 실시되었는데, 유권 자의 95.5%가 투표에 참가하여 임기 2년의 198명이 선출되었다.[1] 이 에 따라 1948년 5월 31일 역사적인 제헌국회 개원식을 거행하였다.

---

[1] 이 선거에서 제주도가 제외된 채 실시되었고, 1년 후에 2명의 의원이 추가 선출 됨에 따라 200인의 의원으로 의회가 구성되었다.

제헌국회는 1948년 7월 1일 국호를 대한민국으로 정하고, 내각책임제 요소가 가미된 대통령중심제 헌법을 7월 17일 공포하였다. 국회에서는 이승만 초대 국회의장을 초대대통령으로 선출하였으며, 8월 15일에 역사적인 대한민국 정부수립이 선포되었다.

우리나라 국회는 제헌국회부터 현 제19대 국회까지 그 임기를 제대로 채우지 못하고, 조기에 해산되거나 종료되는 비정상적인 의정사를 지니고 있다. 즉 현 19대국회까지 모두 5번 중도해산 및 종료되었는데, 그 이유는 다음과 같다. 첫 번째는 1961년 5월 16일 군사혁명으로 국회가 해산된 후 국가재건최고회의가 국회의 기능을 대행하였고, 두 번째는 1972년 10월 유신선포로 국회가 해산된 후 비상국무회의가 입법기능을 행하였으며, 세 번째는 1979년 박정희대통령시해사건 이후 국가보위입법회의가 국회의 기능을 대행하였다. 그리고 제4대와 제12대 국회는 헌법 개정에 의해 임기가 단축, 종료되었다.

의원의 임기는 제헌국회의 경우 2년 그리고 제9대 국회 때는 6년의 임기로 하였지만 대부분의 임기는 4년으로 하였다. 그리고 역대 국회 중 제5대 국회임기에만 제2공화국 헌법에 따라 양원제를 채택하여 실시하였으나, 그 이외 국회는 모두 단원제 국회를 구성하였다.

한국의 정부형태는 제2공화국의 제3차 개헌에 따른 내각책임제를 잠시 실시하였으나, 그 이후 대통령제를 계속 채택·유지하였고, 선거제도는 소선구제, 대선거구제, 비례대표제 등을 번갈아 채택하였다. 현재는 국민 직선에 의한 단임의 대통령중심제하의 제19대 국회(2012년 5월 30일 임기 개시)가 2014년 현재 임기 2년의 잔여기간을 남겨둔 채 의정활동을 수행하고 있다.

2. 한국 국회의 발전[2]

① 제헌국회(1948.05.31.~1950.05.30.)

제헌 국회는 1948년 5월 10일 국회의원 총선거를 실시하여 구성되었다. 좌익의 치열한 선거방해 공작과 김구·김규식 등 민족주의진영의 선거 불참에도 불구하고 유권자의 높은 참여 속에서 200명의 의원을 선출하였다. 총선 열흘 뒤인 5월 20일 남조선과도입법의원이 폐원되었으며, 1948년 5월 31일에는 역사적인 제헌국회 개원식을 열어 초대의장에 이승만, 부의장에는 신익희, 김동원 의원이 선출되었다.

② 제2대 국회(1950.05.31.~1954.05.30.)

제2대 국회는 의정사상 최초로 우리 손으로 만든 국회의원선거법에 의해 구성되었다는 점에 역사적 의미를 갖는다. 이 선거에서는 무소속 의원이 전체의석의 2/3를 차지함으로써 어느 당도 원내 과반수를 확보하지 못한 특징을 보였다. 개원 일주일 만에 한국전쟁(6·25)이 발발하자 국회는 6월 26일 긴급회의를 개최하여 유엔 및 미국정부에 북한의 불법침략 부당성을 지적하고 긴급원조를 요청하는 결의를 하였다. 또한 그 익일인 27일 새벽 2시에 긴급비상회의를 소집하여 수도 사수를 결의하였다.

③ 제3대 국회(1954.05.31.~1958.05.30.)

1954년 9월 6일 자유당의원 등 135인으로부터 헌법개정안이 발의되었으며, 그 주요골자는 이 헌법개정 당시의 재임대통령에 대해 중임 제한에 관한 규정을 적용하지 않는다는 것이었다. 개헌안은 11월 27일 국회표결결과 재석 202명중 찬성 135표, 반대 60표, 기권 7표로 가결에 필요한 136표에 1표가 부족하여 부결로 선포되었다. 그러나 자유당 의원들은 11월 29일 재적의원 203명의 3분의 2는 4사5입하여

---

2) 한국 국회발전사는 국회홈페이지 국회역사 자료에 전적으로 의존하였다
(http://www.assembly.go.kr 참조).

135명이 된다는 수학적 논리를 내세워 이미 부결된 개헌안을 가결로 번복, 선포하였다. 이에 항의하여 야당의원 60명은 원내교섭단체인 호헌동지회를 결성하고, 가결로 된 국회회의록을 번복하기 위한 결의안, 가결로 공표한 정부규탄에 관한 결의안, 공보처장 파면건의안을 제출하는 등 개헌무효화투쟁을 전개하였다. 이 제2차 개헌(4사5입개헌)에 대하여는 절차상으로 의결정족수 미달이라는, 성질상으로 "초대 대통령에 한한 중임제한규정 적용배제"는 평등권에 위배된다는 비판이 일부 제기되었다.

④ 제4대 국회(1958.05.31.~1960.07.28.)

1958년 8월 11일 자유당은 반공체제 강화를 명분으로 국가보안법을 대폭 강화하는 개정안을 국회에 제출하였다. 개정안의 주요 골자는 간첩개념 확대, 불고지죄 엄벌, 변호사 접견금지, 2심제 폐지, 언론보도 규제 등이었다. 그러나 야당 및 법조계, 언론계는 이 개정안이 헌법상 보장된 기본권을 침해하는 요소가 많고 야당의 정치활동과 언론계를 탄압하려는 의도가 다분하다는 이유로 강력하게 반대하였다. 자유당의원들은 12월 24일 의장경호권을 발동, 무술경관 300여명을 국회 본회의장에 투입하여 개정안 가결을 막기 위해 농성중인 야당의원들을 퇴장시키고 법안을 의결하였다. 야당의원들은 이의 무효화를 주장하며 임시회를 소집하였으나 자유당의원들 불참으로 인한 정족수 미달로 뜻을 이루지 못하였다.

⑤ 제5대 국회(1960.07.29.~1963.12.16.)

제3차 개헌(내각책임제 개헌) 이후 실시된 제5대 국회의원총선거는 민·참의원 동시선거로 민의원 233명, 참의원 58명이 선출되었다. 이로써 1952년 제1차 개헌(발췌개헌)을 통해 입법화된 후 한국전쟁과 자유당의 장기집권 등으로 인해 한 번도 구성되지 못했던 양원제 국회가 비로소 구성되었다.

민주당이 선거에서 민의원 전체의석의 3분의 2 이상을 차지함으로써 윤보선 대통령, 장면 총리로 하는 내각책임제의 제2공화국 정부가 수립되었다. 1960년 11월 29일 국회는 3·15 부정선거관련자 및 그 부정행위에 힁기히는 국민에 대하여 살상 기타 부정행위를 한 자, 반민주행위자와 부정축재자의 처벌근거를 마련하기 위하여 부칙만을 개정하는 제4차 개헌안을 의결하였다.

⑥ 제6대 국회(1963.12.17.~1967.06.30.)

민정이양을 약속한 군사정변의 주체세력은 1963년 2월 26일 민주공화당을 창당했다. 8월 30일 민주공화당 전당대회에서 박정희국가재건최고회의의장이 당총재와 대통령 후보지명을 수락하는 등 일련의 준비과정을 거쳐 1963년 10월 15일 제5대 대통령선거에서 박정희 후보가 당선되었다. 한편 11월 26일 제6대 국회의원총선거에서 33.5%의 득표율에 그친 민주공화당은 헌정사상 최초의 전국구제(비례대표제) 도입으로 전체의석의 62.8%에 해당하는 110석을 획득하였다.

⑦ 제7대 국회(1967.07.01.~1971.06.30.)

1967년 6월 8일 제7대 국회의원총선거에서 민주공화당은 3선개헌에 필요한 3분의 2 이상의 의석을 확보하였다. 무더기표, 대리투표 등의 문제가 제기된 6 · 8 총선거 결과를 3선 개헌의 전조라고 판단한 제1야당인 신민당은 6 · 8 총선거를 부정선거로 단정하고 등원을 거부한 채 전면 재선거를 주장하였다.

7월 3일 국회가 개원되었으나 신민당은 부정선거전면무효화투쟁위원회를 구성해 전국규모의 규탄대회를 여는 등 원외투쟁을 계속하였고 이에 동조하는 학생들 또한 대규모 시위를 벌였으며, 이에 정부는 30개 대학, 148개 고교에 대한 휴교조치로 맞섰다. 교착상태에 빠진 시국의 수습을 위하여 여야가 전권회담을 개최, 선거관리위원회 위원개선과 선거법·정당법 개정, 부정조사특위법 제정 등에 합의하고, 신민당은 국회개원 142일 만인 11월 29일에 등원하였다.

⑧ 제8대 국회(1971.07.01.~1972.10.17.)

1971년 10월 2일 국회는 신민당이 제출한 3건의 국무위원해임건의안 중 내무부장관해임건의안을 가결하였다. 민주공화당은 표결에 앞서 부결방침을 세웠으나 표결과정에서 당 방침을 어기고 찬성표를 던진 의원이 상당수 발생, 이른바 「10・2 항명파동」이 일어났다.

신민당은 10・2 항명파동조사과정에서 민주공화당 일부 의원이 지나친 조사를 받은 것은 헌법상 보장된 면책특권을 침해한 것이며 입법부의 존재 자체를 위태롭게 하는 행위라고 규정하면서, '입법부 권한침해에 대한 진상조사 특별위원회 구성에 관한 결의안'을 10월 7일 국회에 제출하였다. 그러나 10월 28일 이 결의안은 민주공화당의 반대로 부결되었다.

⑨ 제9대 국회(1973.03.12.~1979.03.11.)

유신헌법으로 제9대 국회에서 유신정우회가 새로이 구성되었다. 국회의원 정원의 3분의 1에 해당하는 73명의 유신정우회 국회의원은 대통령이 일괄 추천한 후보자를 대상으로 하여 통일주체국민회의에서 선출되었다. 유신정우회 국회의원의 임기는 3년이며, 1980년 10월 27일 통일주체국민회의와 함께 해체되었다.

⑩ 제10대 국회(1979.03.12.~1980.10.27.)

1978년 12월 12일 제10대 국회의원총선거에서는 야당인 신민당이 32.8%를 득표하여 31.7%를 얻은 여당인 민주공화당을 앞섰다. 그러나 정당별 의석수는 민주공화당 68석, 신민당 61석, 민주통일당 3석, 무소속 22석, 유신정우회 77석으로 지역구 국회의원선거 득표율에서 앞선 신민당이 전체 의석의 3분의 1에 미치지 못하는 현상이 나타났다. 이는 1선거구에서 2인을 선출하는 중선거구제와 국회의원 3분의 1을 대통령이 추천하고 통일주체국민회의에서 선출하는 선거제도 때문이다.

⑪ 제11대 국회(1981.04.11.~1985.04.10.)

국가보위입법회의에서 제정된 정치풍토쇄신을 위한 특별조치법 등 각종 법적 조치에 의해 상당수 정치인들이 정치활동규제를 받거나 정치적 이유로 처벌됨으로써 기존 정당이 와해되고 재편성되었다. 구야

권 정치인을 중심으로 민주한국당이, 민주공화당과 유신정우회 등 구
여권을 중심으로 한국국민당이 만들어졌으며, 그밖에 민권당, 신정당,
민주사회당 등이 창당되면서 정치권은 외형상으로 다당제의 모습을 갖
추게 되었다.

⑫ 제12대 국회(1985.04.11.~1988.05.29.)

정치활동규제에서 해금된 야당 정치인들이 선거를 불과 25일 앞두
고 창당한 신한민주당이 제12대 국회의원총선거에서 신당 돌풍을 일
으키며 제1야당으로 등장했다. 신한민주당은 선거후 민주한국당 소속
의원들이 탈당, 합류함에 따라 103 의석을 확보함으로써 여당인 민주
정의당과 양대정당 구도를 형성하게 되었다. 신한민주당은 양심수 및
구속학생 석방 등 정치현안의 해결을 정부에 촉구하고 직선제 개헌투
쟁에 주도적 역할을 담당하였다.

⑬ 제13대 국회(1988.05.30.~1992.05.29.)

1988년 2월 25일 취임한 노태우 대통령의 제6공화국 출범 이후, 4
월 26일 실시된 제13대 국회의원 총선거에서 여당인 민주정의당이 전
체의석의 42%에 해당하는 125석을 확보함에 따라 우리 헌정사상 최
초로 여소야대 국회가 등장하였다. 여당이 과반수의석 확보에 실패함
으로써 평화민주당, 통일민주당, 신민주공화당 등 야당과의 상호 협조
를 통해 국정 현안이 다루어졌으며, 정부 여당에 의한 독주가 사라지
고 국정감사가 16년 만에 부활되는 등 국회의 위상이 제고되었다.

⑭ 제14대 국회(1992.05.30.~1996.05.29.)

1993년 2월 25일 출범한 김영삼 대통령의 문민정부 초기에 국회는
과거 비민주적이고 권위적인 군사정권의 잔재를 청산하고자 국가보안
법과 국가안전기획부법을 개정하였다. 또한 깨끗한 정치, 돈 안 드는
선거풍토를 조성하기 위하여 공직선거 및 선거부정방지법, 정치자금에
관한 법률 등 정치 관계법을 개정하였다. 그밖에 금융 실명제 및 부동
산 실명제의 실시, 공직자의 재산공개를 통한 공직사회의 기강 확립

등 각 분야에 걸친 개혁작업을 뒷받침하였다.

⑮ 제15대 국회(1996.05.30.~2000.05.29.)

1998년 2월 25일 헌정사상 최초로 여·야간 정권교체된 김대중 대통령의 "국민의 정부"는 국민과 함께하는 정치, 민주주의와 시장경제의 병행발전과 21세기 정보화 사회의 준비라는 국정이념 하에서 경쟁·자율·개방을 촉진하는 국정개혁을 추진하였다. 국회는 1998년 4월 "정치개혁입법특별위원회"를 구성하고 2000년 2월 9일 국회의원정수의 축소 조정(273인), 연중 상시개원체제, 예산결산특별위원회의 상설화, 전원위원회 제도와 인사청문회 제도도입 등 정치개혁입법을 마련하였다.

⑯ 제16대 국회(2000.05.30.~2004.05.29.)

국회는 국군부대의 이라크 전쟁 파견 동의안을 2003년 3월 28, 29일 2일간의 전원위원회 심사를 거쳐, 4월 2일 재석 256, 찬성 179, 반대 68, 기권 9표로 가결하였다. 이로써 자이툰 부대로 명명된 이라크 평화 재건사단이 2004년 8월 3,000명 규모로 이라크 북부 아르빌 지역에 재건을 목적으로 파견되게 되었다.

2004년 3월 12일 국회 본회의에서 "대통령(노무현) 탄핵소추안"이 상정되어 원안 가결되었고, 헌법재판소는 2004년 5월14일 동 탄핵심판에 대하여 기각 결정을 내렸다.

⑰ 제17대 국회(2004.05.30.~2008.05.29.)

2004년 4월 15일 치러진 17대 국회의원 선거결과, 전체 299석 중 열린우리당 152석, 한나라당 121석, 민주노동당 10석, 민주당 9석, 자민련 4석, 기타 3석으로 구성되었다. 17대 국회의원 선거 결과의 주요 특징적인 사항은 여당인 열린우리당이 과반수 의석을 차지하여 그동안의 여소야대 국회가 거대 여당체제로 전환되었고, 최초로 도입한 「정당명부식 비례대표제」의 시행에 힘입어 헌정사상 처음으로 민주노동당이 원내 입성하였으며, 총 299명의 국회의원 중 211명이 초선으로 당선되었다. 그리고 3~40대 의원비율이 43%로 크게 증가하였으며, 여성의원의 비율도 13%(39명)로 두 자리 숫자로 크게 증가하였다.

⑱ 18대 국회(2008.05.30.~2012.05.29.)

2008년 4월 9일 치러진 18대 국회의원 선거결과, 국회 전체의석 299석 중 한나라당이 153석을 차지해 과반 의석을 갓 넘겼고, 통합민주당은 81석을 차지했다. 한나라당이 얻은 153석은 20여 년 만의 단일 정당 최다 의석이었다.[3] 18대 국회에서는 한미 자유무역협정(FTA) 비준동의안 상정과 처리 때는 전기톱·해머·최루탄이 등장했고, 미디어법 처리 과정에선 주먹다짐도 있었던 국회였다. 이 국회에서는 112 신고자의 휴대전화로 위치를 추적할 수 있는 위치정보보호법 개정안, 가정상비약의 편의점 판매를 허용하는 약사법 개정안, 인터넷으로 수입 쇠고기 이력을 열람할 수 있는 쇠고기이력관리법 등의 주요 민생법안을 처리했다. 특히 여야의 오랜 진통 끝에 국회 몸싸움 방지를 위한 의안처리 제도 개선을 골자로 하는 '몸싸움방지법'을 처리하고 4년간의 임기를 마감했다.

⑲ 19대 국회(2012.05.30.~2016.05.29.)

2012년 4월 11일 치러진 19대 국회의원 선거결과, 국회 전체의석 300석(지역구 245석, 비례 54석) 중 새누리당 152석, 민주통합당 127석, 통합진보당 13석, 자유선진당 5석, 무소석 3석으로 구성되었다. 특히 국회에 처음 입성하게 된 초선 의원은 전체 49.7%인 149명이었고, 여성의원은 15.7%인 47명으로 나타났다. 이 국회에서는 2014년 4월 국가 최대 참사인 세월호 사태 이후, 세월호 특별법 제정을 둘러싸고 국회가 장기간 공전하였고, 이 과정에서 진상규명과 대책마련에 국회가 제 역할을 다하지 못하였다는 평가가 지배적이었다. 특히 19대 국회의 임기가 완료되지 않았지만, 현재까지 이전 국회와 비교해 입법실

---

3) 1987년 민주화 이후 소선거구제가 도입된 13대 총선에서 17대 총선까지 다섯 차례의 총선 중 특정 정당이 과반 의석을 차지한 것은 2004년 17대 총선에서의 열린우리당(152석)이 유일했다.

적이 저조함에 따라 향후 생산적인 의정활동을 통해 국회의 위상을
높여야 할 것이다.

제 2 절   국회의 조직구성

국회는 헌법이 보장하고 있는 입법기관으로서 국민이 직접 선출한
의원들이 법의 제정 및 개폐 등 입법 활동을 비롯한 국가의 중요한
정책을 결정하는 최고 의사결정기관이다. 세계 각국의 의회는 일반적
으로 국민대표기능을 비롯해 입법기능 및 국정의 통제기능을 지니고
있다. 우리나라 국회는 이 같은 기능을 수행하기 위해 제헌국회를 시
작으로 현재에 이르기까지 전쟁과 혁명 그리고 정변 등의 정치적 격
변을 경험하면서 그 조직과 운영에서 많은 변화를 겪었다.

여기서는 그동안 우리나라 국회 조직의 변동을 역사적으로 정리하
는 것보다는 현재 국회 조직구조의 구성에 따른 특징을 통해 국회의
모습을 이해하는 데 주안점을 두고자 한다. 국회의 조직구성은 크게 2
대분하여 살펴본다. 하나는 국회의원들로 구성된 합의제기관으로서의
회의체 조직과 이를 지원 및 보좌하는 입법보좌조직으로 나누어 고찰
하고자 한다(〈그림 6-1〉 국회조직도 참조).

1. 회의체 조직

국회는 대의기관 중에서도 유일한 합의체인 국가의사결정기관으로서
모든 의안은 자유토론과 다수결의 원칙에 따라 결정한다. 이에 따라
회의체 조직은 주로 국회의원들로 구성된 조직이고, 이 조직을 통해
실질적인 국회의원들의 의정활동이 이루어진다고 할 수 있다.

1) 국회의장단

국회는 의장 1인과 부의장이 직무를 효과적으로 분담처리하고 의장의 유고시에 그 직무를 대리할 수 있는 부의장 2인을 두고 있다. 의장단 선출은 무기명투표로 선거하되 재적의원 과반수의 득표로 당선되는 것으로 한다. 1차 투표에서 과반수의 득표자가 없을 때에는 2차 투표 실시한다. 만일 2차 투표에서도 과반수의 득표자가 없을 때에는 최고득표자가 1인이면 최고득표자와 차점자에 대하여, 최고득표자가 2인 이상이면 최고득표자에 대하여 결선 투표를 하되, 재적의원 과반수 출석과 출석의원 다수득표자를 당선자로 한다.

의장 또는 부의장이 궐위된 때에는 지체 없이 보궐선거를 실시해야한다. 의장과 부의장의 임기는 2년이며, 의장은 그 직에 있는 동안은 당적을 가질 수 없다. 의장의 당적 보유 금지는 의회에서 중립적이고 효율적인 의사진행을 할 수 있도록 하기 위함이다. 특히 의장은 국회의 최고 책임자로서 효율적인 의사진행을 이끌어 갈 수 있는 경륜을 갖춘 지도력과, 국정운영의 통찰력 등을 두루 갖춘 덕망 있는 인사가 선출되어야 한다.

의장은 회의의 사회자로서 의사진행을 공정하게 수행해야 할 책무와 함께 국회 내 모든 의정 질서가 유지될 수 있도록 하는데 필요한 권한을 갖는다. 국회의장의 권한은 크게 4가지로 나뉜다.

첫째, 대내외적인 국회대표권이다. 이는 행정부와의 관계, 국민과의 관계 등에서 국회를 대표하는 것으로, 의장의 이름으로 발표한 의사는 법률상 국회의 의사로서의 효력을 갖는다.

둘째, 원활한 회의운영을 위한 의사정리권이다. 이는 국회의 최고 책임자로서 원활한 의사일정과 효율적이고 합리적인 회의 운영을 위한 국회 내 모든 의사를 정리할 권한을 갖는다.

셋째, 회의장 질서유지를 위한 질서유지권이다. 이는 국회 내에서 이루어지는 회의에서의 질서를 유지하기 위한 것으로, 내부경찰권을 비롯한 의장의 경호권과 기타 질서유지권을 갖는다.

넷째, 국회의 조직과 운영에 대한 전반적 사무감독권이다. 이는 국회 최고책임자로서 국회에 관련된 모든 사무에 대한 최고결재권과 함께 국회의 행정업무에 관련된 사무를 처리하는 국회사무처의 감독권이 있음을 의미한다.

한편, 부의장은 2인으로 하며, 여당과 야당에서 각 1인을 선출하는 것으로 되어 있다. 부의장은 의장의 사고 시 그 직무를 대리하는 직위를 말하며, 의장 사고 시 의장이 지정하는 부의장이 직무를 대리하고, 의장의 직무를 대리하는 부의장은 의장의 권한과 동일한 권한을 가진다. 그리고 의장과 부의장 모두 사고 시에는 임시의장을 선출하여 의장의 직무를 대행하도록 해야 한다.[4)]

2) 국회의원

우리나라 국회는 헌법상 크게 4가지 지위를 가지고 있다. 즉 대의기관의 지위, 입법기관의 지위, 국정통제기관의 지위, 의사결정기관의 지위를 갖는다(허영, 2000: 834). 이와 같은 지위를 갖는 국회에서 실제 활동하고 있는 주체인 국회의원은 어떠한 지위를 보유하고 있을까?

우리나라 헌법에서는 국회의원의 헌법상 지위에 대해서는 명확한 규정을 두고 있지 않아 학설에 따른 많은 논란의 여지를 두고 있다.[5)]

---

4) 임시의장은 무기명투표로 선거하되 재적의원 과반수의 출석과 출석의원 다수득표자를 당선자로 한다. 또한 사무총장이 의장의 직무를 대행하는 경우가 있는데, 이는 국회의원 총선거 후 의장이나 부의장이 선출될 때까지의 임시회의 집회 공고에 관해 의장의 직무를 대행할 수 있다.

5) 국회의원의 지위에 관한 학설에 따른 자세한 논의는 김철수, 『헌법학개론』(서울: 박영사, 1996), pp. 786-790; 김문헌, "국회의원의 정당대표성" 〈고시계(1992.5)〉, pp. 36-47; 권영성, 『헌법학개론』(서울: 법문사, 1994), p. 942; 구병삭, 『한국헌법론』(서울: 일신사, 1985), p. 637; 한동섭, 『헌법』(서울: 향학사, 1964), p. 242; 김기범, "국회의원의 헌법상의 지위"〈고시계(1964.8)〉, p. 91; 문홍주, 『한국헌법』(서울: 해암사, 1974), p. 467; 허영, 『한국헌법론』(서울: 박영사, 1995), pp. 893-894; 김현우, 『한국국회론』(서울: 을유문화사, pp. 714-716을 참조하기 바람.

즉 국회의원의 지위에 관한 논란은 국회의원이 국민전체의 대표자인가라는 문제에서부터 정당대표자로서의 지위에 이르기까지 다양한 논의가 이루어지고 있다. 우선 전자의 문제는 법적 해석에 따라 다양한 주장과 논의가 있을 수 있으나 헌법상 국회가 국민의 대표기관으로서의 지위를 갖는바, 국회의원도 국민 전체의 대표자라고 볼 수 있다.[6] 그리고 후자인 정당대표자로서의 지위를 갖느냐는 문제 역시도 오늘날 정당 국가적 경향이 심화되고 있고, 특히 우리나라 헌법 역시 정당에 관련된 조항을 두고 있어 정당 국가적 경향을 띠고 있다고 보아야 할 것이다.[7] 정당국가에서 의원은 국회구성원인 동시에 정당구성원이기도 하고, 특히 정당 구성원으로서 소속정당의 정강 정책과 이념 그리고 당의 지시에 따르는 차원에서도 의원과 정당간의 관계성은 밀접함에 따라 국회의원은 정당 대표적 성격을 지닌다고 보아야 한다. 따라서 이 모든 것을 종합해 볼 때 국회의원은 헌법상 형식적으로는 국민전체를 대표하는 지위에 있으나, 현실적으로는 정당을 대표하는 이중적 지위에 있다고 보아야 할 것으로 생각한다.

우리나라 현 국회의원(19대)은 지역구 국회의원과 비례대표 국회의원으로 나뉜다. 전자는 당해 국회의원 지역구에서 유효투표의 다수를 얻은 자를 당선인으로 결정하고, 후자는 지역구 국회의원 총선거에서 얻은 득표비율에 따라 정당별로 배분한다.[8] 현 19대 국회의원 선거에서는 54.2%의 투표율 보인 가운데 지역구 246명, 비례대표 54명으로 총 300명을 선출하였다.

---

6) 여기에는 국회의원을 국민의 법적대표자가 아닌 정치적 대표로 보는 시각인 법적대표부인설과 국회의원은 국민전체 대표자로 보는 법적대표인정설간의 대립이 있다.

7) 여기에는 정당공천에 의해 국회의원이 되었더라도 국회의원의 정당대표자로서 지위에는 일정한 한계가 있다는 주장이 있다. 또한 정당추천은 정당의 국회의원에 대한 위임이 아니므로 소속정당의 지시에 위배했다고 해서 의원의 자격이 박탈되지 않음에 따라 의원은 법적으로 정당의 대표가 아니라는 주장도 있다.

8) 정당별 분포를 보면, 새누리당 152명(지역구 127명/비례대표 25명), 민주통합당 127명(지역구 106명/비례대표 21명), 통합진보당 13명(지역구 7명/비례대표 6명), 자유선진당 3명(지역구 3명), 무소속 3명(지역구 3명)으로 나타났다.

〈표 6-1〉 국회의원의 성격

지위	국민대표	·국민대표기관인 국회구성원의 지위
	정당대표	·정당 소속원으로서의 지위
의무	헌법상	·겸직금지, 청렴, 국익우선, 지위남용금지
	국회법상	·품위유지, 회의출석, 법령·규칙 준수
특권	불체포특권	·현행범 외 회기 중 국회동의 없이 체포·구금되지 않음
	면책특권	· 현행범 외 국회의 요구가 있으면 회기 중 석방

한편 국회의원의 의무는 헌법상의 의무의 경우 겸직금지의무, 청렴 의무, 국익우선의무, 지위남용금지의무 등이 있고, 국회법상의 의무로 는 품위유지의무, 국회의 본회의와 위원회 출석의무, 의사에 관한 법 령·규칙 준수의무 등이 있다.

국회의원은 특권을 보유하고 있는데, 불체포특권과 면책특권이 그것 이다. 전자는 국회의원은 현행범인 경우를 제외하고는 회기 중 국회의 동의 없이 체포 또는 구금되지 않는다는 특권이다. 후자는 국회의원이 회기 전에 체포 또는 구금된 때에는 현행범인이 아닌 한 국회의 요구 가 있으면 회기 중 석방하여야 한다는 특권을 말한다.

3) 위원회

국회의 하부기관인 위원회는 의원 가운데 전문분야별로 일정한 수 의 위원을 선임하여 구성한다. 위원회는 본회의의 심의가 있기 전에 회부된 안건을 심사하거나 그 소관에 속하는 의안을 입안하는 기관이 다. 이처럼 위원회는 본회의에 앞서 행하는 예비적 심사기관이지만, 상임위원회 중심주의를 채택하고 있는 나라에서는 상임위원회에서의 심사가 실제 가장 중요한 심사가 된다. 우리나라는 제헌 국회이래 현 재까지 안건의 실질적인 심사기관으로 위원회를 설치 운영해 오고 있 으며, 그 종류는 상임위원회와 특별위원회를 두고 있고 상임위원회 중 심주의를 채택해 운영하고 있다.

① 상임위원회

상임위원회는 안건의 유무에 관계없이 상설되어 있는 위원회로서 본회의에 부의(附議)하기에 앞서 그 소관에 속하는 의안·청원 등을 심사하기 위하여 설치된 위원회이다. 본디 국회의 최종적 의사는 의원 전원이 참석하는 본회의에서 결정되어야 하나, 복잡다기하고 전문화된 모든 의안을 의원들이 모두 참석한 가운데 본회의에서 심도 있게 논의·결정하기는 불가능하다. 이에 따라 행정부 각 부에 적격한 전문성 있는 의원들이 보다 심도 있는 심의를 할 수 있도록 상임위원회를 두어 운영하고 있다.

국회에는 국회운영, 법제사법, 정무, 기획재정, 미래창조과학방송통신, 교육문화체육관광, 외교통일, 국방, 안전행정, 농림축산식품해양수산, 산업토양자원, 보건복지, 환경노동, 국토교통, 정보, 여성 등 16개 상임위원회가 있으며(제37조), 의원은 2 이상의 상임위원회 위원이 될 수 있다(제39조 제1항). 상임위원회는 회기 중 위원장이 필요하다고 인정하거나 재적위원 1/4 이상의 요구가 있을 때에 개회한다. 그러나 폐회 중에는 본회의 의결이 있거나 의장 또는 위원장이 필요하다고 인정할 때, 재적위원 1/4 이상의 요구가 있을 때에 개회한다(국회법 제52조).9)

상임위원회 위원장은 1인을 두는데, 당해 상임위원을 대상으로 본회의에서 무기명투표로 선거하되 재적의원 과반수의 출석과 출석의원 다수의 득표로 당선되며 임기는 2년이다. 상임위원회 위원은 교섭단체 소속의원 수의 비율에 의하여 각 교섭단체 대표의원의 요청으로 의장이 선임한다.

---

9) 각 교섭단체의 대표의원은 국회운영위원회 위원이 되지만, 국회의장은 상임위원이 될 수 없다(제39조 제2항·제3항). 상임위원의 임기는 2년이고 보임 또는 개선(改選)된 상임위원의 임기는 전임자의 나머지 기간 동안 재임한다(제40조). 상임위원회에는 국회사무처법이 정하는 바에 의해 전문위원(의원 아닌 전문지식을 가진 위원)과 필요한 공무원을 둘 수 있다(제42조).

② 특별위원회

특별위원회는 국회에서 특히 필요하다고 인정한 안건을 심사하기 위하여 구성되는 위원회이다. 특별위원회는 상임위원회와 대비되는 것으로, 국회에서의 심사대상이 '특별한 안건'이라는 점과 위원회의 존속기간이 '일시적'이라는 점이 특징이다. 특별위원회 위원은 교섭단체 소속위원의 비율에 따라 의장이 상임위원 중에서 선임하며, 위원장은 위원회에서 호선(互選)한다(국회법 제47·48조).[10]

특별위원회는 상설특별위원회와 비상설 특별위원회가 있는데, 전자는 예산결산특별위원회, 윤리특별위원회가 해당되고, 후자는 수개의 상임위원회 소관과 관련되거나 특히 필요하다고 인정한 안건을 심사하도록 하고 있다.[11] 특별위원회의 종류 및 소관사항은 다음 〈표 6-2〉와 같다. 현재 국회의 특별위원회의 종류로는 예산결산특별위원회, 윤리특별위원회, 평창동계올림픽국제경기대회지원, 동북아역사왜곡대책, 지방자치발전, 국민안전혁신, 군인권개선 및 병영문화혁신 등의 특별위원회가 있다.

〈표 6-2〉　특별위원회의 종류와 소관사항

구분	위원회	소관사항
상설 위원회	예산결산위원회	예산안·기금운용계획안 및 결산 심사
	윤리특별위원회	의원의 자격심사·징계
비상설 위원회	인사청문특별위원회	헌법에 의해 국회의 동의를 요하는 직에 대한 인사청문, 국무총리후보자의 인사청문[12]
	기타 특별위원회	국회가 특히 필요하다고 인정한 안건 심사[13]

---

10) 예산결산특별위원장·윤리특별위원장은 본회의에서 선출한다.
11) 비상설특별위원회는 활동기한 종료시까지 존속하며, 심사한 안건이 본회의에서 의결될 때까지 존속하는 것으로 본다.
12) 헌법에 의하여 그 임명에 국회의 동의를 요하는 대법원장·헌법재판소장·국무총리·감사원장 및 대법관과 국회에서 선출하는 헌법재판소 재판관 및 중앙선거관리위원회 위원에 대한 인사청문, 대통령 당선인이 인사청문의 실시를 요청하는 국무총리 후보자에 대한 인사청문 등이 해당된다.
13) 수개의 상임위원회 소관과 관련되거나 특히 필요하다고 인정한 안건을 심사하기 위한 위원회

한편 위원회는 특정한 안건의 심사를 위하여 소위원회를 둘 수 있다. 소위원회는 위원회가 그 의결로 정하는 범위 내에서 의안이나 청원 등 안건의 심사나 그 소관사항을 분담하고 심사하기 위하여 일정한 소수의 의원으로 위원을 구성하는 위원회의 내부기관이다. 대표적인 소위원회는 특정안건심사소위원회, 상설소위원회, 청원심사소위원회가 있다. 특히 상임위원회(정보위원회 제외)는 그 소관사항을 분담·심사하기 위하여 상설소위원회를 둘 수 있도록 하고 있다.

4) 교섭단체

오늘날 대부분의 국가는 국가의사결정을 직접민주주의적 방식이 아닌 대의민주적 방식에 의하고 있다. 따라서 국민의 의사를 파악하고 결집하여 이를 국가의사 결정에 반영하는 것을 목적으로 하는 정당의 출현과 발달이 필연적으로 나타나게 되었다. 국민의 대표기관인 의회도 특정 정당 소속의원들로 구성이 되고 있으며, 그에 따라 국민의 다양한 의사형성과 반영, 의회운영의 수월성을 제고하는 방안으로서 교섭단체가 필수적인 제도로 인식되고 있다.[14]

① 의의와 지위

교섭단체의 정식명칭은 '원내교섭단체'이며, 이는 국회에서 의사진행에 관한 중요한 안건을 협의하기 위해 일정한 수 이상의 의원들로 구성된 의원단체라 할 수 있다. 교섭단체는 소속 국회의원들의 의사를 종합하고 조정하며, 다른 교섭단체와 의사소통을 통하여 국회를 원활하게 운영하는데 있어서 중요한 지위를 가진다.[15] 교섭단체는 국회의원들로 구성된 권리능력이 있는 단체로서 「민법」상의 법인의 성격을

---

14) 교섭단체에 대해서는 정종섭, 『헌법학원론(憲法學原論)』(박영사, 2010) ; 권영성, 『헌법학원론(憲法學原論)』(법문사, 2010) ; 성낙인, 『헌법학(憲法學)』(법문사, 2010) ; 홍성방, 『헌법학(憲法學)』(박영사, 2010), 권순옥, '원내교섭단체의 법적성격과 정치적 통합기능에 관한 연구'〈의정연구, 제31집(1988.11)〉, p. 19 등을 참조.

15) 본회의 및 위원회에 있어서 발언자수, 상임위원회 및 특별위원회 위원선임 등은 교섭단체 소속의원수의 비율을 기준으로 시행.

가지므로 소송주체가 될 수 있는 당사자 능력을 가지며, 권한쟁의심판에서 당사자의 지위를 가진다.

국회법 제33조에 의하면 "국회에 20인 이상의 소속의원을 가진 정당은 하나의 교섭단체가 된다. 그러나 다른 교섭단체에 속하지 않는 20인 이상의 의원으로 따로 교섭단체를 구성할 수 있다(1항). 즉, 교섭단체의 구성은 반드시 동일 정당임을 요구하지 않는다.[16]

교섭단체가 된 정당에 속한 국회의원은 따로 다른 교섭단체를 형성할 수 없을 뿐만 아니라, 교섭단체의 구성원이 되거나 안 되거나를 선택할 수도 없다. 이미 교섭단체를 형성하였더라도 도중에 20인 이상의 의석요건을 충족하지 못하는 경우에는 그때부터 교섭단체로서의 지위를 상실한다. 이는 교섭단체가 정당국가에서 의원들의 정당기속을 강화하는 수단으로 기능할 뿐만 아니라 정당소속 의원들의 원내 통일을 기함으로써 정당의 정책을 의안심의에서 최대한 반영하는 기능도 있기 때문이다.

각 교섭단체의 대표의원은 "그 단체의 소속의원이 연서·날인한 명부를 의장에게 제출하여야 하며, 그 소속의원에 이동이 있거나 소속정당의 변경이 있을 때에는 그 사실을 의장에게 보고하여야 한다(2항)"로 되어 있다.

② 기능과 역할

교섭단체는 의회에 대한 정당의 대변기능을 가지고 있고, 국회운영과 관련된 정당의 의사표명이나 또는 의사형성에서 중요한 역할을 한다. 즉 교섭단체는 국회에서 일정한 정당 또는 원내단체에 소속하는 의원들의 의사를 사전에 통합·조정하여 정파 간 교섭의 창구역할을 하도록 함으로써 국회의 의사를 원활하게 운영하는 역할을 담당하고 있다.

또한 교섭단체는 원내에서 정당의 기능과 함께 의회의 협의기관으

---

16) 실제로 최근 제18대 국회 초기에 자유선진당과 창조한국당이 연합하여 단일의 교섭단체를 구성한 바가 있다.

로의 기능을 동시에 포함하고 있다. 이는 교섭단체가 소속정당의 당론을 반드시 수용할 수밖에 없는 종속성을 내포하고 있음과 아울러 국회운영상에 있어서는 그 단체가 지향하는 정책추구를 위해 최대한 노력해야 함을 의미한다고 할 수 있다.

교섭단체에 등록하는 동시에 다양한 권한과 역할이 주어지는데, 주로 국회운영 및 의사일정 협의, 위원회 위원 선임 및 개선 요청, 본회의 발언자의 수·발언시간·발언순서 협의, 본회의장 의석배정 협의 등을 할 수 있다.

③ 변천과 현황

우리나라의 경우 「헌법」상 교섭단체에 관한 규정을 두고 있지 아니하며, 1948년 10월 2일 제정된 「국회법」에서도 교섭단체를 규정하지 않았다. 그러나 1949년 7월 29일 개정된 「국회법」은 교섭단체를 규정하여 현재에 이르고 있다. 이때의 「국회법」은 '교섭단체'라는 용어대신 '단체교섭회'라는 용어를 사용하고 있었으며, 구성인원은 20인으로 하고 있었다. 1960년 9월 개정된 「국회법」은 '단체교섭회'라는 용어를 그대로 사용하면서 그 구성 의원수를 참의원의 경우 10인 이상으로 하여 구성원 요건을 완화하였다. 1963년 11월 폐지 제정된 「국회법」은 처음으로 '교섭단체'라는 용어를 사용하고 의원수도 10인 이상으로 하였다. 그러나 「유신헌법」 하에서 개정된 「국회법」은 구성 의원수를 20인 이상으로 하여 하한을 상향하여 오늘에 이르고 있다.

〈표 6-3〉 교섭단체 의석수 현황(2014년 8월 현재)

교섭단체/선거구		지역구	비례대표	계	비고(%)
새누리당		131	27	158	52.67
새정치민주연합		109	21	130	43.33
비교섭단체	정의당	1	4	5	1.67
	통합진보당	3	2	5	1.67
	무소속	2	0	2	0.67
계		246	54	300	100

현 제19대 국회의 교섭단체 의석수는 여당인 새누리당(52.67%)이 야당인 새정치민주연합(43.33%)보다 많은 비율을 나타내고 있다.

2. 입법보좌 조직

현대국가에서 의회는 대체로 행정부에 비해 전문성은 물론 정책기능의 역할에서 미흡하다. 입법부인 의회가 입법권과 재정심의 결정권 그리고 행정부 감독·통제권 등 헌법에 보장된 본래 기능을 제대로 수행하기 위해서는 효율적인 의정보좌 및 지원조직이 필요하다. 입법보좌조직은 국회의원들의 의정활동을 보좌하기 위해 존재하고, 그 활동과 역할에는 단순한 의정업무에서부터 전문적인 국정의 분석에 이르기까지 다양하다. 우리나라 입법보좌 및 지원조직은 국회사무처를 비롯해 국회도서관, 국회예산정책처 그리고 국회의정연수원, 국회의원 비서관 등 여러 가지로 분류할 수 있지만, 여기서는 핵심적인 주요 입법보좌조직을 살펴보기로 한다.

1) 국회사무처

① 의의 및 주요기구

국회사무처는 제헌국회 때 설립되어 국회와 역사를 함께하는 대표적인 입법지원조직이다. 국회사무처는 국회의장의 지휘·감독을 받아 국회의원의 의정활동을 지원하고 국회의 행정사무를 처리하기 위하여 국회에 두는 기관이다.

국회사무처에는 정무직인 사무총장과 입법차장·사무차장의 2차장을 둔다. 차장은 사무총장의 제청으로 국회의장이 임면한다. 그밖에 필요한 공무원을 두도록 규정하고 있는데, 5급 이상의 공무원은 국회의장이 임면하고, 기타 공무원은 사무총장이 임면한다.

국회 각 위원회에 전문위원과 입법심의관·입법조사관 기타 필요한 공무원을 두도록 규정하고 있다. 국회전문위원은 법률안, 예산안, 청원

등 소관 안건에 대해 검토·보고하고, 각종 의안을 비롯한 소관 사항
에 대한 자료를 수집·조사·연구하고, 이를 소속 위원에게 제공하며,
위원회에서 각종 질의를 하는 경우 소속 위원에게 질의의 자료를 제
공한다. 이밖에 의사 진행을 보좌하고, 기타 소속위원회 소관에 속하
는 사항 등에 관한 업무를 수행한다.

② 주요 업무

국회사무처가 담당할 주요업무는 다음과 같다. Ⓐ 법률안, 청원 등
의 접수 처리, Ⓑ 법안심사, 예산결산 심사, 국정감사, 국가정책평가
등의 지원, ⓒ 본회의, 위원회 회의의 지원, ⓓ 국회의원의 의정활동
지원, ⓔ 의사 중계방송 및 홍보, ⓕ 의원외교활동 지원, ⓖ 교육훈련
과 의회제도 및 운영에 관한 연수, ⓗ 국회 청사 관리·경비·후생,
ⓘ 직장민방위대, 직장예비군의 편성·운영과 비상대책업무, ⓙ 다른
법령의 규정에 의해 사무처 또는 사무총장의 권한에 속하는 사항, ⓚ
기타 의장이 지정하는 사항 등을 규정하고 있다. 그리고 국회의원이
요구하는 법률안을 기초하고 각종 심사안건에 대하여 전문적인 검토의
견을 보고하는 등 의원들에게 다양한 입법정보를 제공하기도 한다.

2) 국회도서관

① 의의 및 주요기구

국회도서관은 입법활동을 지원하는 기관으로서 국회의 발전과 함께
하고 있다.[17] 국회도서관은 국회의원 및 관계직원에게 국회의 입법활
동과 국정심의에 필요한 각종 정보를 수집·정리·분석하여 제공하는
의회도서관이다.

주요기구로는 의회정보실, 법률정보실, 기획관리관, 정보관리국, 정

---

17) 1952년 2월 20일 전시수도 부산에서 국회의원들이 자료를 한 곳에 모아 공동
이용하고자 3,600여권의 장서만으로 『국회도서실』 이란 이름으로 개관하였고,
1963년 국회도서관법의 제정으로 국회의 독립기관이 되었다. 이후 1964년 국회
도서관법에 의해 납본이 개시됨으로써 장서가 질적·양적으로 발전하는 계기가
되어 현재 380만 권 이상의 장서를 소장하고 있다.

보봉사국, 국회기록보존소 등이 있다. 국회도서관장은 국회의장이 국회
운영위원회의 동의를 얻어 임면하도록 되어 있다.

② 주요업무

국회도서관의 주요업무는 국회의 도서 및 입법자료에 관한 처리, 그
리고 각종 국가서지(정기간행물기사색인, 한국박사및석사학위논문총목
록)의 작성업무와 외국도서관과의 자료교환을 통한 각국과의 문화교류
사업 및 일반 국민에게 정보를 제공하는 기능을 수행하고 있다.

국회도서관은 도서·논문·멀티미디어자료 등 각종 자료를 수집·정
리·가공하여 국회의원에게는 입법정보를, 국민들에게는 지식과 정보
를 제공한다. 조사·번역, 정책연혁정보 서비스, 인터넷자원 DB구축
등을 통해 입법활동이 보다 손쉽게 되도록 지원한다.[18]

3) 국회예산정책처

① 의의 및 주요기구

국회예산정책처는 국회 및 국회의원의 의정활동 지원을 위한 재정
전문기관으로서 2003년 10월에 설립되었다. 이 기관은 국회의 예·결
산 심의 및 행정부에 대한 견제와 감시활동의 전문성을 높이기 위해
설립하였다.

국회예산정책처는 국회의 국가 예·결산 심의를 지원하고, 국회의 재
정통제권을 강화하기 위해 비당파적이고 중립적으로 전문적인 연구·
분석을 수행하는 기관이다. 현재 2실 1국 2담당관 16과로 되어 있고,
예산분석실과 경제분석실을 비롯한 기획관리관, 사업평가국 등이 있다.
또한 국회예산정책처법 제7조 제4항에 의해 예산정책자문위원회를 두
고 있다.

---

18) 특히 야간자료 예약 제도를 통해 야간에도 제한 없이 자료열람이 가능하고, 국
  회도서관 홈페이지 전자정보교류협력 코너의 협의회 기관에서는 국회도서관에
  방문한 것과 동일하게 원문데이터베이스를 열람, 출력할 수 있다. 국회도서관은
  18세 이상인 자와 대학생이라면 누구나 이용할 수 있다.

② 주요업무

국회예산정책처는 국회의원의 예·결산 심의 및 비용추계 등 의정
활동을 지원하는 데 상당한 역할을 해왔다. 국회예산정책처는 의정활
동의 주체인 국회의원을 지원하고자 재정분야의 전문인력으로 기관을
구성하여 다음과 같은 업무를 처리하고 있다. 예산안·결산·기금운용
계획안 및 기금결산에 대한 연구분석, 예산 또는 기금상의 조치가 수
반되는 법률안 등 의안에 대한 소요비용의 추계, 국가재정운영 및 거
시경제동향의 분석 및 전망, 국가의 주요사업에 대한 분석·평가 및
중·장기재정소요 분석, 국회의 위원회 또는 국회의원이 요구하는 사
항의 분석 등의 업무를 수행한다.

4) 국회입법조사처

① 의의 및 주요기구

국회입법조사처는 입법 및 정책과 관련된 사항을 조사·연구하고
관련 정보 및 자료를 제공하는 등 입법정보서비스와 관련된 의정활동
을 지원하기 위한 기관으로 2007년 11월 설립되었다. 현재 정치행정
조사실, 경제산업조사실, 사회문화조사실의 3실 1관 1심의관 12팀 2담
당관, 정원 119명으로 구성되어 있다.

② 주요업무

국회입법조사처의 주요업무는 입법 및 정책에 대한 조사·분석, 국
회의원 및 위원회의 조사·분석요구에 대한 회답, 행정부의 위법 또는
제도 개선사항 발굴, 국회의원연구단체에 대한 정보제공, 외국의 입법
동향 분석 및 정보제공 등을 수행한다. 특히 행정부 정책 또는 행정의
문제점이나 위법사항 등을 조사 분석하여 국정감사 대비용 자료를 제
공하기도 한다. 최근 들어 급증하고 있는 위원회 또는 국회의원의 조
사·분석요구 및 법안비용추계 요구를 처리하고 있으며, 대외협력을
통해 최신 정보 및 분석기법 등을 공유하고 있다.

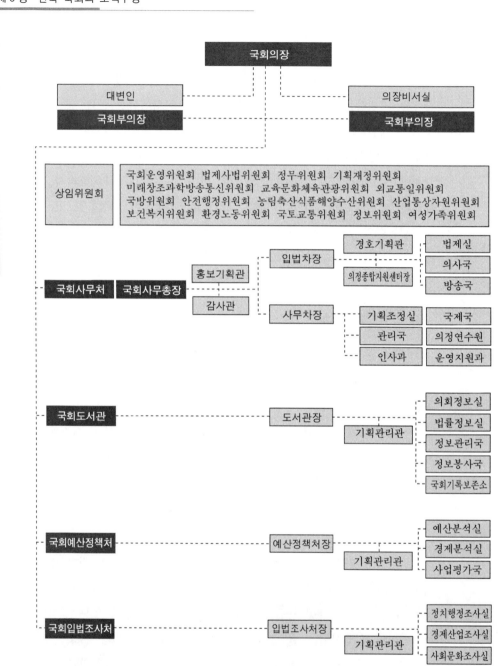

〈그림 6-1〉 국회조직도

국회의 운영과 의정활동

국회는 가장 본질적이고 핵심적인 입법기능을 비롯해 대표기능과 행정부의 견제 및 통제기능을 지니고 있다. 그리고 이러한 기능 수행을 위해 국회에 부여된 많은 권한을 토대로 국회의원들은 국회 내·외에서 의정활동을 수행한다. 따라서 여기에서는 국회 운영의 기본적인 요소와 함께 국회가 해야 할 기능에 기초한 주요 권한의 활동을 고찰해 보고자 한다.

국회의 기능에 기반한 국회의원의 의정활동은 다양하게 접근되어 분석될 수 있으나, 우리의 탐구 영역은 입법기능, 대표기능, 행정부통제 기능이고, 이 기능과 관련된 핵심적인 권한의 의정활동에 초점을 맞추고 있다. 즉 입법권, 재정권, 국정통제권 중에서 가장 대표적인 활동을 법률안심사, 예·결산 심의, 국정감사로 간주한 후, 이들이 지니고 있는 의의와 특징 그리고 문제점 등을 살펴봄으로써 국회의 모습을 조명해 보고자 한다.

제 1 절 국회의 운영

우리나라 국회는 지난 제헌국회 이래 약 66여 년간 격동의 정치적 변동을 겪어 오면서 민주적이고 생산적인 선진의회 정립을 위해 많은 변화를 모색해 왔다. 특히 국회운영제도의 변화는 국회의 조직과 기능은 물론 국회의 의정활동에도 적지 않은 영향을 미쳤다. 향후 효율적인 국회운영은 국회의 실질적인 입법 활동이나 행정부의 견제 기능의 확보를 통해 생산적인 선진의회의 상을 정립하는 데 중요하다. 이러한 차원에서 이 장에서는 국회운영의 변화과정 대한 분석보다는 국회가 어떻게 운영되고 있고, 어떠한 과정을 거쳐 실제 작동되고 있는지에 대해 살펴보고자 한다.

1) 국회의 회의운영 및 원칙

국회의 권능과 기능을 수행하기 위한 공식적인 의정활동은 회의에서 토론과 협의를 통해 이루어진다. 국회의 의정활동은 곧 국회의원의 의정활동과 맥을 같이 한다고 할 수 있다. 국회의원의 의정활동을 광의로 보면, 국회의 기능에 수반하는 각종 의정활동을 모두 포함한다. 즉 국회의원이 국회에서 행하는 모든 의사활동을 비롯해 지역구의 활동까지를 광범위하게 포함한다고 볼 수 있다. 이에 비해 협의로 보면, 원내에서 국회의원 자신의 의사표명 또는 정책결정을 할 수 있는 회기 중의 활동을 의미한다고 볼 수 있다. 따라서 국회의 집회 및 회기는 국회 운영의 성립조건인 동시에 국회의원의 의정활동을 위한 주요한 요소이다.

① 집회 및 회기

우선 집회는 본디 다수인이 일정한 공동목적을 달성하기 위하여 일정한 장소에 집합하는 것을 말한다. 따라서 집회는 국회의 고유한 권한과 기능을 수행하기 위해 일정한 시기와 장소에 모이는 것으로, 크게 정기회와 임시회로 구별된다.

첫째, 정기회는 회기 내에서 매년 1회 정기적으로 소집되는 회의(헌법 제47조)로 매년 9월 10일로 법정화되어 있다(국회법 제4조). 국회법에서 정기회를 법정화한 것은 매년 1월 1일부터 개시되는 예산을 미리 심사·확정할 수 있도록 하기 위해서이다.[1] 정기회에서는 주로 예산안의 심의·확정, 법률안 심의·의결, 국정감사 등을 수행한다.

둘째, 임시회는 대통령 또는 국회 재적의원 4분의 1이상의 요구에 의해 집회(헌법 제47조)된다. 이 때 임시회의 집회일은 최소 3일 전에는 공고되어야 하며, 대통령이 집회를 요구할 때에는 기간과 집회요구의 이유를 명시해야 한다. 또한 국회법 제5조에 의하면 임시회의 집회요구가 있을 때에는 의장은 집회기일 3일 전에 공고하며, 2개 이상의 집회요구가 있을 때에는 먼저 제출된 것을 공고하고, 동시에 제출되었을 때에는 집회일이 빠른 것을 공고하여야 한다.

셋째, 회기는 전체의원이 모이는 본회의를 기준으로 설정된 개념으로서 국회가 법규정에 의하여 집회하여 활동능력을 갖는 기간, 즉 개회에서 폐회까지의 기간을 말한다(김현우, 2011: 224).

국회가 활동할 수 있는 기간을 의미하는 회기는 집회 후 즉시(보통 1차 본회의) 결정되고, 국회의 의결로 연장할 수 있다. 그러나 정기회는 100일, 임시회는 30일을 초과할 수 없다.[2] 그런데 회기는 다소 정치적 의미를 내포하고 있는데, 이는 회기가 길어질수록 입법부의 행정부에 대한 권한은 강화되는 반면, 회기가 짧아질수록 입법부의 권한은 약화 된다(정호영, 2000: 257).[3]

---

1) 우리나라의 회계연도는 여러 번 변경되었는데 그 때마다 정기회의 집회일도 변경되었다. 즉 회계연도가 4월 1일부터 개시된 때는 정기회가 12월 30일 집회하였고, 회계연도가 7월 1일일 때는 2월 20일에 집회되었다.

2) 8차개헌에서는 정기회·임시회를 합하여 150일을 초과할 수 없도록 제한하였으나(8차개헌 §83③), 9차개헌에서는 이를 삭제함으로써 총회기의 제한은 없다.

3) 집회일이 국회법에 규정된 것은 제3대 국회기간 중인 1954년 11월 29일 헌법개정 이후부터라 할 수 있다(정호영, 『국회법론』 (서울: 법문사, 2000), p. 257).

〈표 7-1〉 국회정기회 집회일의 변화

법 적용 국회	적용기간	집회일
제헌~제3대 초반	1948.10.2.~1954.12.20	12월 30일
제3대 초반~제5대 초반	1954.12.31.~1960.9.25	2월 20일
제5대 초반~비상국무회의	1960.9.26.~1973.2.6	9월 1일
비상국무회의~제13대 초반	1973.2.7.~1988.6.14	9월 20일
제13대 초반~제15대 말기	1988.6.15.~2000.5.29	9월 10일
제16대~현재	2000.5.30~	9월 1일

출처: 정호영, 2000: 259 참조.

② 회의운영의 원칙

국회의 회의 운영의 주요 원칙에는 세 가지가 있는데, 의사공개의 원칙, 일사부재의 원칙, 회기계속의 원칙이 그것이다.

첫째, 의사공개의 원칙이다. 이는 의사진행의 내용과 의원의 활동을 국민에게 공개하는 것을 말한다. 국회에서의 토론 및 정책결정의 과정이 공개되어 주권자인 국민의 정치적 의사형성과 참여, 의정활동에 대한 감시와 비판이 가능하게 된다. 또한 의사의 공개는 의사결정의 공공성을 담보하고 정치적 야합과 부패에 대한 방부제 역할을 하기도 한다. 국회의 의사공개는 국회 본회의뿐만 아니라 위원회와 소위원회에도 적용된다.[4] 우리나라 국회법 제75조 제1항에서 「본회의는 공개한다.」고 규정하고 있고, 국회법 제57조 제5항에서는 「소위원회 회의는 공개한다.」로 규정하고 있다.

둘째, 일사부재의 원칙이다. 이는 부결된 안건을 같은 회기 중에 다시 발의 또는 제출하지 못한다는 것을 말한다. 하지만, 다음에 해당하는 사항은 적용 되지 않는다. ㉠ 철회되어 의결되지 아니한 안건은 다시 제출하여 심의할 수 있고, ㉡ 동일안건 중 전회기에 부결된 것을 다음 회기에 재차 심의할 수 있다.

셋째, 회기계속의 원칙이다. 이는 회기 중에 의결되지 못한 의안도

---

4) 위원회 회의공개는 우리나라 국회법에서 규정하고 있지 않지만, 국회가 위원회 중심주의로 운영되고 있고, 국회법 제71에서 본회의에 관한 규정을 위원회에 대해 준용하도록 하고 있음으로 위원회에도 의사공개원칙이 적용된다고 보아야 한다.

폐기되지 아니하고 다음 회기에서 계속 심의할 수 있다는 것을 말한다. 우리 헌법 제51조는 「국회는 제출된 법률안 기타 의안은 회기 중에 의결되지 못한 이유로 폐기되지 아니 한다」라고 규정하고 있어 회기 계속의 원칙을 채택하고 있다. 이에 반해 회기불계속의 원칙은 회기 중에 의결되지 못한 안건은 그 회기가 끝남으로써 소멸하고 다음 회기에 계속되지 않는다는 것을 말한다. 회기불계속 원칙은 국회는 매 회기마다 독립된 의사를 가진다는 논리에 근거하며, 회기계속의 원칙은 국회가 매회기마다 독립된 별개의 국회가 아니라, 임기 중에는 일체성과 동일성을 가지는 국회로 존재함을 전제로 한다.

2) 회의구성 및 의안처리

국회의 운영은 본회의 중심주의냐 또는 위원회 중심주의를 채택하느냐에 따라 다르다. 먼저 본회의 중심주의는 모든 안건에 대하여 본회의가 중심이 되어 심의하고 표결하는 것을 원칙으로 한다. 이는 국민여론이 정확히 반영되는 장점이 있는 반면, 시간의 낭비, 전문적 지식의 결여로 인한 심의의 불완전과 같은 단점이 내재되어 있다.

이에 비해 위원회 중심주의는 의회의 상임위원회나 특별위원회가 중심이 되어 모든 안건을 심의하고 본회의에서는 최종표결만하는 형태이다. 이는 시간의 절약과 전문지식을 가지고 심의를 완전하게 할 수 있는 장점이 있으나 여론이 정확하게 반영되기 힘들다는 단점이 있다.

우리나라는 위원회 중심주의를 채택해 운영하고 있지만, 본회의에서 국회의 모든 의사를 최종 결정하기 때문에 의정활동의 기반이 되는 것이다.

① 본회의 및 의안심사 절차

국회에 있어서 회의는 본회의와 위원회 회의로 구성되어 운영된다. 본회의는 국회의 구성원인 국회의원 모두 본회의장에 모여 국회의 의사를 최종적으로 표결하는 것으로 개의선포, 보고, 발언, 의사일정상정, 심사보고(제안설명), 질의·토론, 표결결과 선포(의결, 산회)의 과정을 거친다.

본회의의 주재는 국회를 대표하는 국회의장이 하며,5) 본회의 안건심의 주요 절차는 〈그림 7-1〉과 같다. 특히 위원회 중심주의로 운영하는 우리 국회의 경우는 모든 안건은 소관위원회에서 예비심사를 거쳐 본회의에 부의하거나 부의하지 않기로 결정한다.

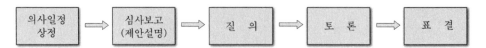

〈그림 7-1〉 본회의 안건심의 절차

한편, 의회의 위원회 제도는 소수위원을 선임하여 구성되는 국회의 내부기관인 동시에 본회의 심의 전에 회부된 안건을 심사하거나 그 소관에 속하는 의안을 입안하는 국회의 합의제 제도이다. 위원회 회의는 제안설명, 검토보고, 대체토론, 소위원회 심사, 축조심사, 찬반토론, 의결의 과정을 거친다. 위원회 제도는 의회운영의 효율성을 기하고 분업화를 통해서 전문성을 꾀할 수 있다는 이점이 있다.

일반적으로 국회에 발의 또는 제출된 의안은 본회의 보고, 소관위원회 회부, 위원회 심사, 의장에게 심사보고, 본회의 상정심의, 정부이송, 공포의 절차를 통해 이루어진다.

최근 국회회의의 공개와 함께 위원회 회의의 공개에 대해 논란이 일고 있다. 이는 우리나라 헌법 제50조에서 의사공개의 원칙을 정하고 있는바, 모든 국회의 회의는 공개해야만 한다. 다시 말해 국회의 의안심의과정 등의 모든 회의절차는 공개되는 것이 원칙이며, 특히 위원회 중심주의로 운영되는 현재의 경향으로 볼 때 위원회의 회의도 공개되어 한다.

---

5) 국회의장의 사고로 인해 회의를 주재할 수 없을 경우는 의장이 지정하는 부의장이 회의를 주재하며, 의장과 부의장 모두 사고의 경우는 임시의장을 선출하여 본회의를 주재한다.

② 본회의의 의안처리 현황

〈표 7-2〉는 우리나라 제헌국회부터 제18대 국회까지의 의안처리 통계를 보여주고 있다. 국회는 법률안, 예산안, 건의안, 결의안 등을 포함한 각종 의안을 모두 4만 866건 접수하였다. 그 중에서 94.0%인 3만 8,318건을 처리하였으며 가결건수는 1만 6,506건으로서 평균 40.0%의 가결률을 보인 것으로 나타나고 있다.

〈표 7-2〉 의안처리 현황(제헌국회-제18대 국회)

| 국회 | 접수 | 처리 | | | | | | | 미처리 | 비고 |
		가결(%)	부결	폐기	철회	반려	보류	계(%)		
제헌	512	365(71)	15	49	7		13	449(88)	63	
제2대	1,183	861(73)	29	150	11	6	22	1,079(91)	104	
제3대	1,206	752(62)	29	86	36		10	913(76)	293	
제4대	642	300(47)	17	36	3		1	357(55)	285	
제5대	572	252(43)	3	60	5			320(56)	252	
제6대	1,194	671(56)	7	266	33			977(82)	217	
제7대	884	654(74)	9	88	19			770(87)	114	
제8대	245	111(49)	4	9	5			129(53)	10	106
제9대	952	797(84)	2	62	8			869(91)	83	
제10대	308	185(60)	5	1	2	70		263(85)	45	
제11대	772	578(75)	26	73	21			698(90)	74	
제12대	641	412(64)	13	71	15			511(80)	130	
제13대	1,439	864(60)	81	275	57			1,277(89)	162	
제14대	1,439	1,112(77)	31	118	27			1,288(90)	151	
제15대	2,570	1,617(63)	7	430	57			2,111(82)	459	
제16대	3,177	1,496(47)	17	1,614309	45			3,177(100)	0	
제17대	8,368	2,548(30)	9	5,710	101			8,368(100)	0	
제18대	14,762	2,931(20)	8	11,278	545			14762(100)	0	
총계	40,866	16,506(40)	312	1,633,071	997	76	46	38,318(94)	2,442	106

주: 재의법률안은 통계에 산입하지 않았고, 제5대의회 후 최고회의와 제10대 후 입법회의는 포함시키지 않음.

주: 미처리는 회기불계속 및 임기만료 폐기를 가리키며, 제8대의 106건은 비상국무회의 이관건수로 산입하지 않음

출처: 국회사무처 의정자료집과 국회사무처 의안처리 통계를 참고하여 작성함.

각종 의안처리 상황을 국회 대수별로 구분하여 살펴보면, 제9대 국회의 의안 가결비율이 84.0%로 가장 높았고, 이어 제14대 국회가 77.0%, 제11대 75.0%의 순을 보였고, 처리비율에서는 제16대 국회와 제17대 국회가 각각 100.0%를 보였고, 이어 제9대 국회 91.0%, 제11대와 제14가 90.0%의 순으로 높게 나타났다.

15대 국회를 기점으로 의안접수건수가 계속 급증하여 제18대에는 무려 4만 건에 이르는 접수건수를 보였는데, 이는 15대국회부터 국회의 입법활동이 크게 활성화되고 있음을 의미한다. 그러나 14대부터 18대 국회까지 여야의 극심한 대립의 결과 의안의 변칙처리가 증가하였음을 상기하면 법안이 졸속 처리되었다는 것을 짐작할 수 있다. 지금까지의 통계수치는 국회의 입법 활동을 어느 정도 가늠할 수 있다는 점에서 의미가 있으나, 그동안의 법안이 전문가들에 의해 과연 심도 있는 심의를 걸쳐 제정되었는지에 대한 내용을 파악하는 것이 더욱 중요하다고 할 것이다.

③ 본회의 발언 및 질문

본회의에서 국회의원의 발언과 질문은 국회의 의정활동은 물론 국회의원 자신의 전문성 및 책임성과도 깊은 관련이 있는 중요한 요소이다.

우선 발언은 국회의원 의정활동의 기본이 되는 것으로, 회의 상에서 구두로 진술함을 의미한다. 우리나라 헌법에서 '국회의원은 직무상 행한 발언과 표결에 관하여 국회 외에서 민사상 또는 형사상 책임을 지지 아니 한다'라고 규정하고 있다(헌법 제45조). 이를 국회의원의 면책특권이라고도 하는데, 이 특권은 무엇보다 언론자유의 보장 그리고 대행정부에 대한 국회의 비판과 통제기능, 공정한 입법과 충실한 민의 반영 그리고 국민의 알권리 충족 등을 보장하기 위한 제도라 할 수 있다. 발언의 종류는 심사보고 및 추지설명, 보충보고, 질의 및 답변, 토론, 의사진행발언, 신상발언, 보충발언, 대정부 질문, 긴급현안질문 그리고 5분 자유발언 등이 있다.[6]

둘째, 본회의 회기 중 일정기간을 정해 국정전반 또는 특정분야를 대상으로 정부에 대해 질문을 할 수 있는 대정부 질문제도가 있다. 이는 대행정부에 대한 질문으로 정부에 대해 설명을 요구하며 소견을 묻는 것이다. 대정부질문을 하고자 하는 의원은 사전 질문의 요지와 소요시간을 기재한 질문요지서를 의장에게 제출하고, 의장은 질문시간 48시간 전까지 질문요지서가 정부에 제출될 수 있도록 송부해야 한다.

④ 본회의의 표결

표결은 안건에 대한 의사결정을 의미하는 것으로, 국회에서 의원이 안건에 대해 찬성과 반대의 의사를 표명한 후 그 수를 최종 집계하는 것을 의미한다. 표결의 종류는 이의유무, 전자투표, 기립표결, 기명투표, 호명투표, 무기명투표가 있고, 이의 유무 외에 표결방법으로 전자투표에 의한 기록표결을 원칙으로 한다(국회법 제112조). 여기서 이의유무는 출석의원 중 반대자가 없을 것으로 예상되거나 여야합의가 이루어졌을 때 이용되는 표결방법이고,[7] 기록표결은 찬성과 반대한 의원의 성명을 회의록에 기록하는 것이며, 전자투표는 의석에 설치된 전자 투표 장치를 통해 찬성과 반대의 의사표시를 하는 기록표결 방법이다.[8]

---

6) 5분자유발언은 처음에는 제14대 국회에서 '4분자유발언'의 형태로 도입되었다가, 15대국회에 와서 5분으로 확대되어 제도화 되었다. 5분자유발언을 하고자 하는 의원은 늦어도 본회의 4시간 전까지 그 발언취지를 기재하여 의장에 신청해야 한다.

7) 회의에서 의장이 주로 "이 안건에 대해 이의 없습니까?" 묻고, 이에 대해 의석에서는 "없습니다"라고 답하면 가결을 선포하는 형식이다.

8) 본회의장에 최초 전자투표기가 설치된 것은 제9대국회였지만, 실제 전자표결기가 최초로 사용된 것은 제15대국회 제201회 국회 제5차 본회의 '약사법중개정법률안'에 대한 표결에서였다(김현우, 2011: 371).

제 2 절 국회의 의정활동

국회의 의정활동이란 국회의원들이 국회가 해야 할 기능에 근거하여 주요 권한을 구체적으로 행사하는 활동이다. 국회가 대표기능을 제대로 수행하기 위해서는 민원 및 청원의 처리에 필요한 각종의 권한, 지역구 관리 및 운영활동과 관련된 권한, 정당관련 활동에 연관된 권한 등이 필요하다. 의회가 입법기능을 효과적으로 담당하기 위해서는 법률안제출권·심사권, 헌법개정안 발의·의결권, 조약비준 동의권 등이 요구되고 국정통제기능을 수행하려면 국정감사 및 조사권, 탄핵소추권, 국무총리 및 국무위원 해임건의권, 국무총리 및 국무위원 등의 출석요구 및 질문권, 계엄해제요구권, 선전포고·국군파병·외국군대주류동의권, 일반사면 동의권 등이 바르게 발동될 수 있는 기제가 요구된다. 재정권의 경우도 마찬가지이다. 예산의 심의·확정권, 결산심사권, 조세종목과 세율법정권, 예비비지출승인권, 긴급재정·경제처분에 대한 승인권, 국가나 국민에게 중요한 재정적 부담을 지우는 조약의 체결·비준동의권 등이 재정권의 바른 행사를 위해 필요하고 주요한 권리들이다.

이처럼 국회에 부여된 많은 권한을 기초로 한 의정활동의 행사는 많지만, 여기서는 특별히 '예·결산심의', '법률안심사', '국정감사'에 관심을 갖고 이에 대해 집중적으로 살펴보기로 한다. 왜냐하면 이 세 가지 의정활동이 국회의 모습을 이해하는 핵심고리이고, 위의 세 가지를 제외한 다른 의정활동은 의원들의 개인적 내지 지역적 이익의 실현을 목표로 하는 것으로서 위의 세 가지 기본적 활동의 분석에서 발견할 수 있는 특징을 그대로 원용할 수 있기 때문이다. 그렇다고 해서 다른 어떠한 기능과 권한에 의한 의정활동이 중요하지 않다고 할 수는 없다.

1. 예산 · 결산심의[9]

1) 예산의 의의와 과정

국회의 예산 · 결산심의는 재정민주주의 실현과 함께 행정부에 대한 견제를 통한 책임성 확보라는 차원에서 매우 중요하다. 현실적으로 행정부가 예산의 편성과 집행 및 결산과정을 주도하기 때문에 예산결산심의는 행정부의 재정권한을 견제 및 통제할 수 있는 중요한 수단이다.

예산이란 일정 기간에 있어서의 국가의 수입과 지출에 관한 예정적 계산이다. 이는 사전에 예상되는 수입과 지출의 예정적 계산(豫定的計算)이라는 점에서 사후에 그 수입과 지출을 집계한 결산(決算)과는 구별된다. 이러한 예산은 한정된 자원을 배분하고자 하는 의사결정과정이며, 조직의 목표달성을 위한 계획을 수치로 표시한 것이다. 이 과정은 이해관계자들이 자원배분과 관련된 권력투쟁을 통해 자신의 이익을 극대화하고자 하는 정치적 과정이며, 현실적으로도 국회의 활동과 관련하여 큰 비중을 차지하고 있는 활동이다(이문영 · 윤성식, 1998: 31-33). 예산은 국민의 납세와 직결되느니만큼 국민의 대표기관인 의회의 승인이 있어야만 예산으로서의 효력을 갖게 된다. 국회는 일정기간 동안 국가의 재정 수요와 이를 충당하는 데 소요되는 재원을 명확하게 예측하려는 계획서인 예산을 심의하고 이를 확정하고 있다.

일반적으로 예산과정은 ① 예산편성, ② 예산심의, ③ 예산집행, ④ 결산 및 회계검사의 4단계로 이루어진다.[10] 이러한 과정이나 단계는

---

9) 국회의 예 · 결산과정 및 심의에 대한 부문은 윤영진, 『새 재무행정학』, 제2판 (서울 : 대영문화사, 2003), pp. 141-185; 임동욱·함성득, 『국회생산성 높이기』 (서울: 박영사, 2000); 강인재(2003), '예결산심의'〈의정연구〉, 제16호, 한국의 회발전연구원; 함성득(2005). "국회예산심사기능의 효율성 제고방안", 〈예산춘추〉, 봄호, 국회예산정책처 자료:http://www.assembly.go.kr 등에 의존하였음.

10) 예산과정에 대한 보다 상세한 설명은 윤영진, 『새 재무행정학』, 제2판, (서울 : 대영문화사, 2003), pp. 141-185를 참조.

일정한 주기를 가지고 반복되는 특성이 있다. 이렇게 예산과정의 단계들이 시간적 차원에서 반복되는 일정한 주기를 예산주기(budget cycle) 또는 예산순기(budget cycle)라고 부른다. 우리의 경우 예산주기는 통상 3년이다. 예산의 편성과 심의는 전년도(t-1)년에 이루어지고, 예산의 집행은 당해 연도(t년도), 결산 및 회계검사는 다음 연도(t+1)에 수행된다. 예컨대 2014년도 예산은 2013년도에 편성 및 심의가 이루어지고, 2014년에 집행되며, 2015년에 결산 및 회계검사가 실시된다. 이렇게 예산의 편성에서 회계검사까지의 하나의 예산주기가 진행되는 데에는 3년이 소요된다.

〈그림 7-2〉 예산과정과 주체

예산과정 및 예산주기에 따른 각 기관별로 권한과 책임이 배분된다. 즉, 행정부는 예산의 편성과 집행에 대한 권한과 책임을 가지며, 입법부는 예산과 결산에 대한 심의 권한을 갖는다.[11] 그리고 독립적인 회계검사기관이 예산집행 결과에 대한 심의 권한을 갖는다. 예산편성의 주도적 책임을 행정부에 맡기되 최종 승인은 국민의 대표기관인 입법부가 한다는 점이다. 또한 예산집행의 주도적 책임을 행정부가 갖되 결산의 최종승인은 입법부가 한다.

이것은 예산의 결정과 운용의 궁극적인 책임을 국민의 대표기관인 입법부를 통해서 국민에게 지게 한다는 점에서 재정 민주주의의 제도화라고 볼 수 있다. 이러한 과정은 중앙정부뿐만 아니라 지방정부에도 적용된다.

---

11) 우리나라 예산심의가 다른 나라의 예산심의와 다른 점은 첫째, 예산에 의하여 법률을 개폐할 수 없고, 둘째, 단원제를 택하고 있기 때문에 양원의결의 조정문제는 발생하지 않으며, 셋째, 국회는 정부동의 없이는 정부가 제출한 세출예산 각항의 금액을 증액하거나 신 항목을 설치할 수 없다는 점을 들 수 있다.

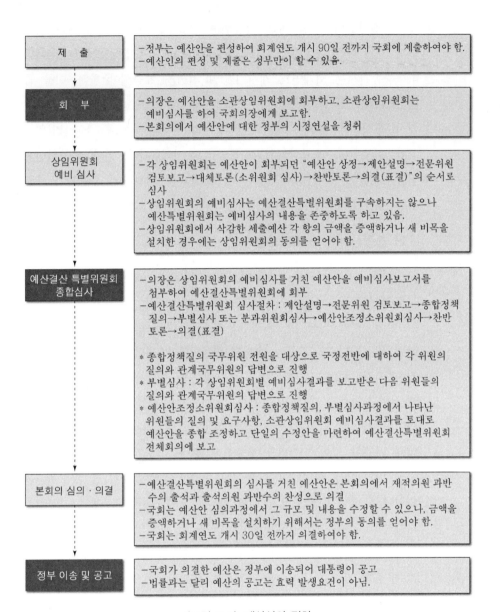

<그림 7-3> 예산심의 절차

한편 국회의 예산심의는 상임위원회와 예산결산특별위원회라는 이원화된 구조를 가지고 운영된다는 것이 특징이다. 즉 각 상임위원회에서 담당하는 예비심사와 예결위의 종합심사라는 이원적 구조이다.

예 · 결산심의활동을 위해 행정부는 예산안을 매 회계연도마다 회계
연도 개시 90일 전까지 국회에 제출해야 하며, 세입세출결산 및 예비
비사용총괄서는 회계연도 개시 120일 전까지 제출해야 한다. 이를 좀
더 구체적으로 설명하면, 정부가 편성한 차기연도 예산안이 회계연도
개시 90일전에 국회에 제출되면, 정부의 시정연설 이후 소관상임위원
회에 회부된다. 소관상임위원회는 각 부처의 제안설명과 전문위원의
검토보고를 듣고 난 후 진행하며 그 결과를 예결위에 통보하고 예결
위는 종합심사를 한다.

2) 결산심사의 의의와 과정

결산은 한 회계연도 동안 이루어진 세입세출예산의 집행결과를 계
수로 표시하는 행위(유훈, 1993: 298)로서 예산의 결정부터 집행까지
이루어진 경제적 사건을 기록 · 분류 · 요약하고 결과까지 해석한 총체
적인 과정이다.[12] 국회는 예산과 함께 결산을 심의하여 이를 승인할
권리를 갖고 있다. 결산에서는 예산집행의 결과를 정확하게 파악하여
예산이 적법하게 집행되었는가를 검증하고 아울러 당초 기대하였던 사
업의 성과들이 달성되었는지 여부를 평가하여 차기회계연도의 예산심
의에 반영할 정책적 합의를 도출하게 된다. 아울러 예산집행의 목표가
달성되었는가를 확인하고 향후 예산운영에 반영할 자료를 확보한다는
측면에서 입법부 의도가 구현되었는지 그리고 예산의 쟁정적 한계를
지켰는지 여부를 확인한다(강신택, 1997). 국회의 결산심사도 예산심
의와 똑같이 상임위원회의 예비심사와 예결위원회의 종합심사인 이원
적 구조를 지니고 있고, 절차 역시도 예산심의와 비슷하다. 결산의 과
정은 정부에서 차기 회계연도 120일 전까지 각 상임위원회에 결산안
을 제출하면 소관 상임위원회는 부처의 제안설명과 전문위원 검토를

---

12) 결산은 예산집행의 결과 입법부의 의도가 충실히 실현되었는가에 대한 사후적
재정통제일 뿐 아니라 앞으로의 예산운영에 필요한 경제적 자료를 제공, 회계검
사기관의 검사와 국회의 의결에 의해 확정시킴으로써 예산집행에 대한 정부의
책임이 해제되는 효과를 지닌다.

듣고 예비비심사를 진행하며, 그 결과 예결위에 통보하고 예결위는 종합심사를 실시한다. 예결위의 종합심사 역시 정부의 제안설명 및 전문위원 검토보고 이후 분과위원회의 부결심사를 거쳐 소위원회가 먼저 심사한다. 이후 종합심사를 마치고 본회의에서 심사·확정되면서 결산업무는 마감한다.

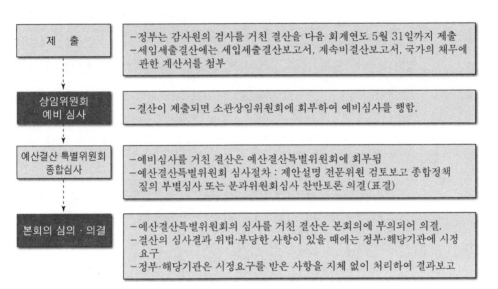

〈그림 7-4〉 결산심의 절차

3) 국회 예·결산심사의 문제점

예·결산심의를 국민의 대표기관인 입법부에 부여한 것은 재정민주제의 실현과 함께 행정부 통제를 통한 정부의 책임성을 확보하는데 있다. 그동안의 국회 예·결산심의는 재정적 통제적 성과를 적지 않게 올렸으나, 여전히 정치적 흥정과 이해득실 관계에 따른 담합의 심의행태가 이루어지고 있음은 물론 예산심의 과정에서의 정쟁과 파행 등으로 본래의 기능을 제대로 하지 못하고 있다는 지적이 높다. 또한 결산심사에서도 회계검사 권한 부재와 전문성 및 정보부족으로 인해 기대만큼의 역할을 충실히 수행하고 있다고 보기에는 부족하다고 보여 진다. 현 국회의 예·결산심의에 대한 정확한 진단을 통한 해결책을 모색하는 작업은 또 하나의 크나 큰 과제이므로, 여기서는 현재 지니고 있는 문제점을 정리하는 데 의의를 두고자 한다.

첫째, 국회 예산심의 형식화 및 비효율화이다. 이는 현재 국회의 예산 수정률이 저조함에 따라 심의결과가 비효율적으로 이루어지고 있다는 것이다. 매년 예산삭감률이 저조하여 형식적인 예산심의 또는 수박 겉핥기식의 예산심의 등이 이루어지고 있다는 지적이 높다. 특히 예산심의는 행정부예산안에 숨어 있는 비효율적이고 낭비적인 예산내용을 얼마나 삭감하였는가를 통하여 평가되기 때문에 그만큼 심의의 효율화에 중요하다.

둘째, 예산심의 기간이 매우 짧다. 이는 현재 우리나라의 예산심의 기간은 60일이다. 예산심의 기간이 짧다는 것은 예산심의가 역시 형식적으로 처리될 가능성이 높다고 할 수 있다.

셋째, 예산심의의 비자율성 및 당파적 심의행태이다 이는 예산심의가 정책과 연계되어 심도 있게 심사가 이루어져야 하는데, 여·야간의 정치권력을 극대화하기 위한 권력투쟁의 도구로 이용하고 있다는 점이다. 특히 이를 위하여 의원들의 예산심의활동을 정당차원에서 규제하기 때문에 자율적인 예산심의가 이루어지지 못하고 있다.

넷째, 예산결산특별위원회의 불안정성이다. 이는 예산결산특별위원회의 안전성과 전문성에 관련된 문제점이다. 우리나라는 16대 국회 이후부터 예산결산특별위원회를 1년 임기의 '상설특별위원회'로 운영하고 있으나, 개정취지인 심의의 지속성과 안정성, 그리고 전문성의 확보는 여전히 문제가 있다는 지적이다.

2. 법률안심사

1) 입법권과 입법과정 형태

민주 법치국가에서 법은 내용상으로 정당한 것이어야 함은 물론 정당한 입법절차를 거쳐야 한다. 입법은 입법부에서 입법 절차에 따라 법률의 형식으로 제정하는 것을 의미한다.

여기서 우리는 법령의 의미와 그 체계에 대한 이해가 필요하다.

우리나라는 성문법을 원칙으로 하고 있다.13) 법이 사회질서를 유지하기 위한 규범으로서 통일된 국가의사를 표현하고 보편타당함이 전제되어야 한다. 이에 따라 다수의 법령은 하나의 국법체계 안에서 그 상호간에 통일된 체계로서의 질서가 있어야 하며 서로 상충이 생겨서는 안 된다. 따라서 우리나라는 성문법주의를 채택하고 최고의 규범인 헌법에서 법률을 비롯한 각종 법규형식을 규정하며, 이를 근거로 국가기관 또는 지방자치단체에서 관련 입법을 담당하고 있다. 법형식간의 위계체계는 헌법·법률·대통령령, 총리령·부령, 행정규칙(훈령·예규·고시 등), 자치법규(조례, 규칙)의 순이 된다.14) 이 순서에 따라 어느것이 상위법 또는 하위법인지가 정하여지며, 하위법의 내용이 상위법과 저촉되는 경우에는 「상위법 우선의 원칙」에 의하여 법령은 관념적으로 통일된 체계를 형성하게 된다.15)

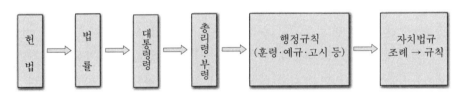

〈그림 7-5〉 법령의 체계

우리나라 헌법에서는 입법권이 국회에 속한다고 규정하고 있다. 이는 국회를 입법부라고 명명하고 있는 것이고, 국회는 입법부의 중심기관으로서 법률 제정에 관한 한 전속적인 권한을 가지고 있다는 의미이다. 국회의 법률안 심사활동은 국회의 고유권한이자 의무이다. 우리

---

13) 하지만 성문법 외에 관습법·판례와 조리(條理) 등 불문법(不文法)이 보충적 기능을 하는데, 이는 성문법이 모든 법률관계를 빠짐없이 규율하기 어렵기 때문이다

14) 대통령긴급명령, 대통령긴급재정경제명령, 조약 등은 법률과 같은 지위에 있고, 국회규칙, 대법원 규칙 등은 대통령령과 같은 지위에 해당된다고 볼 수 있다.

15) 이상희(2010). '법령체계와 입법절차' 법제처 정책자료 참고.

나라는 대의제 민주주의를 지향하고 있는 관계로 국민에 의해 직접 선출된 국회의원들은 국민의 의견을 수렴하여 반영해야 한다. 이에 따라 국회의원들은 입법 활동을 통해 국민이 바라고 나가야 하는 방향을 구체화시키고 현실화시켜야 한다.

국회의 입법과정은 민의를 적극적으로 수렴하여 반영할 수 있는 공론의 장(場)이다. 공론의 장에서 국회의원들은 법률안 작성과 심사 그리고 표결과정이라는 일련의 과정 속에서 국민들의 의견을 수렴하기 위해 노력한다. 특히, 입법과정은 법안에 이해관계자들의 입장을 각기 반영함으로써 사회에 내재하는 대립과 갈등관계를 조정, 해결하고 사회를 통합하는 기능을 수행하기도 한다.

한편, 의회의 입법과정 형태는 법안심의 활동의 중심이 본 회의냐 아니면 상임위원회냐에 따라 본회의 중심주의와 위원회중심주의로 나뉜다. 우리나라는 위원회 중심주의를 채택해 운영하고 있다. 위원회 중심주의는 소수 의원들로 구성된 상임위원회에서 의안을 심의하여 본회의에 상정여부를 결정하는 제도로, 본회의 심사전의 예비적 심사제도를 말한다(박봉국, 2000: 282).16) 따라서 해당 위원회에서 법안의 일반원칙은 물론 그 내용의 구체적인 심사가 실제적으로 이루어진 후, 그 의안이 가결되면 본회의에 상정하여 의결과정을 거치도록 되어 있다.

2) 입법절차의 의의와 과정

① 입법절차의 의의와 기능

입법절차는 협의로 보면 국회에 법률안이 제출되는 시점부터 입법과정이 시작되는 것으로 볼 수 있지만, 광의로 보면 행정부에서 입법이 준비되는 과정, 정당 또는 이익집단 등이 행하는 입법에 관한 활동 및 여론의 조성활동 등 정책의 공식화 과정, 입법에 관한 의견 제시 등 법의 제정 등에 영향을 미치는 모든 활동과 요인 등이 포함되는

---

16) 박봉국, 『개정국회법』, 서울: 박영사, 2000. 본회의 중심주의는 의원전원이 본회의에서 의안을 심의하는 제도로, 본회의가 법안심의과정 초기부터 관여한다.

과정으로 인식되고 있다.

〈표 7-3〉 국회의 입법절차 과정

제1단계 (제기단계)		제출·발의 → 접수 → 의장 결재 → 본회의 보고 → 소관 위원회 회부
제2단계 (심의단계)	소관상임 위원회심사	위원회 접수 → 위원장 결재 → 위원회 보고 → 상정 → 제안설명→ 전문위원 검토보고 → 질의(공청회, 연석회의) → 소위원회 구성(심사·의결) → 소위원회 보고 → 토론 → 축조심사 → 위원회 의결 → 법제사법위원회 회부(심사요청)
제3단계 (의결단계)	법제사법 위원회심사	위원회 접수 → 위원장 결재 → 위원회 보고 → 상정 → 전문위원 검토보고 → 질의 → 소위원회구성(심사) → 소위원회 심사보고 → 토론 → 축조심사 → 위원회 의결 → 소관위원회 심사결과 통보
	소관상임 위원회 심사	위원회 접수 → 위원장 결재 → 위원회 심사보고서 제출
	본회의 심사	의장 결재 → 본회의 상정 → 소관 상임위원장 심사보고 → 토론 → 의결
제4단계 (종결단계)		자구정리 → 정부이송

이러한 입법절차는 입법 그 자체의 기능 이외에도 대립·갈등을 해소하고 사회를 통합시키는 기능을 한다. 즉, 다원화·다양화된 의견을 조정하여 그것을 입법에 반영시킴으로써 갈등의 처리와 정치사회의 통합화에 이바지하는 기능을 수행한다. 또한 행정과정과 마찬가지로 입법과정에 국민이 참여하는 것은 입법의 내용 및 절차의 정당성 획득과 그 법령의 실효성 확보에 기여할 뿐만 아니라 국민의 정치참여의 기회를 보장하는 기능을 수행하기도 한다.

국회의 입법절차는 〈표 7-3〉과 〈그림 7-6〉에서 보는 바와 같이 제1단계인 제기단계, 제2단계인 심의단계, 제3단계인 의결단계, 제4단계인 종결단계 등으로 이루어진다.

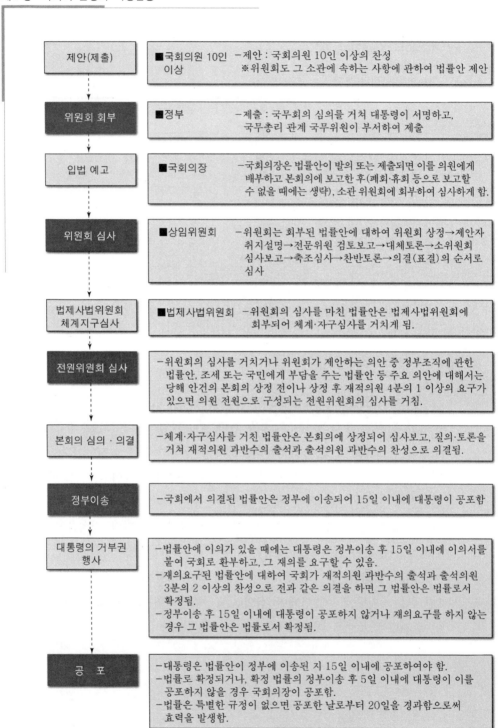

제안(제출)	■국회의원 10인 이상	─제안 : 국회의원 10인 이상의 찬성 ※위원회도 그 소관에 속하는 사항에 관하여 법률안 제안
위원회 회부	■정부	─제출 : 국무회의 심의를 거쳐 대통령이 서명하고, 국무총리 관계 국무위원이 부서하여 제출
입법 예고	■국회의장	─국회의장은 법률안이 발의 또는 제출되면 이를 의원에게 배부하고 본회의에 보고한 후(폐회·휴회 등으로 보고할 수 없을 때에는 생략), 소관 위원회에 회부하여 심사하게 함.
위원회 심사	■상임위원회	─위원회는 회부된 법률안에 대하여 위원회 상정→제안자 취지설명→전문위원 검토보고→대체토론→소위원회 심사보고→축조심사→찬반토론→의결(표결)의 순서로 심사
법제사법위원회 체계지구심사	■법제사법위원회	─위원회의 심사를 마친 법률안은 법제사법위원회에 회부되어 체계·자구심사를 거치게 됨.
전원위원회 심사		─위원회의 심사를 거치거나 위원회가 제안하는 의안 중 정부조직에 관한 법률안, 조세 또는 국민에게 부담을 주는 법률안 등 주요 의안에 대해서는 당해 안건의 본회의 상정 전이나 상정 후 재적의원 4분의 1 이상의 요구가 있으면 의원 전원으로 구성되는 전원위원회의 심사를 거침.
본회의 심의 · 의결		─체계·자구심사를 거친 법률안은 본회의에 상정되어 심사보고, 질의·토론을 거쳐 재적의원 과반수의 출석과 출석의원 과반수의 찬성으로 의결됨.
정부이송		─국회에서 의결된 법률안은 정부에 이송되어 15일 이내에 대통령이 공포함
대통령의 거부권 행사		─법률안에 이의가 있을 때에는 대통령은 정부이송 후 15일 이내에 이의서를 붙여 국회로 환부하고, 그 재의를 요구할 수 있음. ─재의요구된 법률안에 대하여 국회가 재적의원 과반수의 출석과 출석의원 3분의 2 이상의 찬성으로 전과 같은 의결을 하면 그 법률안은 법률로서 확정됨. ─정부이송 후 15일 이내에 대통령이 공포하지 않거나 재의요구를 하지 않는 경우 그 법률안은 법률로서 확정됨.
공 포		─대통령은 법률안이 정부에 이송된 지 15일 이내에 공포하여야 함. ─법률로 확정되거나, 확정 법률의 정부이송 후 5일 이내에 대통령이 이를 공포하지 않을 경우 국회의장이 공포함. ─법률은 특별한 규정이 없으면 공포한 날로부터 20일을 경과함으로써 효력을 발생함.

〈그림 7-6〉 국회의 법률안 처리과정

제1단계의 제기단계는 법률안이 발의(제출)되는데 법률안제출권은 정부(헌법 제5조), 국회의원 20인 이상(헌법 제52조, 국회법 제7조), 국회상임위원회(국회법 제51조)가 가지고 있다.[17] 발의된 법안은 국회의장이 소관위원회를 결정하여 본회의에 보고하며, 이는 해당 상임위원회에 회부되어 본격적인 심사활동이 시작된다.[18] 제2단계인 심의단계에서 해당 상임위원회에 회부된 법안은 간사간 협의를 통해 의사일정에 올리며, 위원회는 법안상정에 관한 정부의 제안설명, 전문위원의 검토보고, 의원들의 제안자에 대한 질의·답변의 과정을 통해 보다 구체적인 검토를 하게 된다. 이 과정에서 필요한 경우, 공청회·청문회를 개최하여 의견청취의 기회를 마련하기도 하며, 위원회 간 연석회의 및 소위원회 구성에 따른 심의를 통해 법안의 축조심사 및 의결이 이루어진다. 제3단계인 의결단계에서는 소관 상임위원회에서 의결된 법률안이 법제사법위원회로 회부되어 법률안에 대한 체계·자구심사를 거치게 되며, 이후 상임위원회로 회송하여 심사결과보고를 국회의장에게 보고하게 되고, 이 법안은 본회의 상정을 통해 최종적으로 가부간의 결정을 하게 된다. 제4단계인 종결단계에서는 본회의에서 법률안이 의결되면 최종안을 이송하기 위한 일환으로 자구조정 등을 거친 후, 의장은 이를 정부에 이송한다.

3) 법률안 심사의 문제점

우리나라 국회의 입법과정에서의 첫 번째 문제점은 법률안 제출에 있다. 현 우리나라 헌법에서는 국회의원뿐만 아니라 정부도 법률안을 국회에 제출할 수 있도록 하고 있다.[19] 여기서 국회의원이 발의하는

---

17) 국회상임위원회의 경우 소관에 속하는 사항에 관하여 위원장 명의로 법률안을 제출할 수 있다.
18) 발의된 법률안의 소관위원회가 불분명한 경우 의장은 운영위원회와 협의하여 결정하며, 법률안이 다른 위원회의 소관사항과 관련이 있다고 인정하는 경우 관련위원회에 회부할 수 있다.
19) 정부의 제출법안은 행정부의 각 부처가 각 관할사항에 대해 입법을 추진하는 것이 일반적이며, 이때 해당 법률안의 초안은 담당 소관부서에서 한다.

법률안이 정부가 제출하는 법률안보다 건수가 적고 가결비율이 크게 낮은 면을 볼 수 있다.

아래 〈표 7-4〉는 제16대 국회에서 현 18대 국회까지의 법률안 처리 결과를 보여주고 있다.[20] 우선 의원 및 정부의 법률안 총 건수를 살펴보면, 16대 2,507건, 17대 7,489건. 18대 13,913건으로 무려 5배 이상 증가하고 있는 것으로 나타나고 있다. 이를 구체적으로 보면, 16대 국회에 접수되어 처리된 의원발의가 1,912건, 정부 제출안이 595건으로 총 2,507건이 발의되었고, 17대 국회에서는 의원발의가 6,387건, 정부 제출안이 1,102건으로 총 7,489의 법률안이 발의되었는바, 16대 국회에서 17대 국회까지 약 세 배가량 증가하였다. 이어 18대 국회에는 접수되어 처리된 의원발의가 12,220건, 정부제출 안이 1,693건으로 18대 국회 4년간 총 13,913건으로 법률안이 발의되었고 이는 17대 법률안 수에 비해 2배 가깝게 증가된 것으로 나타나고 있다. 이와 같이 의원발의가 큰 폭으로 증가한 것은 국회의원 수의 증가와 함께 의정활동 영역이 넓어지고, 입법체계와 지원 역시 발전한 것도 원인이겠지만, 사회의 각 분야의 확장과 발전에 따른 필요한 법률의 수요가 그만큼 크게 증가하게 된 것이 큰 이유일 것으로 보인다.

둘째, 법률안 처리가 합리적이고 효율적이지 못한 측면이 있다. 이는 법률안 건수의 증가폭보다 폐기되는 법률안의 증가폭이 훨씬 크다는 점에 주목할 필요가 있다. 16대 국회에서 880건이었던 폐기 법률안이 17대 국회에는 3,574건, 18대 국회에는 7,220건으로 증가한 것으로 나타나고 있다. 이를 비율로 보면 16대 국회를 기준으로 18대 국회까지 8배가 넘게 증가했고, 16대 국회는 발의된 전체 법률안의 35%, 17대 국회 48%, 18대 국회는 절반이 넘는 52%로 나타나고 있다.

이처럼 폐기안들이 증가한 것은 전체적인 법률안 건수가 증가한 것

---

20) 여기서 제시한 표는 국회 의안정보시스템의 의안통계자료를 토대로 작성된 것임(http://likms.assembly.go.kr 참고)

도 이유겠지만, 법률안 처리에 있어서의 합리성 및 실효성에 문제가 있다는 것이다. 즉 의원들이 정책으로 실현가능성이 떨어지거나 법적 안정성이 부족하고 모호한 법률안을 기계적으로 발의함은 물론 그 심사가 효율적이지 못하다고 볼 수 있을 것이다.

〈표 7-4〉 벌률안 처리 현황(제16대 국회~18대 국회)

구분		접수	처리	처리내용							
				가결			부결	계	대안 반영 폐기	폐기	철회
				계	원안	수정					
법률안 (16대)	의원 발의	1,912	1,912	517	285	232	3	1351	514	837	41
	정부 제출	595	595	431	117	314	1	163	120	43	
	총계	2,507	2,507	948	402	546	4	1,514	634	880	41
법률안 (17대)	의원 발의	6,387	6,387	1,352	823	529	5	4,944	1,586	3,358	86
	정부 제출	1,102	1,102	563	131	432		536	320	216	3
	총계	7,489	7,489	1,915	954	961	5	5,480	1,906	3,574	89
법률안 (18대)	의원 발의	12,220	12,220	1,663	1,265	398	5	10,049	3,227	6,822	503
	정부 제출	1,693	1,693	690	369	321	2	996	598	398	5
	총계	13,913	13,913	2,353	1,634	719	7	11,045	3,825	7,220	508

셋째, 입법보좌기능의 취약성을 들 수 있다. 의원들의 입법과정상의 문제는 주로 개인의원들의 입법의지 및 전문성도 문제일 수 있으나, 무엇보다 의원들의 입법 활동을 지원해 줄 입법보좌기능이 뒷받침되지 않고 있다는 것이다. 이는 곧 법제전담기구의 취약성과 직결되는데, 의원이 법률안을 발의하는 경우 국회상임위원회의 입법관료를 비롯하여 많은 보좌 인력들이 의원의 입법 활동을 보좌하는데 있어 역부족이고,[21] 특히 적은 상임위원회 직원으로 광범위한 입법영역 분야의 조사 및 분석업무를 담당하면서 의원들에게 입법 자료를 제공 하는

데에는 그 만큼 한계가 있다는 지적이다. 따라서 입법정보 및 인적자원의 효율적 관리 및 활용이 필요하다(이현우, 2011: 298).

마지막으로 입법부인 국회의 입법정보 수집 및 분석기능의 부족을 들 수 있다. 행정부보다 상대적으로 낮은 입법부의 입법정보의 역량은 국회의 입법정책의 수립과 법안 심의의 효율화를 떨어뜨릴 수 있는 요인으로 작용한다. 따라서 향후 국회의 입법보좌기구와 기능을 강화시킴은 물론 입법조사를 비롯한 자료수집 및 분석기능 등을 대폭 보강하여야 할 것으로 보인다.

3. 국정감사 및 조사

1) 의의와 과정

국정감사와 조사는 정부를 견제할 수 있는 실질적인 대행정부 통제수단 중 하나이며, 특히 국정감사의 경우 우리나라에만 존재하는 특수한 형태의 제도라고 할 수 있다.[22] 국정감사는 헌법이 국회에 부여한 입법권, 재정에 관한 권한, 국정통제권 등을 유효적절하게 행사하기 위하여 감사 또는 특정사안에 관한 조사를 할 수 있는 권한이다(국회사무처, 2000: 425).

이러한 국정감사 및 조사는 국정운영 전반(특정사안)에 대해 잘못된 부분을 적발·시정하고 입법활동과 예산안심의에 필요한 자료 및

---

21) 의원의 입법을 보좌하는 인력들은 입법관료를 비롯해 예산정책국, 의원의 개인 보좌관, 상임위원회 직원 등이 존재한다.

22) 국정감사의 시초는 영국이라고 할 수 있고, 그 유래는 전범을 찾아내기 위한 일환인 것으로 알려져 있다. 즉 제임스 2세가 물러나고 윌리엄 3세가 명예혁명으로 왕위에 즉위한 이후 여러 형태의 전쟁이 벌어지며 이 전쟁의 책임을 규명하기 위해서 전쟁 수사단을 결성한 것이 국정감사의 시초라고 한다. 이 제도가 미국에 옮겨 가면서 정기화되었는데, 본래 미국의 국정감사는 없으며 상시 청문회제도가 있다. 한국의 경우 초기 미국의 국정감사 제도를 모방하였고, 이를 기초로 전 세계 중 독특한 기획형 국정감사제도를 만들었다. 즉 기획형 국정감사란 특정 기간에 1년치 감사를 몰아서 하는 시스템으로 미국의 제도와 영국의 국정조사를 다소 혼합한 기형적인 형태라 할 수 있다.

정보를 획득하고, 새로운 정책대안을 제시하고 이를 입법이나 예산에 반영하며, 국민의 알 권리를 충족시키데 의의를 지니고 있다.

국정감사는 국정조사보다 더 강력한 권한을 가지고 운영되고 있는데 국정조사가 정치적 요인 등의 이유로 여·야 합의가 없는 경우에는 시행이 불가능한 반면, 국정감사는 헌법과 법률에 의해 매년 정기국회 중 20일간 의무적으로 시행하도록 하고 있다. 또한 국정감사의 범위는 국정 전반에 관한 모든 사항으로 해당 상임위원회에서 감사하도록 되어 있다.23)

국정감사제도는 1948년 제헌헌법에 근거규정을 두고 1949년 최초로 국정감사가 실시되었고, 유신헌법에 의해 1972년 12월 27일 공포된 제7차 개정헌법에서 폐지되었다. 이후 1987년 개정된 현행 헌법에서 다시 채택됨으로써 16년 만에 부활되어 오늘에 이르고 있다.

국정감사 및 조사의 기능은 소극적인 것과 적극적인 것으로 나누어 볼 수 있다(권영성, 1989: 380)24). 소극적 기능은 국가기관의 직권남용이나 정책시행상의 비리, 비행 등을 조사하고 적발하는 것으로 이는 사후적이며 (일관성)을 띠고 있다. 이에 비해 적극적인 기능은 국정의 실태를 정확히 파악하여 새로운 입법, 예산심의 등의 자료를 얻고 나아가 어떤 사안에 관하여 이론의 환기를 꾀하는 것이라고 할 수 있겠다.

국정감사와 국정조사는 어떠한 차이점이 있을까? 국정감사는 국회가 입법, 재정, 국정통제에 관한 권한 등을 유효적절하게 행사하기 위하여 국정전반에 대하여 감사하는 것이다. 이에 비해 국정조사는 특정사안에 대하여 조사하는 것에 근본적인 차이가 있다. 이를 보다 구체적으로 살펴보면 〈표 7-5〉에서 보는 바와 같이 국정감사는 감사대상범위의 포괄성, 정기적 감사실시의 시기, 상임위원회 중심주의, 국정감사 공개원칙, 감사의 강제성을 특징으로 한다.25)

---

23) 국정감사 및 국정조사제도는 헌법, 국회법, 국정감사 및 조사에 관한 법률, 국회에서의 충언·감정 등에 관한 법률 등 4개의 실정법을 중심으로 형성되어 있다.

24) 권영성, 『신헌법요론』 (형설출판사, 1989), p. 380.

25) 즉, 국정전반에 관하여, 매년 정기국회에만, 소관상임위원회별로 실시하며, 비공

〈표 7-5〉 국정감사와 국정조사의 비교

구분	국정감사	국정조사
대상	국정전반	특정사안
실시시기	매년 정기회 집회일 이전 (감사시작일로부터 30일이내)*	국정조사요구시 교섭단체간협의로 결정
실시위원회	소관상임위원회	특별위원회 또는 상임위원회
실시요건	법정(매년 1회) (국정감·조사법 제2조)	국회재적의원 4분의 1이상의 요구 (국정감·조사법 제3조)
계획서작성상	상임위원장이 국회운영위원회와 협의하여 작성	조사위원회가 조사계획서를 작성함 (본회의의 승인 필요)
대상기관의본회의 승인 여부	국정감·조사법 제7조 • 제1호~3호기간은 본회의 승인 불요 • 제4호기관은본회의 승인 필요	별도규정 없음. ※위원회 의결
활동기간 및 연장여부	감사시작일로부터 30일 이내 • 연장불가(단축은 가능)	• 조사계획서에 정한 기간 • 연장시 본회의 의결 필요
기타	지방자치단체에 대한 감사는 2인 이상의 위원회가 합동감사를 할 수 있음.	국정조사의 경우 대부분 청문회 개최

*본회의 의결에 의해 시기변경가능,
자료: 국정감사정보시스템(http://search assembly.go.kr 2014년 10월 현재 자료).

일반적으로 감사는 어떤 사항을 조사하는 경우에 감독적 입장에서 특정사안이 아닌 전반적인 사항에 대하여 실시하며, 위법 또는 부당한 사실이 발견되었을 경우에는 이에 대한 시정지시가 따른다. 이에 비해 조사는 반드시 감독적 입장에서 하기보다는 대개 특정사항을 지정하여 행한다. 조사결과 위법이나 부당한 사실이 발견되었다고 하더라도 바

개를 원칙으로, 수감기관에 대한 강제력을 가진다는 특징이다. 그러나 국정감사와 국정조사를 동일하게 보는 학자들도 있는데, 국정감사 및 조사는 그 시기와 시간, 범위 등 세부사항의 차이가 있을 뿐, 본질적으로 주체, 방법과 절차, 한계와 효과면에서 동일하다는 주장이다. 즉 국정감사와 국정조사는 기능적, 본질적인 면에서 차이가 없고, 양자 구분은 이를 구체화하는 법률규정에 의한 임의적인 것이라고 주장한다. 이에 대한 상세한 설명은 다음의 문헌(권영성, 『헌법학원론』(서울: 법문사), 1999; 이관희, "국정감사제도의 문제점과 개선방향:국정감사 폐지논의를 포함하여."〈경희대논문집, 제19호, 1999〉; 이기우 외, "국회에 의한 지방자치단체 국정감사의 범위의 합리적 조정방향", 한국지방자치학회보 제15권 제4호, 2003, pp.27-47)을 참고하기 바람.

로 시정 지시를 하는 것이 아니고 이에 대한 의견을 발표하여 그 시정을 건의하는 과정이며 당해 사안에 관하여 정확한 지식을 획득하는데 그 목적이 있다(이현우, 2011: 379).

국정감사의 절차는 크게 3단계로 구분하여 볼 수 있다. 첫째는 국정감사준비단계로서 이 단계에서는 국정감사시기의 결정, 국정감사계획서의 작성, 본회의 승인대상기관의 확정, 국정감사 사무보조자의 선정 및 출장준비, 보고·선류제출·증인 등 출석요구서 송달의 과정을 거치게 된다. 둘째는 국정감사 실시단계로서 위원장의 감사선언 및 인사, 증인 등의 선서, 감사대상기관장의 인사 및 간부소개, 보고 및 질문·답변, 감사결과의 강평 및 감사종료의 선언 등이 이루어진다. 마지막으로 국정감사결과 처리단계에서는 국정감사결과보고서의 작성 및 제출, 국정감사결과의 본회의 처리, 국정감사결과시정 및 처리요구 사항의 정부발송, 정부 및 해당 기관으로부터 시정 및 처리결과 보고서 접수, 위증증인의 처리 등이 이루어진다.

〈표 7-6〉 국정감사의 과정

준비단계
① 국정감사의 시기결정 ② 국정감사계획서의 작성(각 상임위원회가 국회운영위원회와 협의) ③ 본회의 승인대상기관의 확정(각 상임위원회의 제한 후 본회의 의결) ④ 국정감사사무보조자 선정 및 국정감사 출장준비 ⑤ 보고·서류제출·증인 등 출석요구서 송달 등

실시단계
① 위원장의 감사선언 및 인사 ② 증인 등의 선서 ③ 감사대상기관장의 인사 및 간부소개 ④ 보고 및 질의·답변 또는 신문·증언 ⑤ 감사결과 강평 및 감사종료 선언

결과처리단계
① 국정감사결과보고서의 작성·제출(각 상임위원회의 의결로 의장에게 제출) ② 국정감사결과 본회의 처리 ③ 국정감사결과 시정 및 처리요구사항의 정부등 이송 ④ 위증증인등 처리 ⑤ 정부 및 해당기관으로부터 시정 및 처리결과보고서 접수 ⑥ 시정 및 처리결과의 소관위원회 회부

한편, 국정조사는 '국정감사 및 조사에 관한 법률'에서 정하는 바에 따라 국정사안을 조사하기 위하여 수시로 실시하는데 의의가 있다. 그

리고 이 국정조사는 앞서 언급한 국정감사와는 다른 네 가지 특징을 지니고 있는데, 대상범위의 특정성, 실시시기의 수시성, 특별위원회 중심 그리고 국정조사가 발동되는 경우 대체로 청문회를 개최한다.[26] 국정조사의 절차는 다음 〈표 7-7〉과 같이 모두 10단계의 과정을 거친다.

〈표 7-7〉 국정조사의 절차

① 국정조사요구(재적의원 1/4이사의 요구, 요구서제출) ② 본회의 보고(의장이 각 교섭단체 대표의원과 협의 ③ 조사위원회(특별위원회 또는 해당상임위원회)확정 ④ 조사계획서 제출 ⑤ 본회의 승인 ⑥ 국정조사 실시(조사위원회의 국정조사) ⑦ 국정조사보고서 제출(조사위원회는 보고서를 의장에게 제출) ⑧ 본회의 의결 ⑨ 시정요구·이송(정부·또는 해당기관에 시정요구와 이송) ⑩ 처리결과 보고(정부 또는 해당기관은 처리결과를 국회에 서면보고)

2) 국정감사의 현황과 문제점

앞서 언급한 바와 같이 국정감사는 20일 동안 이루어지는데 토요일과 일요일을 감안하면 실제적으로 14-15일 정도 시행된다. 또한 국정감사 대상기관은 상임위원회가 자체적으로 선정할 수 있는 '위원회선정대상기관'과 상임위원회가 본회의 의결을 얻어야 비로소 감사할 수 있는 '본회의의결대상기관'으로 구분된다. '위원회선정대상기관'에는 ① 정부조직법 기타 법률에 의하여 설치된 국가기관, ② 지방자치단체 중 특별시·광역시·도, ③ 정부투자기관관리기본법 제2조의 규정에 의한 정부투자기관·한국은행·농업협동조합중앙회·수산업협동조합중앙회가 있다. '본회의의결대상기관'에는 위원회선정대상기관 이외의 지방행정기관·지방자치단체·감사원법에 의한 감사원의 감사대상기관이 있다(국감법 제7조).

아래 〈표 7-8〉은 제19대 국회인 2014년 현재 충청권 소재 주요기관 국정감사 일정을 보여주고 있다.

---

26) 특정한 사안에 한정, 재적의원 1/4이상의 요구가 있는 경우 특별위원회 또는 상임위원회가 조사가능, 특별위원회 중심으로 조사, 대체로 청문회를 개최하여 조사함.

〈표 7-8〉 2014년도 충청권 소재 주요기관 국정감사 일정

일정	피감기관
10월 7일	국무조정실·국무총리비서실(정무위·정부세종청사), 농림축산식품부·농림축산검역본부(농해수위·정부세종청사), 특허청(산자위·국회), 국군간호사관학교·국방재(국방위·국방부), 문화체육관광부(교문위·정부세종청사), 식품의약품안전처·식품의약품안전평가원(보건위·국회), 환경부(환노위·정부세종청사)
10월 8일	고용노동부(환노위·정부세종청사), 교육부(교문위·정부세종청사), 한국원자력안전기술원·화학물질안전원(미방위·국회)
10월 10일	대전지방기상청·국가기상위성센터(환노위·서울기상청), 중소기업청·소상공인시장진흥공단(산자위·국회), 문화재청·한국전통문화대학교(교문위·국회)
10월 13일	보건복지부(보건위·정부세종청사), 국토교통부·행정중심복합도시건설청(국토위·정부세종청사), 산업통상자원부(산자위·국회), 산림청·중부산림청(농해수위·국립수목원), 조달청·통계청(기재위·국회) 대전지방고용노동청(환노위·국회), 합동군사대학교(국방위·국방부), 국립중앙과학관(미방위·국회)
10월 14일	보건복지부(보건위·정부세종청사), 한국수자원공사(국토위·한국수자원공사), 육군·육군 군수사령부(국방위·계룡대), 관세청·한국조폐공사(기재위·국회), 금강유역환경청(환노위·한강유역환경청), 한국가스안전공사·한국가스기술공사(산자위·국회)
10월 15일	해양수산부(농해수위·국회), 해군·공군(국방위·계룡대)
10월 16일	기획재정부(기재위·정부세종청사), 세종특별시·대전광역시·대전지방경찰청(안행위·현지), 한국천문연구원·한국생명공학연구원·한국표준과학연구원 등 출연연구기관(미방위·국회), 중앙환경분쟁조정위원회·화학물질안전원·국립생태원(환노위·국회)
10월 17	기획재정부(기재위·국회), 기초과학연구원·한국과학기술원·과학기술연합대학교, 연구개발특구진흥재단(미방위·국회), 한국원자력연료(산자위·국회)
10월 20일	대전지방국세청(기재위·광주지방국세청),국방과학연구소(국방위·국회)
10월 21일	한국은행 대전충남본부·충북본부(기재위·한국은행 대전충남본부), 한국철도공사·한국철도시설공단(국토위·한국철도공사) 대전고법·대전·청주지법·특허법원·대전가정법원(법사위·대전고법), 대전고검·대전지검·청주지검(법사위·대전고검), 대전·세종·충남(교문위·충남교육청), 충북교육청(교문위·대구교육청)
10월 23일	한국교원대·충남대·충남대병원(교문위·국회), 환경부(환노위·국회)
10월 24일	기획재정부·조달청·통계청·관세청(기재위·국회), 고용노동부(환노위·국회), 해양수산부(농해수위·국회)
10월 27일	기획재정부·조달청·통계청·관세청(기재위·국회), 농림축산식품부(농해수위·국회)

우선, 그동안 국정감사의 총 대상기관수를 살펴보면 1993년 이후

300여개가 넘고 2001년에는 402개 기관에 이르고 있으며, 계속 증가하면서 2004년에는 488개 기관으로 확대되었다(박종흡, 2003: 68).[27] 이후 제17대와 18대 국회 감사대상 기관수는 계속 증가하는 추세를 보이다가, 19대 후반기 국회인 현 2014년에 와서는 더욱 심각해진다.[28]

2014년도 국정감사가 상임위원회별로 10월 7일(화)부터 27일(월)까지 21일간 실시(겸임상임위원회 별도 실시)되었다. 금년 국정감사 대상기관은 전년(계획된 630개 기관 중 628개 기관 실시) 대비 44개 기관이 늘어난 총 672개 기관으로 사상 최대 규모이다. 이 중 위원회 선정 대상기관은 626개 기관이며 본회의승인 대상기관은 전년보다 12개 기관이 증가한 46개 기관이다.

그동안의 국정감사 기간을 고려해 볼 때, 일일 평균 28.8개 기관, 위원회당 하루 1.7개 이상의 기관을 감사한 것이고, 특히 2014년 국정감사는 국정감사의 내실화를 꾀하기 위한 분리국감은 이루어지지 못했고, 국감 시작 일주일전에서야 일정이 확정된 데다 공휴일을 제외하면 실제 감사기간은 2주 정도로, '졸속감사' 내지는 '몰아치기식 감사', 또는 '일회성·일과성 감사'라는 비판을 면하기 힘들 것이다. 요컨대 그동안의 국감시기 및 국감대상기관의 과다선정에 따른 감사의 내실저하는 졸속감사, 부실감사, 겉핥기 감사의 주요 원인으로 작용하고 있다는 지적을 방증하고 있다고 볼 수 있다.

둘째, 국정감사 시 자료제출의 과다의 문제점을 들 수 있다. 국정감사자료요구는 각 상임위원회 소속의원들의 감사준비를 위하여 필요한 자료의 제출을 감사대상기관이나 관계인 등에 요구하는 것으로, 이는 국회법(§128①), 국정감사및조사에관한법률(§10①), 국회에서의증언·감정등에관한법률(§5①) 등 법적으로 보장되어 있다.

---

27) 박종흡. "제16대 국회 하반기 평가 : 국정감사", 의정연구 제13호, 2003, p. 68 참조.
28) 분리국감은 제19대 국회인 2014년에 여야가 합의해 이루어진 것이다. 이는 기존에 지적됐던 국정감사의 내실화와 정기국회의 예산심사 기능 강화를 위한 것으로, 국정감사를 8월 28일-9월 4일과 10월 1일-10월 10일 두 차례로 나누어 실시하기로 한 것이다(연합뉴스, 2014.06.23일자 참조).

13대 국회는 71,693건, 14대 국회는 139,565건, 15대 국회는 197,461건, 16대 국회는 219,618건의 자료를 요청함으로써 자료요구가 급증하고 있는 추세이고, 매년 평균 39,000에 여건에 달하며 제출된 서류 총 면수는 약 9천3백만 쪽에 이르러 인쇄비용만 약 42억 7천만 원에 달하고 있다(박종흡, 2003: 66).[29]

국민의 알권리 충족을 위하여 필요성은 인정되지만, 자료를 준비하는 피감기관의 입장에서 예산낭비는 물론 행정업무의 마비 내지 저해와 같은 문제점을 야기하여 국회의원과 피감기관 사이의 갈등을 초래하기도 한다(정재룡, 2003: 77).[30] 요컨대, 최근 19대 국회까지 해가 거듭할수록 전반적으로 국정감사의 자료요구는 증가하고 있음은 부인할 수 없는 현상이다. 일면 이 현상이 입법정보의 양적 증가를 의미하는 것으로 긍정적으로 평가될 수 있으나, 무리한 자료요구로 인해 피감사기관과의 갈등이 증폭되고, 제출된 자료의 질적 부실 등의 문제를 발생시켜 감사의 효율성을 떨어트리고 있음을 간과해서는 안 된다. 특히 자료요구는 감사와 관련하여 반드시 필요한 제도적 장치라고 볼 수 있겠으나, 감사와 직접 관련이 있거나 또는 적어도 제반사항에 비추어 객관적으로 관련이 있다고 판단되는 사항이어야 할 것이다.

셋째, 국정감사시 증인채택의 문제점이다. 국회의 위원회 등은 "국정감사및조사에관한법률" 제10조 제1항에는 국정감사시 증인 및 참고인을 소환 진술케 할 수 있도록 관련규정을 명문화하고 있으며, "국회에서의증언·감정등에관한법률"에서는 특별히 정한 사유를 제외하곤 누구든지 소환에 거부할 수 없도록 하고 있다.[31]

국정감사의 실시에 있어서 증인의 채택을 둘러싸고 여·야간의 이

---

29) 박종흡, "제16대 국회 하반기 평가 : 국정감사", 의정연구 제16호, 2003, p. 66 참조
30) 정재룡, "종이 없는 국회, 이렇게 시작된다", 국회보, 2003. 7. p. 77 참조
31) 단, 국정감사및조사에관한법률에서 증인을 거부할 수 있는 사유를 두 가지로 나누고 있는데, 형사소송법 제148조(근친자의 형사책임과 증언거부) 및 149조 (업무상 비밀과 증언거부)와 함께 공무원(군무원)이었던 자가 증언할 사실이 군사, 외교, 대북관계이 국가기밀의 사항으로서 국가안위 중대한 영향을 미칠 경우에 해당된다.

견으로 국정감사 자체가 파행으로 치닫거나 증인의 출석을 요구하는 경우에도 증인이 출석하지 않는 문제가 끊임없이 발생하고 있다. 예컨대 2004년 국정감사에서는 재벌관련 인사들의 증인채택 문제가 논란거리가 된 바 있고, 카드대란, 국민은행 분식회계 등 경제 분야 국정감사에서 증인으로 채택되었던 인사들조차 출석하지 않아 국정감사의 부실을 배가시킨 바 있다. 제19대 국회인 2014년 국정감사 시 증인채택은 165명이었고,[32] 이 증인 채택 과정상에서도 많은 여·야 논란이 끊이지 않았다.[33] 요컨대, 증인들이 국정감사에 출석하지 않는 것을 시정하기 위해서는 불출석 증인에 대한 처벌을 강화하고 위증에 대한 처벌 규정을 명확히 하여 엄격하게 처벌하는 것이 바람직하다. 하지만 국정감사의 대상기관은 많고 시간이 턱 없이 부족한 현실을 감안할 때, 무분별하고 과다한 증인채택은 물론 호통치기식 질문에 그치는 질문행태는 국정감사의 효율성을 저하시킬 수 있다는 점에 주의해야 한다.

---

32) 특히, 이 증인채택 인원은 국감당일인 7일 전 6일 채택된 공식자료이다. 증인채택은 각 부처별 국정감사 7일 전까지 신청이 가능함으로, 각 부처별 국감 일정에 따라 각 상임위 별로 추가적인 증인채택 협상이 이어진다.
33) 세월호법 관련, 4대강 사업 관련, 일부대기업 총수를 비롯한 대학 총장 등에 까지 증인채택을 둘러싸고 여·야간 많은 논란이 일었다.

지방의회의 의의와 구성

제 1 절 지방의회의 의의와 필요성

1. 지방의회의 의의와 개념

지방의회란 근대적 의미의 대표의 관념에 기초한 지방자치단체의 의사기관(議事機關)으로서, 원칙적으로 주민에 의하여 선출된 의원을 그 구성원으로 하여 성립하는 합의제 기관을 말한다(久世公堯, 1976: 3 ; 최창호, 2001: 460).

여기서 대표, 의사기관, 합의제 이 세 가지가 핵심적인 요소라 할 수 있다. 대표란 일정한 구역, 신분, 이익의 대리인이 아니라 전 구역·전 주민의 일체적 이익의 대표의 성격을 갖는다. 또한 의사기관이란 자치단체의 의사를 결정하는 법률상의 권한을 가진 기관을 뜻하며, 합의제란 민주정치의 원리의 하나인 다수결에 따라 의원들 다수에 의하여 자치단체의 의사를 결정하는 제도를 말한다.

지방의회는 오늘날 간접민주제에 있어서 필수적인 통치기관이다. 본래 지방자치에 있어서는 법적으로 평등한 주민들의 총의(總意)에 의하여 자치단체의 의사가 결정되고 지방자치가 운영되는 직접민주제가 이상적이겠으나, 현대사회에서는 주민의 수도 많고 자치단체의 규모도 크기 때문에 모든 주민들이 수많은 정책결정에 일일이 참여할 수 없는 관계로 자신을 대신하여 활동할 대표자를 선출하여 그 본래의 목적을 구현한다. 이것이 대의제 민주정치, 즉 간접민주제이며, 실제로는 의회정치로 나타난다.[1]

지방의회는 주민의 직접선거로 선출된 대표들로 구성되어 일정한 절차에 따라 그 법적 권한을 행사하는 기관인 바, 다음과 같은 사항을 그 요건으로 한다.

첫째, 지방의회는 주민이 직접 선출한 대표자인 의원을 기본적인 구성요소로 하는데, 이것은 지방의회가 대표의 이념을 기초로 하는 한 당연한 원리이다.

둘째, 지방의회는 지방정부의 기본적이고 중요한 사항에 관한 의사를 결정하는 기관이 아니면 안 된다. 즉, 지방의회의 의사결정이 아니면 지방정부의 의사와 행위가 유효하게 성립될 수 없어야 한다(浜田一成·川村仁弘, 1984: 1).

셋째, 지방의회는 의사를 결정하는 과정에서 합리적이며 민주적이어야 한다. 즉, 회의는 공개적이어야 하며 원칙적으로 모든 의원들에게는 토론의 자유와 기회의 형평성이 보장되고 의사의 결정은 다수결의 원칙이 적용되어야 한다(김동훈, 1995: 230).

지방자치단체의 의결기관인 지방의회는 주민의 대표기관으로 유권자나 특정한 일부 주민의 이익을 대변하는 것이 아닌 주민 전체의 이익을 대변하여야 한다. 즉 특정한 자의 이익을 대변하는 대리인과는 구별되어야 한다. 요컨대, 지방의회는 그 지역주민에 의해 선출된 의원

---

1) 여기서 국가와 지방자치단체는 모두 의회정치를 필요로 하는 면에서는 동일하다. 즉, 국회와 지방의회는 국민 또는 주민의 선거에 의하여 선출된 의원을 구성원으로 하는 합의제 기관이며, 국가와 지방자치단체의 중요한 의사를 결정하는 기관이라고 하는 데는 공통점을 갖는다. 그러나 각자의 기능을 볼 때 국회가 국정을 담당하는 데 비하여, 지방의회는 지방정치와 지방정책을 담당한다고 하는 기본적 성격의 차이를 갖는다(한국지방자치학회, 2000: 292-293).

을 구성원으로 하여 설립하는 합의제 기관으로서 주민이 직접선거를 통해 선출한 지방의원들로 구성된 조직이라 할 수 있다.

2. 지방의회의 필요성

오늘날 행정 국가화 경향은 물론 정부기능의 적극화에 따라 의회의 상대적 기능이 날로 약화되고 있다. 즉 정부기능의 양적확대 · 강화와 질적인 전문화 · 기술화 등으로 인해, 포괄적인 협상과 타협을 그 활동의 기본과정으로 하는 의회보다는 전문적인 능력을 토대로 구체적인 이해관계를 규정하고 실천하는 행정부로 권력의 주도성이 옮겨간 것이다. 이러한 행정부 강화와 의회의 상대적 약화 현상은 국가권력의 행정부 집중을 가져오기에 충분하였고, 이를 통제할 수 있는 제도적 장치인 의회가 필요하게 된 것이다.

지방자치에 있어서도 국가에 있어서와 마찬가지로 권력의 집중으로 인한 전제적 권력의 남용을 방지하기 위하여 권력의 분립을 통한 권력 간의 상호 견제와 균형을 필요로 한다. 특히 우리나라와 같이 지방의회보다는 자치단체장에게 보다 많고 강한 권한을 부여하고 있는 상황에서는 지방의회의 통제기능을 통한 권력분립이 요구된다. 즉 단체장의 강한 권한 보유에 따른 지방의회의 기능 저하는 여러 부문에서 나타나고 있는데, 현재 기관위임사무의 증가나 자치단체장에게 의회의 임시회의소집요구권, 예산제출권, 법률안발의권, 재의요구권, 의회해산권, 제소권 등의 권한이 부여되고 있는 측면에서 잘 드러나 있다.

요컨대, 지방의회의 필요성은 지방자치단체의 집행부와 지방의회 간 권력분립을 통한 권력 간의 상호 견제와 균형이 필요하고, 특히, 자치단체장의 강한 권한과 역할에 대한 지방의회의 비판 · 감시 · 견제의 기능이 더욱 요구되고 있기 때문이다. 또 공공사무에 대한 주민의 참여, 예컨대 주민투표제, 조례의 제정 및 개폐 청구권, 감사청구권, 주민소송제, 주민소환 등을 통한 의사결정이 가능하다는 점 등 민주주의의

훈련장로서의 기능을 할 수 있기 때문이다.

그러나 지방자치에 있어서 권력분립은 모든 나라에 일률적이 아니고 나라에 따라 시대에 따라 그 형태를 달리한다. 즉, 권력의 분립과 견제·균형을 엄격히 실현하고 있는 경우가 있고, 권력을 분립하되 어느 한 쪽의 우위를 인정하는 경우가 있는가 하면, 권력을 분립하되 상호 대립하지 않게 하는 경우도 있으며, 심지어는 권력을 분립하지 않고 통합하는 사례도 있다.

제2절 지방의회의 역사와 구성

1. 한국 지방자치의 역사

우리나라 지방자치는 근대 이전부터 지방자치와 관련된 역사적 제도가 여러 있어 왔지만, 그 실질적인 면모를 갖춘 상태에서 운용한 역사는 그리 길지 않다. 여기에서는 우리나라 지방자치제가 최초로 헌법에 명문화하기 시작한 시점을 기점으로 하여 그 역사적 의미를 살펴보기로 한다.

우선 1948년 제정된 우리나라 초대헌법은 민주주의의 면모를 갖추기 위해서 지방자치제도를 도입할 수밖에 없었던 상황이었지만, 지방자치를 명문화했다는 점에서 의의를 지니고 있다. 이후 1949년 7월 지방자치법이 공포되었으나, 이승만 정권은 1949년 12월 한 번도 시행되지 않은 지방자치법을 개정하여 지방선거실시를 보류함으로써 지방자치제를 무의미하게 만들었다. 1952년 한국전쟁의 와중에 돌연 지방의회선거가 실시되었는데, 이때의 선거는 이승만 대통령의 정치적 야심에 의한 것이었다. 즉, 자신의 재집권을 어렵게 만들고 있던 국회의 무력화 차원에서 그동안 국내정세의 불안과 치안유지를 구실로 실시가 유보되던 지방의회 선거를 실시했다. 이처럼 우리나라 최초의 지방의회 선거는 민주주의의 발전과는 무관한 대통령 개인의 야욕에 따른 정치적 목적을 달성하는 데 이용되었다고 보아야 한다.

1952년 초대지방의회가 출범한지 3년도 채 못 되어 이승만 정권은 지방자치법 제2차 개정을 단행했다. 그 주요 이유는 지방의회가 지방단체장에 대한 불신임을 결의하는 경우가 빈발하여 단체장들의 고유업무 수행이 어려웠고, 단체장과 의원들 사이에 청탁이나 이권거래가 성행하는 등 불법적 행태가 빈번했기 때문이다. 이후 1956년 2월 2차 지방자치법 개정 이후 5개월 만에 다시 지방자치법을 개정했는데, 이는 야당계 인사가 지방자치단체장 선거 승리를 최소화하기 위한 조치였다. 1958년 12월 24일 다시 한번 지방자치법을 개정했는데, 이때 지방자치단체장의 임명제를 도입하여 강력한 중앙집권적 통치체제를 구축하고자 지방자치제를 유명무실화시켰다. 요컨대, 이승만 정권은 1960년 4·19 혁명으로 붕괴될 때까지 지방자치제도를 통치자의 정치권력적 도구로 이용하였다고 볼 수 있다.

1960년 4·19 혁명은 민주주의 시대의 개막을 알리는 계기가 되었고, 새로 출범한 민주당 정권은 1960년 11월 1일 전면 직선제를 골자로 하는 지방자치법개정안을 확정하였다. 이에 따라 그해 12월에 서울특별시와 도의회선거, 시·읍·면장 선거 및 서울시장과 도지사선거가 실시되었다. 이는 우리나라 지방자치 역사상 최초로 완전한 자치의 형식을 취함과 동시에 실질적 권력의 공간적 분권화의 시발점이었다.

1960년대 초 도입된 지방자치제는 1961년 5·16 군사쿠데타에 의해 단명하고 말았다. 군사정권은 지방의회를 일시에 해산하고 각급 지방의회의 의결사항을 상급 지방자치단체장이 집행하도록 조치했다. 1962년 4월 21일 공포하여 시행된 '지방자치에 관한 임시조치법'에서는 지방자치단체장들을 임명직으로 제도화시켰다. 이처럼 지방의회가 해산되고 지방자치단체장이 임명직으로 바뀐 사실은 지방자치제를 근본적으로 부정하는 조치였다.

박정희 정부는 개정헌법(1962년 12월 26일)에 지방의회의 구성시기를 법률로써 정한다고 하였으나, 실제로는 그러한 법률을 제정하기 위한 아무런 조처도 취하지 않아 우리나라는 중앙집권적 시대로 접어들었다. 특히 박정희 정부에서는 안보와 경제발전이 국가의 최우선 목표로 설정되었고, 특히 한국의 급속한 경제성장을 위해 강력한 국가주도형 정부에 기초하여 권위주의 행정을 지속해 나갔다. 강력한 국가적 지도력을 위해 정치적 분권화보다는 행정적 일원화 논리가 지배적이었고, 지방은 중앙권력기관의 대리인에 불과했다. 이 때부터 지방자치제는 기나긴 암흑의 동면 속으로 빠져들게 되었고, 모든 정치적, 행정적, 경제적, 사회적, 그리고 문화적 측면들은 중앙집권화를 강화하는 방향으로 내 몰렸다.

한편, 기나긴 동면 속에 빠진 지방자치제는 한국 민주주의 이행시기에 재 부활의 징조를 보이기 시작한다. 즉 제5공화국 말기인 1980년대 중반 지방자치제가 다시 거론되기 시작한 것이다. 1987년 당시 민정당대표인 노태우의 '6 · 29선언'에 의하여 지방의회의 전면구성이 새롭게 제안되었고, 그 해 정부와 여당은 13대 대통령 선거공약으로 지방자치제의 전면적인 실시를 발표하였다. 이후 제 6공화국으로 출범한 노태우 정부시대부터는 지방자치의 발전의 진전이 있게 되지만 실제 많은 어려움에 직면하게 되었다. 특히 당시 여당이었던 민정당은 88년 3월 8일 임시국회 본회의에서 지방자치법과 지방의회의원 선거법 등을 단독으로 변칙 처리했고, 같은 해 4월 6일 공포된 지방자치법 부칙에 시 · 군 · 구의회는 89년 4월 30일까지, 시 · 도의회는 91년 4월 30일까지 구성하기로 하였으나, 지방자치단체장 선출시기에 대해서는 침묵하였던 사실은 주목할 만하다.

이후 1988년 4월 26일 실시된 13대 국회의원 선거결과 이른바 "여소야대"로 인한 야권 3당은 여당의 독주를 견제할 수 있게 되었다. 지방자치제를 논의하기 위해 야권 3당은 공조체제를 유지하였고, 1989년 3월 15일 임시국회에서 지방자치법 개정안을 통과시켰다. 정부 · 여당은 야당이 통과시킨 개정 법률안에 대해서 재의(再議)를 요구하면서도, 당시까지 유효하게 남아 있던 지방지치제 관련 현행법률, 곧 1989년 4월 30일까지 시·군·구의회를 구성한다는 법률적 약속마저 이행하지 않았다.

1990년 1월 민정당과 통일민주당, 신민주공화당이 이른바 3당 통합을 결행함으로써 지방자치제는 또 다시 표류하기 시작하였다. 새 집권 여당으로 등장한 민주자유당은 89년 12월에 합의한 지방자치제 관련 법안의 전면적 재검토를 선언하였다. 그러나 정부와 여당은 당시 법적인 효력을 지니고 있던 '90년 6월 30일 이전에 기초 및 광역 자치단체지방의회를 구성한다.'는 정치적 약속과 법률적 의무를 또다시 이행하지 않았다. 이에 대한 여·야간 첨예한 대립 끝에 1990년 12월 31일 정기국회에서 여야만장일치로 지방자치법 중 개정법률안, 지방의회의 원선거법 개정법률안, 그리고 지방자치단체장 선거법안 등이 통과되었다. 그러나 정부와 여당은 지방자치제의 전면적인 실시에 대한 미온적인 태도로 일관하다가, 1991년 지방의회만 부활시키고 단체장 선거는 일방적으로 연기하여 이른바 반쪽 지방자치제가 실시된 것이다.

1992년 12월 제14대 대통령으로 당선된 김영삼 정부에 이르러서는 이른바 완전 지방자치제를 가져오는 계기를 마련하였다. 김영삼 정부는 단체장선거를 포함한 이른바 4대 지방선거를 1995년 6월 27일에 실시한다는 내용을 담은 지방자치법을 국회에서 통과시키고 공포하였다. 그리고 마침내 1995년 6월 27일에 역사적인 4대 지방선거가 실시되었다. 이에 따라 한국의 제5회 지방의회가 출범하게 되었고, 지방자치단체장 선거는 30여년 만에 부활하여 비로소 완전한 지방자치제가 이루지게 되었다.

위에서 살펴본 바와 같이, 지방자치제도는 오랜 고통과 굴곡의 역사 속에서 그 면모를 이어오고 있다. 그리고 본격적인 지방자치제가 실시되어 그 제도가 지닌 명암(明暗)을 지닌 채 20여년의 성년기를 맞이하고 있다. 이제 소중한 역사적 발전을 토대로, 우리나라 지방자치제를 보다 성숙한 민주시민 의식 하에 효율적이고 생산적인 운영으로 선진 민주국가의 발전을 도모해야 할 것이다.

2. 한국 지방의회의 구성

우리나라 지방의회의 역사, 즉 지방주민들의 대표기관을 설치한 역사는 결코 짧지 않다. 조선시대의 향청제도, 갑오·을미개혁 이후의 향회제도, 일제강점의 도회·부회·읍회 제도 등은 지방의회의 유사제도로 볼 수 있다. 그러나 조선시대의 향청(鄕廳)은 주민들의 대표기관이기보다는 양반·토호들의 대표기관으로서 의결권이 아닌 일종의 자문권을 가지는 것이었다. 갑오경장 이후의 향회(鄕會)는 의결권을 가진 근대적 지방의회의 첫 출발이었으나 시행을 못보고 국망과 함께 폐지되고 말았다. 일제시대의 도·부·읍회(道·府·邑會)는 형식상으로는 근대적 지방의회의 조건을 거의 갖춘 것이었으나 내용상으로는 일본제국의 조선식민지통치를 위한 수단으로서 여러 가지 제약조건이 붙은 것이었다. 결국 우리나라의 근대적 지방의회제도가 채택된 것은 대한민국 수립 후 1949년에 지방자치법이 제정된 이후부터 보아야 한다.

하지만 앞서 우리나라 지방자치제도의 역사에서 살펴본 바와 같이 지방자치법이 제정된 이후부터 지방의회 구성은 많은 질곡의 역사를 겪으면서 오늘에 이르고 있다. 즉 1948년 우리나라 초대헌법에 지방자치를 명문화하고, 이듬해 지방자치법을 제정하였지만 6·25전쟁으로 지방의회를 구성하지 못하였다. 이후 1952년에서야 비로소 지방의회를 구성하게 되었으나, 1961년 군사정권에 의하여 지방의회가 해산되었고, 그 후 헌법 부칙에 의해 구성시기를 뒤로 미루어 지방의회가 구성되지 못하여 왔다. 이처럼 지방의회가 구성되지 않은 시기에 있어서는 지방의회의 의결을 요하는 사항은 중앙감독기관의 승인을 얻어 시행하도록 되어 중앙에 종속될 수밖에 없었다.

지방자치제도는 정치적 우역곡절을 겪은 후, 1988년에 지방자치법이 전문개정이 이루어지게 되어 1991년 3월 26일에 기초의회 의원선거를 그리고 동년 6월 20일에 광역의회 의원 선거를 실시하게 되어 실로 30여년 만에 지방의회를 재구성하게 된 것이다.

〈표 8-1〉은 우리나라 지방의회의 선거의 경위를 보여주고 있다. 우리나라 지방의회는 1952년 전란 중 최초 선거가 실시되었는데, 이 때 선거는 선거실시가 가능한 한강 이남 지역에서 실시하였고, 그 후 1956년에 제2회 그리고 1960년에 제3회의·총선거를 실시하였다. 그러나 1961년 군사 쿠데타에 의해 지방의회는 해산되었고, 이때부터 지방의회의 기능을 상급 감독기관이 대행함은 물론 자치단체장을 국가공무원으로 임명함에 따라 중앙집권적 시대로 접어들게 된다. 이후 기나긴 동면의 늪으로 빠진 지방자치는 1980년대 민주화 운동의 급격한 시대적 격변 속에서 1988년 지방자치법이 전문개정이 이루어지고, 이 개정법에 따라 지방의회와 자치단체장 선거를 실시하기로 하였으나 정치적 사정으로 인해 선거가 이루어지지 못했다.

이후 1991년에 와서는 5·16 군사 쿠데타에 의해 해산된 지방의회가 약 30년 만에 제 4회 지방 총선거를 통해 부활하는 역사적 전기를 맞게 된다. 이어 1995년에 지방의회 의원과 자치단체장을 동시에 선거하는 제 5회 지방 총선거를 실시하였다. 하지만 1995년에 당선된 지방의원과 단체장들에 한에서는 임기 3년 단축경과조치에 따라 1988년에 제 6회 지방총선거가 실시되었고, 2002년의 제 7회 총선거가 실시되었다. 그리고 2006년의 제 8회 총선거에서부터는 후보자에 대한 투표와 동시에 그 후보자를 공천한 정당에 대한 투표도 동시에 실시하는 동시선거가 실시되었고, 이후 2010년 제 9회, 2014년 제 10회의 선거가 실시되어 오늘에 이르고 있다.

〈표 8-1〉 우리나라 지방의회의 역사

횟수	선거일	선거		비고
		지방의원	자치단체장	
제1회 (1952)	1952. 4. 25	시·읍·면 의원선거		전시중 선거실 시가능지역 실 시
	1952. 5. 10	도의회의원선거		
제2회 (1956)	1956. 8. 8	시·읍·면 의원선거		정부수복후 실 시 580개 시·읍· 면 실시
	1956. 8. 8		시·읍·면장 선거	
	1956. 8. 13	서울시·도의원선거		
제3회 (1960)	1960. 12. 12	서울시·도의원선거		4·19이후선거
	1960. 12. 19	시·읍·면 의원선거		
	1960. 12. 26		시·읍·면장 선거	
	1960. 12. 29		서울시 도지사 선거	
제4회 (1991)	1991. 3. 26	시·읍·구 의원선거		30년만의 지방 의회 부활
	1991. 6. 20	시·도 의원 선거		
제5회 (1995)	1995. 6. 27	시·군·자치구 및 시·도의원 선거	시·군·구청장 및 시도지사 선거	4대 동시선거
제6회 (1998)	1998. 6. 4	〃	〃	
제7회 (2002)	2002. 6. 13	〃	〃	
제8회 (2006)	2006. 5. 31	〃	〃	4대 동시선거, 후보자·정당투 표
제9회 (2010)	2010. 6. 2	시·군·자치구 및 시·도의원, 교육의원 선거	시·군·구청장 및 시도지사, 교육감 선거	
제10회 (2014)	2014. 6. 13	〃	〃	
제11회 (2018)	2018.	〃	〃	

우리나라 지방의회는 헌법기관이며 지방자치단체의 의사기관일 뿐만 아니라 주민대표로 이루어진 합의제 기관이다. 지방의회는 주민의 보통·평등·직접·비밀투표에 의하여 선출된 지방의원으로 구성되고, 지방의원의 정수는 광역자치단체의 경우 관할구역 안의 시·군·구를

기준으로, 기초자치단체의 경우 당해 시·도의 총 정수 범위 내에서 자치구·시·군의 인구와 지역대표성을 고려하여 정하도록 되어 있다(「공직선거법」 제22조, 제23조).[2] 그리고 현 지방의회는 광역의회와 기초의회로 이루어져 있는데, 지방의회는 반드시 주민으로부터 직선을 통해 선출된 지방의원으로 구성되어야 하며, 다른 하나는 자치단체의 중요한 의사를 다루며 결정하는 기관이라는 특징을 지니고 있다.

이와 같은 특수한 역사성을 지니고 있는 우리나라 지방의회는 현재 어떻게 구성되고 존재하고 있을까?

정부란 국가의 통치권을 행사하는 기관이다. 정부는 관할하는 사람들의 요구를 받아들이고 그것들을 조정하여 법률, 정책으로 변환하거나 또는 법률, 정책을 집행하여 분쟁을 조정하는 기능을 행사한다. 정부의 기능은 국가뿐만 아니라 지방자치단체도 가지고 있기 때문에 지방자치단체도 지방정부로서 인정된다. 환언하면, 국가에 국가의 업무를 현실적으로 수행해 나가는 중앙정부가 있듯이, 지방자치단체에는 지방자치단체의 업무를 현실적으로 수행하는 지방자치정부가 있다. 지방자치단체는 자치권을 가진 법인이고, 지방자치정부는 그 법인의 자치권을 실제로 행사하는 기관이다.

이러한 지방정부 또는 지방자치단체는 국가와 같은 모습의 통치단체 성격으로서 당연 자치행정권과 함께 자치입법권을 갖는다. 그리고 지방자치단체는 상급지방자치단체(특별시 · 광역시 · 도)와 하급지방자치단체(시 · 군 · 자치구)로 나뉘고[3] 이 지방자치단체의 기관에는 의결기관인 지방의회가 존재하는 것이다.

따라서 현행 우리나라의 지방행정구조의 2계층제 따라 상급지방자

---

2) 현행 「헌법」 제118조에서 지방자치단체에 의회를 둔다고 규정하고 있으며, 의회의 조직 · 권한 의원선거와 지방자치단체의 장의 선임방법 기타 지방자치단체의 조직과 운영에 관한 사항은 법률로 정한다고 하고 있다.

3) 지방자치단체는 보통지방자치단체와 특별지방자치단체로 나뉘는데, 전자는 그 존립목적이나 수행하는 기능이 일반적인 성격을 지닌 자치단체(예: 특별시 · 광역시 · 도 · 특별자치도, 시 · 군 · 자치구)를 의미하는데 비해 후자는 특수한 행정사무를 처리하기 위해 또는 행정사무의 공동처리를 위해 설치되는 자치단체를 말한다(예: 상수도관리, 하천관리, 소방, 교육 등).

치체인 광역자치단체의회(광역의회)와 하급지방자치단체인 기초자치단체의회(기초의회)가 존재하고, 광역의회는 1 서울특별시의회, 6광역시의회 8도의회, 1특별자치도의회를 두고 있으며, 기초의회는 74시의회, 84군의회, 69자치구의회를 두고 있다.[4)]

광역의회는 광역자치단체(특별시·광역시·도·특별자치도)의 중심 사항을 최종심의·결정하는 의결기관을 말한다. 광역의회는 지방정부를 상대로 한 작은 국회라는 점에서 운영 방식과 권한, 의원의 임기 및 신분상 대우는 기초의회와 비슷하지만, 견제 대상 자치단체와 의회 사무국 조직이 크고, 상임위원회를 둘 수 있으며, 기초 의회에 비해 연간 회의 개최 일수가 길고, 대상이 되는 자치단체의 규모에 따라 사무국 조직이 크고 실무 책임을 사무처(국)장이 맡는다.

이에 비해 기초의회(基礎議會)는 주민을 대표해 각 기초자치단체(시·군·구)의 중요 사항을 최종 심의·결정하는 의결기관을 말한다. 그 권한 역시 광역의회와 동일한 예산·결산의 심의·의결 기능, 조례 제정의 입법 기능, 자치행정을 감시하는 통제기능, 지역 현안에 대한 조정 기능을 수행하지만, 광역의회에 비해 상대적으로 그 조직 면에서 크지 않다는 점이 다르다. 광역의회와 기초의회에 대한 상세한 사항은 '제9장 지방정부와 지방의회의 유형'에서 살펴보기로 한다.

---

4) 현행 지방자치단체의 행정계층은 특별시, 광역시, 도, 특별자치도로 구성된 광역자치단체와 시, 군, 구로 이루어진 기초자치단체, 일반 지방행정기관인 행정구, 읍, 면, 동, 리 등으로 구성되어 있다. 이러한 지방행정 구조는 자치계층과 행정계층의 이원적 구조를 가지고 있다. 자치계층은 광역자치단체와 기초자치단체로 구분하고 있고, 행정의 능률성을 제고하기 위해 기초자치단체의 하부행정기관으로 읍(216)·면(1,198)·동(2,071)을 두고 있다.

지방정부와 지방의회의 유형

제 1 절   지방정부와 조직

1. 지방정부의 의의

　우리는 국가와 중앙정부 그리고 지방정부라는 용어를 사용하고 있는데, 그 내포하고 있는 의미를 정확하게 아는 것이 중요하다. 왜냐하면 국가의 행정기능은 중앙정부와 지방정부의 분업과 협력에 의하여 수행되기 때문이다. 특히 중앙정부와 지방정부의 관계는 법률적 의미의 자치권이 행사되는 범위를 한정지을 뿐만 아니라 실질적으로 자치권의 내용을 이루기도 하는 것이므로 지방자치단체의 책임소재와 관련하여 그리고 중앙정부와 지방정부 및 광역자치단체와 기초자치단체간의 관계설정에 있어서도 중요하기 때문이다.

　중앙정부는 보통 정부(government)라고 하는데 국가의 통치권을 행사하는 기구를 의미한다. 광의의 의미로는 입법과 사법 및 행정 등한 나라의 통치기구 전체를 가리키기는 것이며, 협의의 의미로는 내각 또는 행정부 및 그에 부속된 행정기구만을 가리킨다고 할 수 있겠다.

그리고 중앙정부는 대통령과 국무총리에 의해 행정부가 조직이 되어 있으며, 현재 우리의 경우 국방과 치안 및 검찰과 재판부는 중앙정부 소속이다.

이와 같은 중앙정부와 달리 지방정부는 어떤 의미를 지니고 있을까?

지방정부는 중앙정부에 대한 지방의 자치정부를 일컫는 말로써 지방자치단체라고도 함께 쓰인다. 지방정부는 국가, 즉 중앙정부 아래에서 국가영토의 일부를 구성요소로 하고 그 구역 안의 주민을 법률이 정하는 범위 안에서 지배할 수 있는 권한을 가진 단체를 말한다. 지방정부는 지방자치행정의 주체로서 국가로부터 행정권의 일부를 부여받은 공공단체의 전형적인 존재이며 공법인이다. 이에 따라 지방정부는 그 사무를 처리함에 있어서 주민의 편의 및 복리증진을 위하여 노력하고, 조직 및 운영의 합리화와 그 규모의 적정화를 도모하며, 법령이나 상급지방자치단체의 조례에 위반할 수 없다. 지방정부는 그 관할구역의 자치사무와 법령에 의하여 지방자치단체에 속하는 사무를 처리하는 것이다.

요컨대 국가에 국가의 업무를 현실적으로 수행해 나가는 중앙정부가 있듯이, 지방자치단체에는 지방자치단체의 업무를 현실적으로 수행하는 지방자치정부가 있다. 지방자치단체는 자치권을 가진 법인이고, 지방자치정부는 그 법인의 자치권을 실제로 행사하는 기관이다. 이러한 지방자치정부를 흔히 "지방정부" 또는 "자치정부"라고 한다(최창호, 2011: 17).

이러한 지방정부는 아주 폭넓은 자율성을 가지고 있지는 않지만 대체로 주민생활 복지의 제공, 개인적 사회서비스와 교육의 제공 등의 책임을 담당하고 있다. 즉 지방정부는 지역주민에게 제공해야 할 공공서비스의 본질을 결정할 어느 정도의 자율성을 가지고 있다. 지방의 자율성에 대한 정당화는 제공되는 서비스의 종류와 수준이 욕구와 정치적 선호도에서 차이를 반영하는 데에 따라 지역마다 다르다. 그러나 우리나라 지방정부의 자율성은 국회의 통치권과 함께 지방정부 재정의 많은 부분을 중앙정부에 의존하고 있어 제한되어 왔다. 특히 지방정부 자율성의 제한은 계속되고 있는데, 그 주요 이유는 지방정부의 비용을 통제하고자 하는 중앙정부의 결정이 이루어져 왔다. 또한 기능배분의 합리적 기준 결여로 인한 중앙·지방간 사무구분의 불명확 그리고 행정 사무들이 과도하게 중앙에 편중되어 있다는 사실이다.

오늘날 세계화에 따른 무한경쟁의 행정환경 변화와 함께 지방정부 가 국가발전의 새로운 동력과 경쟁단위로 등장하면서 권한 및 기능의 분권화가 더욱 촉구되고 있다. 따라서 기존의 중앙정부가 관장하던 사 무의 일부를 지방자치단체에 이양함으로써 당해 자치단체가 자신의 특 수성에 맞추어 자주적으로 행정사무를 수행할 수 있도록 해야 할 것 이다.

2. 지방정부의 조직

우리나라는 1949년 7월에 제정·공포된 지방자치법에 의하여 모든 지방자치단체의 정부조직 형태를 의결기관인 의회와 집행기관인 자치 단체장이 분립하는 기관분립형으로 정하여 오늘에 이르고 있다. 집행 기관인 자치단체장의 선임은 지방자치법의 계속되는 개정과 더불어 간 선, 직선, 임명의 여러 가지 방법이 번갈아 채용되었다.

우리나라 헌법은 지방자치를 보장하고 지방자치단체의 조직과 운영 등에 관한 사항을 법률로 정하도록 되어 있는데(헌법 제117조·제118 조), 이에 따라 제정된 법률이 지방자치법이다. 지방정부 또는 지방자 치단체는 국가와 같은 모습의 통치단체 성격을 가지며, 단순한 경제단 체가 아니다. 따라서 그 권능으로는 자치행정권은 물론이고 조례를 제 정·개폐하는 자치입법권과 지방세 과징, 사무처리 경비를 수입·지출 하는 자치재정권 등이 인정된다. 지방자치단체의 종류는 보통지방자치 단체와 특별지방자치단체(지방공공조합)로 대별될 수 있고, 보통지방 자치단체는 다시 상급지방자치단체(특별시·광역시·도)와 하급지방자

치단체(시·군·자치구)로 나뉜다. 지방자치단체의 기관에는 의결기관
인 지방의회가 있고, 집행기관으로 지방자치단체의 장, 보조기관(부지
사·부시장·부군수·부구청장·행정기구), 소속행정기관(직속기관 ·사
업소·출장소·합의제 행정기관을 설치할 수 있다), 하부행정기관(구
청장·읍장·면장·동장·하부행정기구)이 있다.

여기서 우리는 지방자치행정의 실질적 중심이 되고 있고, 당해 지역
내에서 종합적인 자치기능을 수행하는 보통지방자치단체를 이해할 필
요가 있다. 보통지방자치단체는 그 존립의 목적이나 수행하는 기능이
일반적인 성격을 지니는 지방자치단체를 말한다.[1] 그리고 이 보통자
치단체의 성격과 권능에 따라 그 종류를 나누어 일정한 단계를 취하
고 있는데, 이 단계에 있어서는 단층제(single-tier system) 또는 중
층제 및 다층제(multi-tier system)형태로 나타난다. 단층제는 지역
적 사무를 처리하는 제일선의 지방자차단체가 국가와 직접적으로 연결
된 형태이고, 중층제는 일선의 지방자치단체와 국가 사이에 또 따른
층의 지방자치단체가 존재하는 형태를 말한다.[2]

현재 우리나라 보통지방자치단체는 특별시·광역시·도·특별자치
도와 시·군·자치구인 2층 구조 형태를 취하고 있으며, 종류는 모두
7종이다. 여기서 특별시·광역시·도·특별자치도를 광역자치단체라고
하는데, 이 광역자치단체는 국가와 시·군·자치구의 중간에 위치한
다. 그리고 광역자치단체의 기능은 광역적인 사무의 처리, 통일적 처
리가 필요한 사무, 시·군·자치구에 관한 연락·조정에 관한 사무,
시·군·자치구에서 처리하기에 부적당하다고 인정되는 사무를 처리
한다(한국지방자치학회, 2000: 162). 이에 비해 시·군·자치구는 지
역주민에 가장 가깝고 밀접한 기초지방자치단체로서 지방자치의 기반

---

1) 일반적으로 지방자치단체라고 하면 보통지방자치단체를 의미한다. 이 보통자치단
   체는 교통, 환경, 주택, 복지 등 지역주민의 생활과 밀접히 관련된 사무전반에
   대해 종합적인 권능을 보유하고 있는 지방자치단체를 의미한다.
2) 중층제 형태를 취할 경우 일반적으로 2층 구조 형태를 취하고 있으나, 국가에
   따라서 3-4층의 다층구조 형태를 취하는 경우도 있다.

이 된다.

〈표 9-1〉에서 보는 바와 같이 현재 우리나라는 광역자치단체인 17개의 시·도와 기초자치단체인 227개의 시·군·구가 있다.

〈표 9-1〉 우리나라 지방자치단체 현황(2014년 12월 현재)

전국	244개(광역 17시도, 기초 227시·군·구)
광역 (17개)	서울(25區), 부산(15區 1郡-기장군), 대구(7區 1郡-달성군), 인천(8區 2郡-강화군 옹진군), 광주(5區), 대전(5區), 울산(4區 1郡-울주군), 세종(자치시) 경기(27市4郡), 강원(7市11郡), 충북(3市9郡), 충남(8市7郡), 전북(6市8郡), 전남(5市17郡), 경북(10市13郡), 경남(8市10郡), 제주(자치도). * 세종특별자치시 : 12.7.1 출범, 기초단체 기능을 병행하는 광역자치단체(1邑 9面 2行政洞) * 제주특별자치도 : 06.7.1 출범, 단일광역자치단체와 2개의 행정시(제주시, 서귀포시), 행정시는 기초단체가 아님.
기초 (227개)	74市 84郡 69區

한편, 모든 제도는 그 국가가 지니고 있는 특수적 역사와 문화의 소산이기 때문에 세계 각국의 지방정부 형태는 매우 다양하다. 이러한 다양한 정부형태의 채택은 각 나라마다 지니고 있는 역사적 전통과 함께 각 지방의 경제·사회적 환경이 다양한 데에 연유한다. 일반적으로 지방정부의 조직형태를 전국적으로 획일화시켜 통일하는 나라도 있다. 또한 지방자치의 계층에 따라 조직형태를 달리하거나, 도시지역과 농촌지역에 따라 달리하는 국가, 동일한 국가 내에서도 지역마다 그 정부형태를 다원적으로 구성하고 있는 나라도 있다.

제2절 지방의회의 유형

지방의회의 유형은 지방정부가 어떠한 형태를 갖고 있는가에 따라 다르다.[3] 즉 직접민주주의의 원리에 입각한 지방정부의 기관구성의 형태에 따라 지방의회의 형태도 달라질 수 있다고 할 수 있다. 이하에서는 지방정부의 기관구성에 따른 지방의회의 유형을 살펴본다.

1. 기관통합형(의회-집행부 통합형)

(1) 통합형의 특징과 내용

통합형은 지방자치정부 조직에 있어서 의결기능과 집행기능을 모두 단일의 기관에 집중시키는 유형이다. 이 유형은 기관통합형이라고도 불리는데, 여러 가지 장점과 단점을 가지고 있다.

장점으로는 지방자치상의 모든 권한이 주민대표기관에 집중되어 있어서 책임정치를 실현할 수 있고, 의결·집행기관 사이의 알력을 피할 수 있으며, 복수인의 의사에 따라 신중하고도 공정한 통치를 행할 수 있는 등을 들 수 있다. 이에 반해 단점으로는 단일의 기관에서 모든 권한을 행사하므로 견제와 균형이 결여되어 권력을 남용할 우려가 있고, 행정의 전문성을 발전시킬 수 없으며, 단일의 지도자·책임자가 없으므로 책임소재의 명백화하기 곤란하다는 면을 지니고 있다. 이 통합형의 전형적인 실례는 영국의 의회형(parliamentary system)과, 미국의 위원회형(commission or board system), 그리고 프랑스의 의회의장형(council-presidential)이다.

---

3) 지방정부의 기관구성형태에 관한 상세한 설명은 최창호, 2001: 444-450 ; 정세욱, 1995: 433-451 ; 김병준, 1997: 209-216 ; 김영기, 1998: 116-136 ; 한국지방자치학회, 2000: 282-287 참조.

이와 같은 통합형에는 3가지 전형적인 유형이 있는데, 의회형, 위원회형, 의회의장형이라 할 수 있다.

첫째, 의회형은 의회가 입법기능과 집행기능에 관련된 모든 사항을 담당하고 있다. 이 유형에서는 지방자치단체의 장은 별도로 존재하지 않으며, 의회의 의장이 해당 자치단체를 대표한다. 의회에 각 전문기능별로 분과위원회가 설치되어, 분과위원장이 각 행정부서의 장이 되고, 분과위원이 각 행정부서의 간부가 됨으로써 각 분과위원회가 사무조직인 행정각부서와 긴밀한 관계를 가지고 자치단체의 행정업무를 수행한다.4)

둘째, 위원회형은 주민에 의하여 직선되는 복수의 위원으로 구성되는 위원회가 입법권과 행정권을 모두 행사하는 유형이다.5) 위원회 (commission)는 이사회(board)라고도 불리는데, 보통 3~5인 정도의 소수위원으로 구성되며, 위원 가운데 1인이 자치단체 장의 직무를 담당하지만, 그 실질적 권한은 그리 크지 않다. 각 위원은 각각 담당하는 전문기능분야를 갖고 각 행정부서 책임자로서의 역할을 수행하는 것이 특징이다.

셋째, 의회의장형은 지방의회의 의장이 집행기관의 장으로서의 지위를 겸하고, 그 의장 밑에 집행의 사무조직을 두고 있는 유형이다.6)

2. 기관분립형(의회-집행부 분립형)

(1) 분립형의 특징과 내용

분립형은 지방자치정부 조직에 있어서 의결기능과 집행기능을 각각 다른 기관에 분담시켜, 각 기관의 상호 견제와 균형을 통하여 지방자치를 운용해 나가도록 하는 유형이다. 이 유형은 기관대립형이라고도

---

4) 예컨대, 영국, 인도, 호주, 뉴질랜드, 남아공화국 등 영연방국가에서 채용하고 있다.
5) 미국의 county에서 많이 볼 수 있는 유형이다.
6) 프랑스 지방분권법(1982년)에 의해 중간자치단체(département)와 광역자치단체(région)에서 채용되고 있는 유형이다.

불리는데, 앞 기관통합형과 반대의 장단점을 가지고 있다. 장점으로는 견제와 균형을 통한 권력남용의 방지, 집행기능 전담기관을 통한 행정의 전문화, 단일의 지도자·책임자를 통한 행정책임의 명백화를 기할 수 있다. 이에 반해 단점으로는 기관 간 대립·알력의 심화, 주민대표 기관에의 책임성의 약화, 단일 지도자·책임자의 편견적 의사결정 가능성 등이 존재한다. 이와 같은 분립형에는 가장 일반적인 의회·수장형을 비롯한 의회·개별행정관형, 위원회·수석행정관형 등이 있다.

첫째, 의회·개별행정관형은 의결권을 행사하는 의회의 의원을 주민이 직선하는 외에, 각 분야별로 각기 집행권을 행사하는 보안관(sheriff), 법무관(attorney), 재무관(treasurer), 검시관(coroner), 자산평가관(assessor) 등을 따로 주민이 직선하여, 의회와 이들이 견제와 균형을 유지하면서 지방자치를 운용하는 유형이다.

둘째, 위원회·수석행정관형은 위원회에 대립하는 수석행정관을 주심이 별도로 직선하여 의결기관과 집행기관이 견제·균형을 유지하도록 하는 특별한 유형이다.

셋째, 의회·수장형은 기관분립형의 가장 일반적인 유형이라 할 수 있다. 이 유형은 의회와 분리해, 해당 자치단체를 대표하며 집행에 관하여 궁극적 책임을 지는 수장을 별도로 두어, 의회와 수장 간에 견제와 균형이 유지되도록 하는 유형이다.[7] 하지만 이 유형에서 수장의 직위 및 권한은 각 나라, 각 자치단체의 특수성에 따라 다양성을 보이고 있다. 즉 수장의 지위와 권한이 허약한 경우를 약수장형(weak mayor plan) 또는 의회우위형, 이에 반대로 수장의 권한이 강력한 강수장형(strong mayor plan) 또는 수장우위형 그리고 변용의 형태인 의회·관리인형(mayor-manager plan) 등이 존재한다. 특히 기관분립형에서 가장 보편적으로 채택 운용되고 있는 의회·수장형을 자세히 살펴보면 다음과 같다.

---

[7] 이 유형은 미국을 비롯한 독일, 일본 등 많은 국가에서 채용하고 있다. 특히 미국 전역에 걸친 각 시의 정부형태는 매우 다양한 형태를 지니고 있다.

넷째, 약수장형(의회우위형)은 의회가 입법권을 행사할 뿐만 아니라 많은 행정관의 임명을 포함하여 직접 집행업무에 관여하는 폭이 넓기 때문에, 수장은 지극히 제한된 범위의 행정권한만을 가지거나, 명목상·형식상의 존재에 불과한 경우도 있는 유형이다.

수장은 주민에 의하여 직선되거나 국가에 의하여 임명되는 경우도 있지만, 의회에 의하여 간선되는 경우가 대부분이다. 수장은 의회의 의결사항에 관하여 거부권(veto power)을 행사하지 못하며, 제한된 범위의 지방공무원 임명권만을 가지되, 그것도 의회의 동의를 요하는 경우가 대부분이고, 지방예산도 의회에 의하여 편성되며, 의회에 의하여 관리되는 경우가 대부분이다. 의회는 심지어 집행부의 사무조직에 의원을 배속시켜 각 국·과의 운영을 담당하도록 하는 경우도 있다. 이러한 유형은 극단적으로는 기관통합형에 가까워진다고 할 수 있다.

행정 비전문인들로 구성된 의회의 집행권 행사에는 한계가 있기 때문에, 미국에서는 이러한 의회우위형을 수정하는 의미에서 의회·관리인형을 채용하기도 한다. 의회·관리인형은 위의 약수장형의 한 변용형이라 할 수 있는데, 자치단체의 행정운영 전반에 대하여 책임을 지는 전문가인 관리인(지배인, 사무장, city manager)을 의회가 고용하여, 그를 통하여 집행권을 행사한다.

수장은 행정적 권한을 가지고 있지 않으며, 오직 대민관계에서 정치적 지도자이며, 대외관계에서 자치단체를 대표하는 의례적 존재에 불과하다. 의회는 관리인의 임명 및 해임권을 가지고, 조례제정권, 조정권, 재정권 등을 가지고 있음으로써, 관리인의 집행업무를 통제한다.

관리인은 자치단체 행정 전반에 걸쳐 지시권과 감독권을 가지며, 국·과장의 임명권, 예산편성권, 대 의회권고권 등 광범위한 권한을 가지고 있음으로써, 사실상 지방자치단체의 지도자가 되고 있다.

의회·관리인형은 행정전문가에 의한 능률적인 행정의 실현 등 장점을 가지고 있으나, 주민의 선출을 거치지 아니한 자에게 막중한 권한을 집중시키는 결과를 가져와 독선화할 위험을 가지고 있으므로 이러한 제도에 대하여는 오늘날 많은 비판이 가해지고 있다.

다섯째, 강수장형(수장우위형)은 수장이 해당 자치단체의 집행업무에 관한 실질적 책임자일 뿐만 아니라, 의회와의 관계에서 지도자적 지위에 있는 유형이다. 즉, 수장은 자치단체의 행정전반에 대하여 책임을 지며, 지방공무원에 대하여 폭넓은 임명·전보권을 가지고, 예산안제출 및 예산관리권을 가지며, 입법안의 제출 및 입법과정상의 권고권을 가질 뿐만 아니라, 의회의 의결사항에 대하여 강력한 거부권을 행사한다. 수장은 주민에 의하여 직선되거나 국가에 의하여 임명되는 것이 일반적이다. 오늘날 세계 도처의 의회·수장형은 대체로 강수장형에 가까운 것이다.

이러한 강수장형은 오늘날 방대하고 복잡한 행정업무와 정치적 지도업무를 수장 1인에게 부담시킴에 문제가 있어, 미국에서는 이를 수정하는 의미에서 다음과 같은 수장·관리인형을 채용하는 경향을 보이고 있다.

수장·관리인형은 강수장형의 한 변용형이라 할 수 있는데, 수장은 해당 지방자치단체의 형식상의 장으로서의 지위에 머물고, 실질적 권한은 그 수장에 의하여 임명되어 수장을 보조하는 행정의 전문가인 관리인(지배인, 사무장, city manager)에게 귀속시킨다.

이 유형에 있어서 관리인은 행정운용에 관한 감독권, 예산편성·관리권, 국·과장 임명권, 수장에 대한 권고권 등 행정상의 거의 전 권한을 가지고 있다. 이 유형은 수장은 대 의회관계 및 정치적 지도업무를, 관리인은 실질적 행정업무를 각각 분담함으로써 수장의 정치·행정적 과부담을 경감시켜 줌과 동시에 행정전문가에 의한 행정의 전문적 처리를 보장하는 유형이라 할 수 있다.

3. 절충형(의회-참사형)

1) 절충형의 특징과 내용

절충형은 지방정부 조직에 있어서 통합형적 요소와 분립형적 요소를 상호 조화시키는 유형이다. 즉, 의결기관과 집행기관을 따로 두되, 양 기관이 서로 대립되지 않도록 하는 유형이다. 의결기관과 집행기관을 따로 두고 있다는 점에서 분립형적인 요소를 지니고 있으나, 그들이 대립되지 않다는 점에서는 통합적인 요소를 가지고 있다. 일반적으로 절충형은 의회와 수장 이외에, 행정위원회 등 집행기능을 실제로 수행하는 기관을 따로 두어 집행기관을 2원화하고 있다.

이러한 절충형은 각각의 장단점을 가지고 있다. 장점으로는 대립과 알력·마찰을 피하면서 기관 상호간의 협조체계를 유지할 수 있고, 민의를 충실히 반영하면서 공정하고도 신중한 행정을 도모할 수 있다는 점이다. 이에 반해 단점으로는 통합형과 분립형의 각 장점을 상실한 행정의 실시, 기관 3원제로 인한 행정의 혼란과 지체·비능률, 책임소재의 불명확 등이 존재한다.

이와 같은 절충형에는 집행기관의 2분함에 따른 독임제와 합의제 형태의 다양한 유형이 존재한다.

첫째, 수장·관리인형은 집행의 두 기관을 모두 독임제로 하는 경우로는 수장·관리인형(또는 강수장·행정관리관형)이 이에 해당하는데, 관리인은 수장에 의하여 임명되어 집행기능을 실제로 담당하고, 수장은 집행에 관하여 전반적인 책임을 지며 대외적으로 자치단체를 대표한다. 이러한 수장·관리인형은 미국의 일부 지역에서 채용되고 있다.

둘째, 이사회·행정위원회형은 집행의 두 기관을 모두 합의제로 하는 경우로는 이사회·(부문별)행정위원회형을 둘 수 있다. 이 유형에서 이사회는 의회에 의하여 선출되며, (부문별)행정위원회는 의회에 의하여 간선되는 것이 일반적이지만, 직선 또는 임명되는 경우도 있다.

이사회는 집행에 관한 전반적 책임을 지고, 집행정책을 수립하며, 각 (부문별) 행정위원회의 집행에 대한 일반적 감독을 행한다. 집행기능을 실제로 수행하는 기관은 (부문별) 행정위원회이다. 수장을 따로 두지 않고, 의회의장은 대외적으로 의결기관을, 이사회 이사장은 집행기관을 각각 대표하는 것이 특징이다.8)

셋째, 수장·행정위원회형은 집행의 두 기관을 독임제와 합의제의 2원체제로 하는 경우로는 수장·행정위원회형을 들 수 있다. 이 경우 수장의 선임방법은 직선, 간선, 임명제에 걸쳐 다양하고, 행정위원회의 구성방법은 일반적으로 간선제이다. 어느 경우이든 집행에 관한 실질적 권한은 행정위원회에 있고, 수장의 지위는 집행에 관한 전반적 책임자인 경우 또는 단순한 의례적 존재인 경우 등 일정하지 않다.9)

이밖에 주민총회형(popular assembly system, town meeting form)이 있는데, 이는 직접민주제의 원리를 적용한 유형이다. 즉 당해 지방자치단체의 전 유권자들로 구성된 주민총회가 자치단체의 최고기관이 된다. 이 최고기관에서 자치단체의 주요 공직자를 선출함은 물론 자치단체의 기본정책, 예산, 인사문제 등을 결정한다.10)

오늘날 지방자치단체 행정구역개편을 비롯한 지방의회와 지방자치단체장 간의 관계정립에 있어서도 지방정부 기관구성 형태, 즉 지방의회의 형태를 어떻게 정립해야 할 것인가에 대한 논의가 중요하게 대두되고 있다. 바람직한 지방자치란 지역적 공간속에서 그 지역의 특성과 설정에 부합하는 지방정부의 기관구성 형태를 자율적으로 선택하는 것이 보다 민주적이고 효율적인 정치행정을 수행할 수 있다고 보여진다. 향후 새로운 지방자치 환경에 부합하고 지방분권화라는 시대적 요구에

---

8) 이사회·(부문별) 행정위원회형은 스웨덴, 노르웨이, 덴마크 등 주로 스칸디나비아 각국의 기초자치단체에서 채용되고 있다.

9) 직선수장·행정위원회형은 캐나다의 시에서 그 예를 볼 수 있고, 간선수장·행정위원회형은 독일의 일부 기초자치단체와 덴마크의 시 및 이탈리아의 일부 시에서 그 예를 볼 수 있으며, 임명수장·행정위원회형은 네덜란드의 기초자치단체에서 그 예를 볼 수 있다.

10) 이 유형은 스위스의 많은 기초자치단체에서 볼 수 있고, 일본의 정촌총회(町村總會), 미국 뉴잉글랜드의 타운 미팅(town meeting)이 해당된다.

부응할 수 있는 바람직한 지방정부의 기관구성 형태는 무엇에 중점을
두어야 하고, 그 형태 속에서 지방의회는 어떻게 설정되어야 하는지에
대한 논의가 필요하다.

4. 우리나라 지방의회의 유형

앞서 살펴본 바와 같이 우리나라 현행 제도 하에서 지방자치단체는
특별시·광역시·도·특별자치도와 시·군·자치구의 2층 구조 형태를
채택하고 있다. 그리고 이들 지방자치단체의 기관에는 집행기관과 지
방의회가 있다. 따라서 우리나라 지방자치단체의 기관구성형태는 기관
분립형을 취하고 있는 상태에서, 광역자치단체와 기초자치단체 각각의
지방의회를 구성하여 운영하고 있다. 환언하면, 광역의회는 특별시·광
역시·도·특별자치도의 지방자치단체에 있는 지방의회를 말하며, 기
초의회는 시·군·자치구의 지방자치단체에 있는 지방의회를 말하는
것이다.

따라서 우리나라 지방의회는 광역의회가 17개 그리고 기초지방의회
가 227개로 구성되어 있다. 즉 광역의회는 서울특별시의회, 광역시의
회, 도의회, 특별자치도의회가 있고, 기초의회의 경우는 시의회, 군의
회, 자치구의회 등이 있다.[11]

여기서는 광역의회의 대표적인 서울특별시의회와 기초의회의 대표적
인 원주시의회를 살펴보기로 하자.

〈그림 9-1〉은 광역의회의 하나인 서울특별시의회를 보여주고 있다.

---

11) 특히 주의할 점은 특별시와 광역시에만 구의회가 있으며, '시'의 경우는 천안
   시 같은 일반시를 일컫는 것이다. 그리고 '구' 중에 구청장을 선출하는 곳에만
   구의회가 있다. 예컨대, 성남시에 있는 구에는 구의회가 없음을 유의해야 한다.

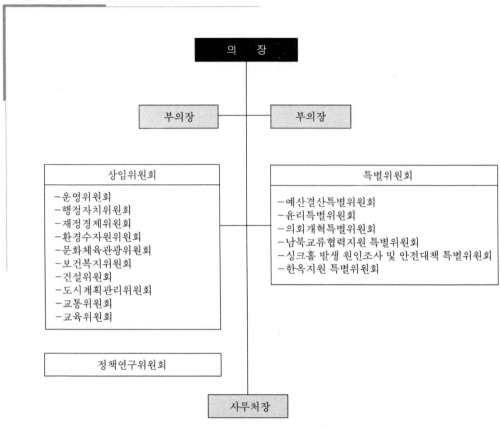

<그림 9-1>   서울시의회 조직도

서울시의회는 의장 1명과 부의장 2명의 의장단과 함께 상임위원회
와 특별위원회, 정책연구위원회, 사무처장 등으로 구성되어 있다.

상임위위원회는 운영위원회(3개 소관기관), 행정자치위원회(5개 소
관기관), 기획경제위원회(10개 소관기관), 환경수자원위원회(4개 소관
기관), 문화체육관광위원회(11개 소관기관), 보건복지위원회(12개 소
관기관), 도시안전건설위원회(4개 소관기관), 도시계획관리위원회(3개
소관기관), 교통위원회(5개 소관기관), 교육위원회(43개 소관기관) 등
10개의 위원회를 두고 있다.

특별위원회는 수개의 상임위원회 소관과 관련되거나 특별한 사안에
대한 조사 등일 필요한 경우에 본회의 의결로 설치하며, 특정한 안건
을 일시적으로 심사 처리하는 위원회이다. 서울시의회는 현재 예산결

산특별위원회, 윤리특별위원회 등이 있다. 그리고 이 특별위원회는 본
회의 의결로 정하여진 활동기간이 경과하거나 활동기간의 종료시까지
심사보고서를 제출한 안건이 본회의에서 의결될 때 소멸된다. 특별위
원회 구성은 의원 10인 이상의 연서로 구성결의안을 발의하여 운영위
원회 심사를 거치거나 운영위원회의 제안으로 본회의에서 의결한다.
또한 특별위원회의 정수는 20명을 초과할 수 없으나 예산결산특별위
원회의 위원 정수는 33명 이하로 구성할 수 있도록 하고 있다. 특히
특별위원회의 위원은 상임위원의 위원 선임방법을 따르나 예산결산특
별위원회의 위원은 교섭단체 대표의원으로부터 소속의원수 비율에 따
른 선임위원 요청과 상임위원회 위원수의 비율에 따른 의장으로 추천
으로 본회의에서 의결한다.

서울시 사무처 조직으로는 사무처장 아래 공보실, 홍보팀, 영상미디
어팀, 의정담당관, 의정지원팀, 시설관리팀, 의사담당관, 의안팀, 의정
정보화팀, 기록팀, 입법담당관, 법제관리팀, 의정조사팀, 의정자료팀,
예산정책담당관, 정책조사팀으로 구성되어 있고, 각 상임위원회별 전문
위원들이 있다.

서울시의회 사무처 인력현황은 〈표 9-2〉에서 보는 바와 같이 정원
총 266명으로, 일반직 147명, 별정직 15, 관리운영직 42, 전문경력관
4, 임기제인 58명으로 구성되어 있다.

〈표 9-2〉 서울시의회 사무처 인력현황

구분	합계	일반직					별정직			관리운영직	전문경력관	임기제
		소계	1급	4급	5급	6급이하	소계	4급	5급이하			
정원	266	147	1	4	25	117	15	10	5	42	4	58

〈그림 9-2〉는 기초의회의 하나인 원주시의회를 보여주고 있다.

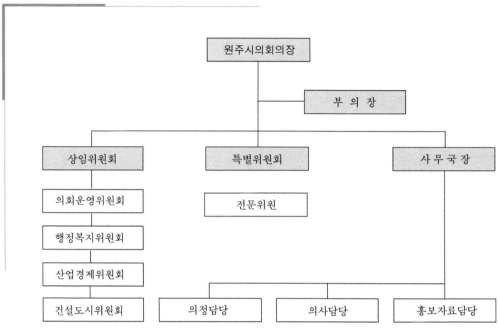

<그림 9-2> 원주시의회 조직도

원주시의회는 의회의장 1명과 부의장 1명의 의장단과 함께 상임위원회, 특별위원회, 사무국으로 구성되어 있다.

상임위원회는 각종 의안을 전문적이고 능률적으로 심사하기 위하여 의회 내에 설치되는 기관으로 본회의의 의결이 있거나 의장 또는 위원장이 필요하다고 인정할 때, 재적의원 3분의 1 이상의 요구가 있을 때 개회한다. 현재 원주시 의회에는 의회운영, 행정복지, 산업경제, 건설도시 등 4개의 상임위원회가 있다.

의회운영위원회는 9명의 위원으로 구성되어 있으며, 이 위원회 위원은 다른 상임위원회 위원과 겸직할 수 있다. 의회운영에 관한 사항, 의회사무국 소관에 속하는 사항, 회의규칙 및 의회운영과 관련된 각종 규칙에 관한 사항을 관장한다. 행정복지위원회는 7명의 위원으로 구성되어 있으며, 시정홍보실, 감사관, 안전행정국, 시민복지국, 보건소 및 지원감독부서 소관에 속하는 사항과 기타 타 실, 국의 사무에 속하지 않는 사항을 관장한다. 산업경제위원회는 7명의 위원으로 구성되어 있고, 경제문화국, 환경녹지국, 농업기술센터 및 지원·감독부서 소관에 속하는 사항을 관장한다. 건설도시위원회는 7명의 위원으로 구성되어 있고, 건설도시국, 상하수도사업소, 미래도시개발사업소 및 지원·감독 부서 소관에 속하는 사항을 관장한다.

원주시특별위원회는 특정한 안건을 심사하기 위하여 필요한 경우에 의회의 의결로 설치 및 운영되고 있으며, 위원회별 위원수는 9인 범위 내에서 구성하여 운영하도록 하고 있다. 이 특별위원회에는 예산결산 특별위원회와 윤리특별위원회가 있는데, 윤리특별위원회는 의원의 윤리심사 및 징계와 자격에 관한 사항을 심사하기 위하여 7명 이내로 구성하는 것으로 하고 있다.

한편, 원주시 사무국은 사무국장, 전문위원, 의정담당, 의사담당, 홍보자료 담당으로 구성되어 있고, 원주시의회 운영에 관련된 사무를 처리하기 위하여 31명의(청원경찰 1명, 무기계약직근로자 3명 포함)의 사무직원을 두고 있다. 원주시의회 사무국의 정원 및 현원은 다음 〈표 9-3〉과 같다.

〈표 9-3〉 원주시의회 사무국 인력 현황

구분	계	일반 4급	일반 5급	별정 5급	일반 6급	별정 6급	일반 7급	일반 8급	일반 9급	기능	청원 경찰	비고
정원	27	1	1	2	3	3	5	3	4	5	1	무기 계약 3
현원	31	1	3	-	6	6	8	1	-	8	-	

5. 새로운 기관구성 형태의 모색에 대하여

우리나라 지방자치단체의 기관구성형태는 기관대립형을 취하고 있다. 특히 기관대립형 가운데 지방자치단체장의 권한이 지방의회의 권한보다 상대적으로 강한 강시장-의회형 또는 자치단체장 우위적인 기관대립형의 형태를 채택하고 있다. 이렇게 자치단체장의 막강한 권한에 기초한 권력의 독점화 현상은 지방의 정치와 행정에 있어서 많은 폐단을 낳고 있어 향후 새로운 기관구성형태에 대한 방향성과 그 대안적 모형이 모색되고 있다. 특히 지방의회와 자치단체장간의 관계가 권력적 분립에 의거한 견제와 균형의 원리가 잘 작동되어 대의민주주의의 본연의 기능을 할 수 있도록 하는 차원에서 심각히 고려해야 할 것으로 보인다. 따라서 우리나라 지방자치단체의 획일적인 기관구성형태를 탈피하고, 그 지역의 공간성과 함께 특수성을 감안하여 보다 다양하고 적합한 제도를 채택할 필요가 있다.12)

향후 우리나라 지방자치단체의 기관구성 형태의 모색을 위해서는 지역적 특수성과 함께 기관구성형태가 갖는 권한의 배분에 초점을 두어야 할 것으로 보인다.

첫째, 지역의 공간적 특수성은 대도시 지역과 중소도시 지역 그리고 농촌형 지역에 적합한 지방자치단체의 기관구성형태를 고려해야 할 것이다. 즉 대도시 지역은 미국의 강시장·의회형을 도입하는 것을 고려하고, 중소도시와 농촌형 지역 같은 경우에는 시정관리형 및 시지배인형의 도입을 고려해 볼 필요가 있다.

둘째, 권한의 배분적 차원인데, 이는 지방자치단체장과 지방의회의 권한의 배분을 통한 견제와 균형의 원리가 잘 작동될 수 있도록 하는 데 있다. 즉 미국의 강시장·의회형을 도입을 고려할 경우, 지방자치단체장의 권한과 지방의회의 권한의 배분의 형태를 유념해 볼 필요가 있다. 미국의 강시장·의회형은 우리나라의 그 구성형태는 동일하지만, 지방자치단체의 권한에 대해 지방의회가 적절히 견제할 수 있는 권한이 제도적으로 잘 갖추어져 있다. 즉 인사권 및 조직권 등 지방자치단체장의 주요 권한행사에 대해 지방의회가 승인을 요구할 수 있을 뿐만 아니라, 시정운영의 목표와 방향에 대해서도 지방자치단체장과 지방의회간의 합의를 제도적으로 보장하고 있다는 측면에서 향후 우리나라 지방의회의 권한 확대에 따른 양 기관간의 균형적 관계 모색을 위해 도입할 필요성이 있다고 하겠다.

---

12) 이 부문에 대한 자세한 논의는 황아란, "지방자치단체의 기관구성 모형', 서울: 한국지방행정연구원(제292권), 1998. 9를 참조.

　한편 시정관리형 또는 시 지배인형은 정치·행정을 분리한 기관운
영으로 행정의 전문적 관리와 능률성을 강조할 수 있고, 의회우위의
권력통합적인 기관구성으로 지방의회와 집행기관의 협력적 관계를 확
보할 수 있다는 점에서 도입의 필요성이 있다고 보인다. 요컨대, 향후
우리나라 지방자치단체 구성형태는 현 지방자치단체장의 강력한 권한
에 따른 권력의 독점으로부터의 폐단을 방지하기 위해 지방의회의 권
한과 역할을 보다 강화하는 전제하에 그 구성의 형태를 지역적 특수
성을 고려하여 다양한 형태를 모색할 필요성이 있다.

지방의회의 지위와 기능

제1절   지방의회의 지위와 역할

1. 지방의회의 지위

지방의회와 집행기관의 상호관계를 어떻게 정립하느냐에 따라서 지방정부의 기관구성형태도 다양하게 분류되며, 이에 따라 지방의회의 지위와 성격도 달라진다. 기관통합형은 의결기능과 집행기능을 모두 단일의 기관에 집중시키는 유형으로, 이에서는 지방의회가 의결권뿐만 아니라 집행권까지도 갖고 있어 모든 권한이 지방의회에 통합되어 있다. 이에 반해 분립형은 의결기능과 집행기능을 각각 다른 기관에 분담시켜, 상호 견제와 균형을 유지하는 유형으로, 이에서는 지방의회는 의사기관으로서 정책을 의결하고 집행기관을 견제·감시하는 지위와 권한만을 갖는다.

국회가 국민의 대표기관이듯이 지방의회는 집행부와 더불어 주민의 대표기관이다. 주민대표의 개념은 국회와 마찬가지로 대의제의 원리를 근거로 둔다. 지방의회는 주민의 대표기관으로서 지위를 가지며, 지방의회가 결정한 의사는 주민의 의사이다. 「헌법」과 「지방자치법」에는 지방의회를 주민의 대표기관이라 명문으로 규정하고 있지 않으나, 지방자치단체에 의회를 두도록 규정하고 있는 「헌법」과 이에 근거한 「지방자치법」의 내용에 비추어 볼 때 지방의원 각자는 주민의 대표자를 의미한다. 이에 따라 지방의회는 주민대표로 구성된 지방자치의 중심기관이고 민주주의 상징이라 할 수 있다.

우리나라 지방의회의 지위는 주민의 직접선거에 의한 의원으로 구성된 의사기관으로서, 지방자치제도 하에서 반드시 설치되어야 하는 필수기관이다. 특히 헌법상의 규정에 따라 지방자치법과 공직선거 및 선거부정방지법에서 지방의회의 조직·권한·의원의 신분·회기·회의·질서·의원선거 등에 관하여 광범위하게 규정함으로써 지방의회의 법적인 지위는 보장되고 있다.[1]

따라서 우리나라의 지방의회는 ① 헌법기관으로서의 지위, ② 주민대표기관으로서의 지위, ③ 입법기관으로서의 지위, ④ 지방행정에 대한 통제기관으로서의 지위를 갖는다.

1) 헌법상기관으로서의 지위

지방의회는 헌법상의 기관이다. 우리나라 헌법은 1948년 7월 17일 제헌 이래 「지방자치」에 대하여 하나의 장을 별도로 두었으며 제9차 개헌에 이르기까지 폐지되어 본 적이 없다.[2] 이는 헌법상 지방자치가 국민주권원리와 민주주의의 본질적 징표임을 명확히 보여주는 것이다.

---

1) 종전에는 지방의회의 조직·권한·의원신분·회의·질서 등에 대해서는 지방자치법의 규정을 적용하도록 하고, 지방의회 의원선거 등의 지방선거에 대해서는 지방의회의원선거법과 지방자치단체장선거법을 별도의 법률로 정하도록 하였으나, 1994년에 공직선거 및 선거부정방지법을 제정하여 그 속에 지방선거, 국회의원선거 등 모든 선거를 통합하여 규정하였다.

2) 1952년 구성된 최초 지방의회는 1961년 5·16군사 정권에 의하여 해산되었다. 그 후 1962. 12. 26. 제5차 개헌(제3공화국 헌법)으로 헌법부칙 제7조 제3항에서 지방의회의 구성을 법률에 유보했다. 이어 전두환 정권인 제4, 5공화국 헌법에서도 「조국통일이 될 때까지」 또는 「재정자립도를 감안하여 점진적으로」라는 부칙에 규정하고 지방의회를 구성하지 않았다. 이후 1991년 지방의회가 구성될 때까지 30년 동안 지방자치가 실종된 채 민주주의는 퇴보하였다.

우리나라는 지방의회의 설치근거를 헌법과 지방자치법에서 규정하고
있다. 현행 「헌법」 제117조에서 지방자치단체는 주민의 복리에 관한
사무를 처리하고 재산을 관리하며 법령의 범위 안에서 자치에 관한
규정을 제정할 수 있는 지방자치단체의 기능을 명시하고 지방자치단체
의 종류는 법률로 정하도록 하고 있다. 이는 최고의 헌법에서 지방자
치가 '민주주의의 풀뿌리'임을 헌법적으로 보장하려는 것이다. 또한 헌
법 제118조 제1항과 제2항은 "지방자치단체에 의회를 둔다.", "지방의
회의 조직·권한·의원선거와 지방자치단체의 장의 선임방법 기타 지
방자치단체의 조직과 운영에 관한 사항은 법률로 정한다."고 규정하고
있으며, 또한 지방자치법 제86조에서는 지방자치단체의 장은 주민이
직접선거한다고 규정하고 있다. 이와 같이 지방의회는 헌법상의 기관
이며 지방의회 없는 지방자치란 생각할 수 없는 것이다. 즉 지방의회
가 없는 지방자치는 있을 수 없으며 지방자치 없이는 진정한 민주주
의가 실현되기는 어렵다고 말할 수 있다.

2) 주민대표기관으로서의 지위

국회가 국민의 대표기관이듯이 지방의회는 주민의 대표기관이다. 주민
대표의 개념은 대의제의 원리에 기초한다. 지방의회는 "주민이 그의 대
표를 통하여 간접적으로 정치적 결정에 참여하는 대의민주주의 원리"
에 따라 주민의 대표기관으로서의 지위를 갖게 되며, 지방의회가 결정
한 의사는 주민의 의사로 의제된다.

현행 헌법과 지방자치법에서 비추어 볼 때도 지방의원 각자는 주민
의 대표자를 의미하고, 이들 주민의 대표자로 구성되는 지방의회는 당
연히 주민의 대표기관으로서의 지위를 갖는다고 할 것이다. 따라서 지
방의회가 '주민대표기관'이라 함은 지방의회의 의사가 아니고서는 지방
자치단체의 의사와 행위가 유효하게 성립될 수 없다는 것을 의미한다.

3) 입법기관으로서의 지위

의회의 지위와 권한 중 가장 기본적인 지위와 권한은 입법에 대한 지위와 권한이라 할 수 있다. 국회가 법률제정권을 가지고 있는 반면, 지방의회는 자치법규인 조례를 제정하고 이를 개·폐하는 권한을 가진다.

우리나라 「헌법」 제117조에서는 지방자치단체에게 '법령의 범위 안에서 자치에 관한 규정'을 제정할 수 있는 자치입법권한을 부여하고 있다. 그리고 이에 근거하여 「지방자치법」 제15조에서는 보다 구체적으로 '지방자치단체는 법령의 범위 안에서 그 사무에 관하여 조례를 제정할 수 있다'고 규정하고 있고, 더 나아가 지방자치법 제19조에서는 조례는 지방의회의 의결에 의하여 제정 또는 개·폐된다고 규정하고 있다. 그러나 주민의 권리제한 또는 의무의 부과에 관한 사항이나 벌칙을 정할 때에는 법률의 위임이 있어야 한다.'고 명시하여 조례 입법의 한계를 명확히 하고 있다. 이 규정들을 비추어 볼 때 지방의회는 법령유보사항을 제외하고 조례제정을 위하여 개별적인 법률의 위임이나 수권을 필요로 하지 않는다고 할 수 있다.

따라서 지방의회의 조례 제정권한은 지방의회의 전속적 권한이며, 지방자치단체가 자치사무를 수행하는데 새로운 법규범이 필요하다고 인정될 때에는 법령에 위반하지 않는 범위 안에서 자주적으로 제정할 수 있다.[3]

4) 통제기관으로서의 지위

지방의회는 집행기관에 대한 감시 및 통제기관으로서의 지위를 가진다. 지방의회와 집행기관인 자치단체의 장은 상호 독립된 지위를 갖지만, 기관분립주의의 원칙에 따라 상호 견제와 균형의 관계를 갖는다.

---

[3] 조례는 해당 자치단체의 행정기구에 관한 행정조직조례, 권력적 규제조치를 정하는 행정규제조례, 법령의 위임에 따라 행정을 집행하기 위한 행정시행조례 등이 있다.

이러한 원칙에 따라 주민의 대표기관인 지방의회는 지방자치단체장이 집행하는 모든 행정사무를 감시하고 통제하는 지위를 부여하고 있다. 현재 우리나라 지방자치법에 규정된 지방의회의 감시 및 통제 방법으로는 ① 집행기관의 행정사무에 관한 감사권과 조사권(지방자치법 제36조), ② 자치단체의 장에 대한 서류제출요구권(지방자치법 제35조2), ③ 자치단체의 장과 관계공무원의 출석요구·행정사무 처리상황 보고 및 질문권(지방자치법 제37조)을 규정하고 있다. 이외에도 지방의회는 재정과 일반행정에 관한 심의·의결권을 통하여 폭넓은 감시·비판기능과 정책통제기능을 행사하게 된다.

2. 지방의회의 역할

우리나라의 지방의회는 헌법기관으로서의 지위를 비롯하여 주민대표기관으로서의 지위, 입법기관으로서의 지위, 지방행정에 대한 통제기관으로서의 지위를 지니고 있음을 살펴보았다. 그렇다면 이러한 지위의 기초 하에서 지방의회는 어떠한 역할을 해야 하는가는 중요하다.

지방의회는 지역주민의 대표기구로서 또는 지역사회의 중요한 정책기구 및 행정감시기구로써 여러 가지 역할을 수행한다. 지방의회의 역할을 구체적으로 살펴보면 다음과 같다.[4]

1) 문제발견자 및 정책제안자로서의 역할

지방의회는 주민을 대표하여 지역사회가 풀어야 할 문제를 찾아내고, 이러한 문제를 해결하기 위한 정책을 개발하거나 집행기관 및 중앙정부에 그 해결을 촉구하는 정책개발자 또는 정책제안자의 역할을 수행한다.

---

4) 김병준, 『한국지방자치론』, 서울: 법문사, 2000, pp. 338-360을 참조해 작성.

2) 집행의 감시 · 독려자로서의 역할

지방의회는 집행기관을 감시하고 독려할 책무를 지니고 있다. 잘못된 것은 찾아내어 시정케 하고, 잘 되거나 잘 되어야 하는 사안에 있어서는 독려하는 역할을 수행해야 한다.

3) 분쟁의 조정자로서의 역할

지방의회는 지방자치단체 내지는 지역사회에서 일어나는 각종 분쟁의 조정자 역할을 담당해야 한다.

4) 민원해결자로서의 역할

지방의회와 지방의원은 민원의 발생소지를 줄이고 발생된 민원의 해결을 도모해 행정상의 부담을 줄이는 역할을 수행해야 한다.

5) 합리적 분권운동가로서의 역할

지방의회는 분권이론의 개발, 사무와 자치권의 합리적 배분을 위한 대안개발, 제한된 자치권과 자치사무의 문제개선 등과 같은 합리적인 분권화를 통해 중앙과 지방간의 관계개선에 있어 중추적인 역할을 담당해야 한다.

제 2 절   지방의회의 기능

지방의회의 일반적이고 주요한 기능은 논자의 관점에 따라 상이하게 구분되는데, 법률 제정과 주민에 대한 봉사, 행정감시라고 지적하기도 하고, 조례의 제정, 예산안의 의결, 지방세 과징의 세 가지라고 지적하기도 한다(김영기, 1998: 138 : C. Press and K. Berburg, 1983: 237-243 : F. J. Zimmerman, 1986: 150).

　　일반적으로 지방의회의 기능은 ① 지역주민의 대표기구로서 지니게
되는 주민대표기능, ② 주민의 요구와 지역사회의 쟁점을 찾아서 정치
과정에 올리는 정책문제 제기기능, ③ 지역의 주요 문제를 심사숙고하
여 결정하는 의결기능, ④ 집행부의 독주를 견제하는 동시에 주민수요
에 적극적으로 부응하도록 집행부의 활동을 통제·감시하는 집행부 감
시기능 등으로 나눌 수 있다.

1. 주민대표기능

　　지방의회는 주민이 선출한 의원에 의해 구성되어 자치단체의 의사
를 심의·결정하는 것이므로, 주민의 대표기관으로서의 지위를 갖는다.
지방의회는 그 구성원인 지방의원들이 지역주민에 의해 선출되므로 주
민의 대표자로서 지역주민에 대해 당연 책임을 지는 동시에, 지역 내
의 각종 분쟁을 조정하고, 민원을 해결하는 등의 기능을 수행한다. 따
라서 지방의회는 지역주민이 직면한 문제를 적시에 파악하여야 함은
물론 지역주민의 복리증진을 위해 노력하여야 할 책임성이 존재한다.
　　아울러 지방의회가 조례제정과 예산확정 등을 통하여 자치단체의
의사를 확정하는 것도 실질적인 자치단체의 대표기능이라 할 수 있다.
이는 지방의회가 단체장과의 경쟁과 견제관계를 유지하면서, 지방자치
단체의 공적 의사를 형성해 가는 것이라고 볼 수 있기 때문이다.[5]

2. 정책제기기능

　　지방의회는 주민을 대표하여 지역사회의 주요 쟁점과 문제를 찾아
내고, 이러한 쟁점과 문제들을 정치과정에 등장시키는 정책문제 제기
기능을 수행한다. 이러한 정책문제 제기기능은 일정한 사회문제를 정

---

5) 예컨대, 중앙정부에 대한 지방자치단체로서의 의견제시나 국제사회를 향한 지방
　　자치단체의 의사표시도 포함된다고 볼 수 있다.

책문제로 정치과정에 투입하는 기능으로서 그 제기된 쟁점과 문제를 실제로 정책의제로 설정하거나 더 나아가서 정책을 수립하는 기능과는 달리(박기관 외, 1999: 62), 오늘날 지방의회의 최후보루적 기능이 되고 있다고 하겠다. 지방의회가 정책의제 설정과 정책수립을 직접 행하는 것이 이상적이지만, 현실적으로 그러한 기능들이 대부분 집행부에 의하여 수행되고 있는 상황에서, 최소한 지역사회의 주요 쟁점과 주민의 욕구를 정치과정에 올리는 정책문제 제기기능은 지방의회의 본질적 기능이 되지 않을 수 없다. 행정관료나 정치인에 의한 정책기능의 수행은 자칫하면 자기중심적 동기에 의하여 좌우되기 쉽다(R. W. Cobb, J. K. Ross and M. H. Ross, 1976: 126-138).

그러나 지역내의 주요 문제를 찾아 그 대안을 제시하는 등의 일들은 결코 쉬운 일이 아니다. 지역주민이 직면하고 있는 현실과 고충을 이해해야 함은 물론, 복잡한 법률적 문제에 대한 전문적 지식도 요구된다. 때로는 그러한 문제를 문제로 제기하기 위해 전문가 집단의 힘을 빌려야 하고, 언론과 중앙정부 그리고 시민과 시민단체 등 지방의회 외의 지지자를 동원해야 할 일도 있을 수 있다(김병준, 1977: 258).

3) 의결기능

지방의회는 지방자치단체의 의사와 정책을 결정하는 의결기능을 갖고 있다. 의결기관으로서 의회는 지방자치단체의 정책과 입법, 주민의 부담, 기타 지방자치단체의 운영사항에 대하여 지방자치단체의 의사를 최종적으로 확정하는 권한을 가지고 있다는 점에서, 그러한 의사의 결정에 관하여 의견을 제시하는 데 그치는 이른바 자문기관과 다르다(최창호, 2001: 465). 즉 자문기관은 어떠한 의사나 정책을 결정함에 있어서 단지 자기의 의견을 제시하는데 그치지만, 의결기관은 그 의사나 정책을 최종적으로 결정하는 권한을 가진다. 그러므로 법령에 의하여 지방의회의 의결사항으로 정해진 사항은 의회의 의결 없이 이를 집행할 수 없을 뿐만 아니라, 의회의 의결을 거치지 아니한 집행기관의 행위는 법률상 무효가 된다. 지방의회는 크게 두 가지 의결기능의 성격을 지니고 있다고 할 수 있다.

먼저 지방의회는 일반적 의결기능을 지니고 있다. 지방의회는 지방자치법 제9조에 열거주의로 예시된 그 관할 구역의 자치사무와 법령에 의하여 지방자치단체에 속하는 사무 및 지방자치법 제35조에 규정된 사항에 대하여 의결권을 가진다. 현행 지방자치법 제35조에 규정된 지방의회의 의결사항은 지방자치단체의 기본적인 행정활동에 대한 지방의회 본래의 의사결정권한이다. 이러한 의결권은 지방자치단체의 모든 사항에 미치는 것이 아니고 중요한 사항에 한정된다는 것이 특징이다. 이러한 지방의회의 의결권은 지방자치단체장의 개별적·구체적 권한의 공정한 집행을 확보하기 위한 의회의 관여 권한으로서 지방자치단체의 단체의사를 형성하고, 집행기관의 독단을 배제하려는데 그 의의가 있다. 따라서 지방의회는 국가사무를 제외한 지방적 이해에 관련된 사항에 관하여는 포괄적인 의결권을 가진다고 보아야 할 것이다.

한편, 예산 및 결산심의 기능으로서 성격을 지닌다. 예산의 심의 확정권은 의회의 본질적인 기능이다. 즉 집행기관은 일체의 수입과 지출을 모두 예산에 편입시켜 의회의 의결을 거치도록 법으로 정하고 있다. 따라서 지방자치단체는 예산에 편성되지 않은 재원으로 지출행위를 할 수 없다. 그리고 지방의회의 결산심사는 재정지출이 예산에 적합하였는지를 주로 보지만, 재정지출의 위법성·타당성도 심사한다. 수지내용이 잘못되었을 때에는 지방자치단체장이 결산내용을 수정하여 의회의 인정을 받아야 한다. 지출이나 채무부담행위가 의회에서 위법·부당한 것으로 인정될 경우 지방자치단체장은 정치적 책임을 져야 한다.

이와 같은 의결기능은 지방자치단체 안의 입법권과 집행권의 분립 체계 아래서 입법권의 행사를 그 기본적인 내용으로 하는 입법기능과도 직결된다고 볼 수 있다. 여기서 입법적 기능이란 조례제정권 뿐만 아니라 예산의 의결, 그리고 주민부담에 관한 사항의 의결을 포함한다할 것이다.

3. 집행감시기능

지방의회는 의회의 결정사항이 집행기관에 의하여 그대로 실현되고 있는가를 감독·확인하는 집행감시기능을 수행한다. 환언하면 단체장과 공무원 조직에 의한 행정집행의 적정성과 유효성을 평가하고 통제해 가는 것이라 말할 수 있다. 그것은 집행기관의 사무처리 상황에 관하여 감사 및 조사를 행하고, 보고받고 질의·질문하며, 의안심의와 관련된 자료를 요구하는 등을 통하여 행해진다. 이러한 집행감시기능은 행정감사권과 행정조사권을 통해 보다 실질적으로 수행될 수 있다. 그러나 지방행정의 정보가 실질적으로 공개되지 않거나 전문인력의 지원이 없는 경우에는 집행감시 및 통제를 하는데 여러 가지 문제에 직면할 수 있다(김병준, 1997: 258).

제 3 절   국회와 지방의회의 차이점

고대부터 현재에 이르기까지 사람들은 공동체 안에서 끊임없이 자신의 의사를 표출하고 타인과의 다른 의견을 조율해 왔다. 이러한 의사 표출과 이견 조율은 인간의 정치적 성향과 함께 직접참여의 민주주의 신장을 가져 왔다. 그러나 시간과 공간의 많은 제약 요인들로 인해 직접 민주주의보다는 간접 민주주의가 선호되었고, 대의제는 헌법을 통해 개인을 대리하는 정당성을 확보하게 되었다.

본디 대의 민주정치는 간접민주정치를 주류로 하는데, 이는 대의정치 또는 의회정치라고 일컬어진다. 의회주의는 민주적으로 선거된 합의기관에 의하여 다수결원리로써 국가의 중요정책을 결정하고 입법하는 제도를 말한다. 오늘날의 대중적 민주정치는 필연적으로 의회주의를 채택하고 있는데, 의회는 국민의 대표기관으로서 인정되고 있으며 국민주권주의 하에서는 주권의 행사기관으로서 인정되고 있다. 의회라는 말은 보통 국가의 의회와 지방자치단체의 지방의회 양쪽을 다 가리키는 개념으로 사용되고 있다.

우리나라는 짧은 민주주의 역사와 질곡의 정치사적 경험을 통해 민주주의 발전의 괄목할 만한 성과를 거두었다. 특히 민주주의의 외연과 내연의 폭을 확장시키면서 국회와 지방의회는 의회정치의 실질적 향상을 도모했다. 국가적인 이슈와 여론은 국회가, 지역 중심적인 문제는 지방의회가 각각 중요 무대로서 역할을 하였고, 국회의원과 지방의회 의원들은 정당정치와 지역 의정활동을 통해 국민과 지역주민들에게 봉사하는 의정활동을 하여 왔다.

우리나라의 현행제도 아래서는 국가의 의회를 「국회」라고 하고(헌법 제3장), 지방자치단체의 의회를 단순히 「의회」라고 하고 있다(헌법 제 118조 ①). 다만 제도상의 명칭은 별도로 하고 통상 국회도 단순히 의회라고 하는 경우가 많다. 그러나 국가의 의회와 구별되는 의미에서 지방자치단체의 의회를 말하는 경우나, 또는 국회와 대비되는 특별한 경우에 한하여 「지방의회」라는 용어를 구별하여 쓰고 있다.

국회와 지방의회는 그 지위 그리고 기능면에서 공통점이 있지만, 서로 다른 성격을 지니고 있는 점에서 여러 차이점이 존재하고 있다.

1. 국회와 지방의회의 공통점

첫째, 국회와 지방의회 모두 헌법에 설치 근거가 규정되어 있다. 국회의 입법권은 헌법 제40조에 명시되어 있고, 헌법 제117조 제1항 및 제118조 제1항에서는 지방자치단체의 권한과 설립 근거를 규정하고 있다.

둘째, 국회와 지방의회 모두 대의제 원리에 의하여 국민 또는 지역주민들로부터 선출된 대표들로 구성되어 있는 합의체 기관이다.

셋째, 국회와 지방의회는 정책결정기관으로서 국가 또는 지방자치단체의 주요한 의사를 결정한다. 국회는 법률에 대한 제·개정권, 예산안 심의·확정권, 결산 심사권, 재정입법권 등을 통해 정책결정권을 행사한다. 이에 비해 지방의회는 조례의 제정 및 개폐, 예산의 심의·확정·승인 등을 통하여 지방자치단체의 정책을 결정한다.

넷째, 국회와 지방의회는 입법기관으로서 법률 또는 조례를 제정할수 있다. 법치국가에서 법률은 모든 국가작용의 근거가 되고, 전 국민에게 영향을 미친다는 점에서 국회의 법률제정권은 매우 중요한 권한이라 할 수 있다. 지방의회 역시 조례의 제정 또는 개폐를 통하여 지역주민이 요구하거나 필요한 사항들을 해결해 나갈 수 있다.

다섯째, 국회와 지방의회는 모두 행정부를 감시 및 통제한다. 즉 행정부의 감독기관으로서 정부 부처 또는 지방자치단체 집행기관을 견제·감시·비판하는 기능을 수행한다. 국회는 국정감사·조사를 통하여 국정 운영의 실태를 파악하고 국정의 잘못된 부분을 적발·시정함으로써 예산 심의·국정통제의 기능을 수행하고 있다. 반면에 지방의회는 행정사무감사 및 조사를 통하여 집행기관을 감시하는 기능을 수행하고 있다.

나아가 양자는 운영 면에서도 비슷하고 의원의 임기도 같으며 소선거구제·비례대표제(광역지방의회)를 택하고 있음도 같다(기초자치단체의 경우, 예외적으로 한 선거구에서 2~4명의 의원을 선출하는 경우도 있지만). 또한, 국회의원선거와 (광역)지방의원의 선거에 있어서 정당 공천제를 취하고 있음도 같다.

2. 국회와 지방의회의 차이점

국회와 지방의회는 다음과 같은 차이점이 있다.

첫째, 국회와 지방의회간에는 성격의 차이가 있다. 국회는 국가의 통치조직으로서 기능을 수행하는 반면, 지방의회는 지방자치조직으로서의 성격을 지닌다.

둘째, 입법기관이라고 하지만 그 내용과 적용범위가 다르다. 국회에서 만드는 법은 「법률」이라는 형식으로서 「국가 전지역」의 「모든 국민」에게 적용되지만, 지방의회에서 제정하는 법은 법령의 범위 내에서 「조례」라는 형식으로 「당해 지방자치단체의 구역 내」의 「당해 주민」에게만 적용된다.

셋째, 의원의 신분이 다르다. 국회의원이나 지방의원이나 모두 국민(주민)의 대표자일지라도 신분상의 차이가 있다. 국회의원은 국가정책을, 지방의원은 지역개발정책을 논의한다. 또한 국회의원은 장관급 대우를, 지방의원은 당해 지방자치단체의 부단체장급 대우를 받는다.

넷째, 국회의원은 면책특권·불체포특권 등의 특권이 있으나 지방의원에게는 이러한 특권이 없다. 다만, 체포 또는 구금된 지방의원이 있을 때에는 관련 수사기관의 장은 지체 없이 의장에게 영장의 사본을 첨부하여 이를 통지하여야 한다(지방자치법 제34조의2).

다섯째, 의원의 선거권·피선거권의 일반요건은 같으나 지방의원의 경우 주거요건이 추가된다(당해 지방자치단체에 주소를 가진 자·일정기간 거주한 자).

여섯째, 의회의 회기가 다르다. 국회는 정기회 100일, 임시회 30일을 초과할 수 없다(헌법 제48조 ②)고만 규정되어 있지 연간 총 회의 일수의 제한은 없다. 그러나 지방의회는 정례회 35일 이내(시·도의회는 40일 이내), 임시회 15일이내로 제한되어 있을 뿐만 아니라 연간 총 회의 일수도 광역은 120일, 기초는 80일을 초과할 수 없도록 엄격히 제한되어 있다(지방자치법 제41조).

지방의회의 조직

지방의회는 대의제 민주주주의 원리에 입각한 지방주민의 대의기관이다. 지방의회는 그 기능과 역할을 수행하기 위해 일정한 내부 조직기구를 갖추어야 한다. 일반적으로 지방의회 조직기구는 지방의회의 의장단, 지방의회 위원회, 지방의회 사무조직이 있다.

제1절 지방의회의 의장단 구성

1. 의장과 부의장 선출

지방의회는 의장단을 구성하는데, 의장단은 의장과 부의장을 말한다. 우선 지방의회에는 의장을 둔다. 지방의회 의장은 분립형에서는 의회를 대표할 뿐이지만, 통합형에 있어서는 그 자치단체를 대표한다. 우리나라의 경우 지방의회 의장은 지방의회를 대표하고, 의사를 정리하며, 의회장의 질서를 유지하고, 의회의 사무를 감독한다(지방자치법 제49조).

우리나라 지방의회의 의장단 구성을 보면, 광역시·도의 경우에는 의장 1인과 부의장 2인을, 시·군·자치구의 경우에는 의장 1인과 부의장 1인을 둔다. 의장과 부의장은 그 지방의회에 소속된 의원 중에서 의원들의 선거로 선출한다.

의장과 부의장은 지방의원 총선거 후에 당선된 의원들이 처음으로 모이는 회의에서 선출한다. 지방의회를 대표하고 회의를 진행하기 위해서는 의장이 있어야 하기 때문이다. 새로운 지방의회가 시작되는 맨 처음 회의는 의장이 없기 때문에 출석한 의원 중에서 나이가 제일 많은 의원이 임시로 회의를 맡아서 의장을 선출하고 당선된 의장이 부의장을 선출한다.

의장과 부의장의 선출 방법은 당해 의회의 소속 의원 중에서 의장이나 부의장으로 선출하고자 하는 의원이 성명을 투표용지에 기록하는 무기명 투표 방식에 의해 선출한다. 그리고 의장과 부의장은 재적의원, 즉 그 의회에 적을 두고 있는 모든 의원의 과반수가 출석하고, 출석한 의원의 과반수가 찬성하여야 선출된다.

만일 1차 투표에서 당선자가 없을 경우, 2차 투표를 하고, 2차 투표에서도 당선자가 없으면 득표수가 가장 많은 두 사람을 투표에 부쳐 많이 득표한 의원을 의장으로 선출한다. 부의장 선출 역시 의장과 동일한 방법으로 선출한다.

2. 의장과 부의장의 권한

(1) 의장의 권한과 임기

의장은 지방의회를 대표하고 그 회의의 최고책임자가 된다. 의장의 권한은 많은 권한이 주어져 있으나, 그 주요한 권한으로는 의사정리권, 의회대표권, 질서유지권, 의회 내 사무감독권 등을 들 수 있다. 의장의 임기는 2년이다.

첫째, 의장은 의사정리권을 갖는다. 이는 의장의 가장 중요한 권한이라 할 수 있는데, 회의진행권이라도 한다. 의사정리권은 회의를 원활하게 진행시키고, 회의의 계획부터 마무리 단계까지 모두 정리하기 위해 필요한 권한이다. 의사정리권의 구체적인 내용에는 의사일정 작성권, 의원의 발언허가권, 표결 및 심의순서 결정권, 본회의의 개의(시작) 및 산회(끝)·정회(중단)할 수 있는 권한, 회의에서 결정된 안건에 대한 자구정리 등 정리권, 회의록 서명권 등을 포함하고 있다.

둘째, 의장은 그 지방의회를 대표하는 「의회대표권」을 가진다. 그 지방의회가 외부기관이나 개인에게 공문을 보내거나 어떤 의견을 표시할 때에는 의장의 이름으로 보내야 하며, 외부에서 지방의회에 공문이나 진정 등을 보낼 경우에도 의장 앞으로 보낸다.

셋째, 의장은 회의장내의 질서를 유지하는 「질서유지권」을 가진다. 의원이 회의장내의 질서를 어지럽히는 경우에는 이를 제지하거나 경고하고 발언을 못하게 할 수 있다. 만일 이를 듣지 않는 의원의 경우에는 퇴장시킬 수 있다. 또한 의장은 방청인이 회의장내에서 질서를 어지럽히는 경우 그를 퇴장시킬 수 있으며, 심한 경우에는 경찰에 인도할 수 있다.

넷째, 의장은 의회의 사무감독권을 가진다. 의장은 당해 지방의회의 사무처리 최고책임자로서 의회 내의 사무를 감독한다. 이에 따라 의장은 의회의 사무처리를 위하여 두는 사무기구(의회사무처, 의회사무국, 의회사무과)의 업무와 소속공무원을 지휘·감독한다.

(2) 부의장의 권한과 임기

부의장은 의장을 도와서 지방의회의 일을 처리하며, 임기는 2년이다. 특히 의장이 사직·퇴직 등으로 없게 되거나, 여행이나 사고로 병원에 입원하는 경우에는 부의장이 직무를 대리하여 의장의 권한을 행사한다(지방자치법 제51조). 의장과 부의장이 모두 사고가 있을 때에는 출석의원 가운데 최연장자의 사회로 임시의장을 선거하여 그로 하여금 그 직무를 대리하게 한다(지방자치법 제52조, 제54조).

지방의회 의장 또는 부의장이 법령을 위반하거나 정당한 이유 없이 직무를 수행하지 않을 때에는 지방의회는 그에 대하여 불신임을 의결할 수 있다. 그 불신임 의결은 의원 4분의 1 이상의 발의와 재적의원 과반수의 찬성으로 행한다(지방자치법 제55조).[1]

제 2 절 지방의회의 위원회 구성

1. 위원회의 종류와 권한

지방의회는 일부 의원으로 구성되는 소회의체인 위원회를 둔다. 위원회를 설치하는 이유는 본회의의 부담을 경감시키고, 소규모 회의체에서 토론이 보다 활발히 행해질 수 있기 때문이다. 또한 위원회는 의회의 전문화를 도모할 수 있다는 데 중요한 의미를 가지고 있다.

우리나라의 지방의회는 조례가 정하는 바에 의하여 위원회를 둘 수 있도록 하고 있다. 위원회의 종류는 상임위원회(常任委員會)와 특별위원회(特別委員會) 2종을 두는 것으로 하고 있다. 상임위원회는 일반적인 안건 즉 소관의안과 청원 등을 심사하기 위하여 상설된 위원회이고, 특별위원회는 특정한 안건을 심의하기 위해 일시적으로 설치하고 있는 위원회를 말한다.

한편 위원회의 권한은 크게 2대분 할 수 있는데, 본회의의 예비적 심의권만을 가지는 경우와 독자적인 결정권을 가지는 경우로 나눌 수 있다. 전자는 의회가 의결권만을 갖는 기관분립형의 경우에 해당되고, 후자는 의회가 의결권과 집행권을 모두 갖는 기관통합형의 경우에 해당된다.

---

[1] 의장과 부의장은 동시에 임기를 끝나도록 되어 있고, 의장과 부의장이 임기 중에 그만두게 되는 경우는 의장·부의장이 스스로 그만 두고자 사임할 때, 자격상실 또는 제명으로 의원의 자격이 없어질 때, 의원들로부터 배척당하는 「불신임의결」이 있을 때이다.

(1) 상임위원회

상임위원회는 일정한 소관, 즉 담당하는 업무가 정해져 있고 항상 설치되어 있는 위원회이다. 상임위원회는 시·도의회와 시·군·구의 회 중 의원정수가 13인 이상인 의회에만 둘 수 있다. 단, 의원정수가 13인 미만이라도 특별위원회 설치는 가능하다.

지방의회에 설치할 수 있는 상임위원회의 개수와 위원회가 담당하는 업무의 양은 지방의회의 전체 의원정수 등 형편에 따라 조례로 정한다. 상임위원회가 담당하는 업무, 즉 소관사항은 집행기관의 실·국·과 단위의 업무로 나누는데, 비슷한 종류의 일은 한 위원회에서 함께 담당하도록 한다.

일반적으로 상임위원회의 명칭은 담당하고 있는 일이 무엇인가를 잘 나타낼 수 있도록 붙인다. 즉 집행부의 조직단위의 행정업무를 잘 반영될 수 있도록 붙여져 있어 상임위원회의 이름을 보면 무슨 일을 맡아 심의하는지를 쉽게 알 수 있다.

상임위원회 위원의 임기는 2년이다. 지방의원의 임기가 4년이므로 임기 동안 적어도 2개 위원회의 위원으로서 경험을 할 수 있게 된다.[2]

(2) 특별위원회

특별위원회는 특별히 필요할 경우 본회의의 결정에 의해 일시적으로 설치한다. 특별위원회를 구성할 필요성이 있는 경우는 상임위원회가 없는 의회에서는 본회의에서 일을 직접 처리하기가 곤란할 때, 어느 상임위원회에서도 처리할 수 없는 특정한 일, 여러 상임위원회가 동시에 관련되어 있거나 중요하다고 생각되는 일을 심사할 때이다.

특별위원회는 특별한 경우 일정한 기간에만 설치되어 활동하도록 되어 있고, 활동기간이 끝나면 그 특별위원회는 해체된다. 그리고 활

---

[2] 두 번째 상임위원회 위원을 선임할 때 반드시 다른 상임위원회 위원으로 선임되어야 필요성은 없다. 경우에는 임기 4년 동안 동일 상임위원회의 위원으로 활동할 수도 있다.

동기간을 정하지 않고 특별위원회를 설치하는 경우에는 특별위원회가 맡은 일이 본회의에서 결정되어 할 일이 없으면 자동적으로 해체되게 된다. 예컨대, 「예산결산특별위원회」, 「징계자격특별위원회」, 「○○○조사특별위원회」, 「○○○조례심사특별위원회」, 「○○○재해대책특별위원회」등이 이에 해당된다.[3]

특별위원회는 상임위원회와 달리 일시적이고 필요한 경우에만 두기 때문에 위원의 임기가 정해져 있지 않다.

2. 위원회 위원 구성과 역할

지방의원은 당연히 본회의 구성원이 되면서 동시에 위원회의 구성원이 된다. 위원회의 구성원은 「위원」이라 부른다. 위원회의 위원은 본회의에서 선임한다. 즉 지방의회에 위원회가 여러 개 있는 경우, 한 의원이 어느 위원회의 의원이 되느냐는 의장의 추천에 의해 본회의에서 결정한다.

각 위원회의 위원 수를 몇 명으로 할 것인가는 그 지방의회의 의원 정수, 위원회 개수 등을 감안하여 정하게 된다. 상임위원회의 위원 수는 조례로 정하지만, 특별위원회는 필요한 경우 수시로 설치할 수 있다. 일반적으로 위원회의 위원 수는 5~10인 정도로 정한다. 그리고 모든 의원은 각 상임위원회에 소속되어야 한다. 이에 따라 상임위원회가 있는 의회에서는 의장을 제외하고 모든 의원은 한 개의 상임위원회 위원이 된다. 한 의원은 둘 이상의 상임위원회에 소속할 수가 없다. 다만 운영위원회 위원과 특별위원회의 위원은 동시에 할 수 있다.

위원회에는 위원장 1인과 위원장을 돕는 간사 1인을 둔다. 위원장과 간사 모두 그 위원회 위원 중에서 선출하는데 위원장은 본회의에서 무기명투표로 선출하고, 간사는 그 위원회에서 선출한다. 위원장과 간사의 임기는 위원으로서의 임기와 같이 2년이다. 위원장은 위원회를

---

3) 의원윤리특별위원회도 설치할 수 있다(지방자치법 제57조).

대표하고, 회의진행 및 위원회운영에 관한 모든 사항을 담당하며, 회의장의 질서를 유지하는 일을 한다. 결국 위원장은 위원회의 회의가 원만하게 진행되도록 하는 책임을 맡고 있다.

간사는 회의가 원만하게 진행되도록 위원장을 돕는 위원이지만, 만약 사고로 위원장이 회의에 참석할 수 없는 경우에는 위원장의 직무를 맡아 일을 한다.

한편, 우리나라는 기관분립형을 택하고 있음에도 오늘날 행정의 전문화에 부응하기 위해 위원회의 역할과 활동에 큰 비중을 두고 있다. 위원회는 일반적으로 의장이나 본회의에서 심사의 안건을 회부해 주는 사항을 심사, 의결하고 감사활동을 한다. 위원회에 회부되어 오는 사항, 즉 안건은 조례안, 예산안, 결산 및 예비비 승인, 건의안, 동의안, 청원 등이다.

위원회에 안건이 회부되는 형식은 다르다. 상임위원회에서는 각 위원회가 담당하는 업무분야가 이미 정해져 있고, 위원회가 맡은 소관사항이 조례로 미리 정해져 있는 사항만을 심사할 권한이 있다. 따라서 상임위원회가 있는 지방의회에서는 안건이 들어오면, 우선 의장이 안건내용에 따라 업무를 담당하는 위원회에 안건심사를 내려 보낸다.

그러나 특별위원회의 경우는 특정한 사항을 심사하기 위하여 일시적으로 본회의 의결로 구성되므로 그 사항만 심사할 권한을 가지게 된다. 그러므로 특별위원회의 임무는 본회의에서 결정되게 되며, 담당한 일이 종결되면 자동적으로 해체된다. 그리고 상임위원회나 특별위원회는 안건을 심사함에 있어서 본회의에서와 같이 집행기관에게 보고를 요구하고, 자료제출을 요구할 수 있으며, 관계된 공무원을 출석시켜 질의와 답변을 들을 수 있다. 또한 주민들의 의견을 들을 필요가 있는 경우에는 공청회를 열어서 전문가나 직접 관련된 주민들로부터 의견을 듣거나, 행정집행 현장을 찾아가서 문제점을 파악하기도 한다.

3. 상임위원회 운영의 개선

사실 의정활동은 상임위원회를 중심으로 하여 이루어진다고 볼 수 있다. 안건의 최종적인 심사와 확정은 본회의에서 이루어진다고 할 수 있으나, 안건의 실질적인 심사와 본회의의 상정여부는 상임위원회에서 이루어지기 때문이다. 특히 상임위제도는 심의의 안정성과 지속성을 가능하게 하며, 의원들로 하여금 특정한 정부정책분야를 전담하도록 하여 의원의 정책전문성을 확보하게 하고 이를 통해 의회의 정책전문성을 확보하는 것을 가능하게 한다. 그러나 현재의 지방의회의 상임위원회 운영면에서 볼 때 상임위원 배치의 적절성이나 위원회 운영의 전문성에 상당한 한계를 지니고 있다는 지적이 제기되고 있다. 이를 위해 다음과 같은 사항을 고려해야 할 필요성이 있다.

첫째, 임기 내에 빈번한 배속변경과 재선 시 전임기와 다른 상임위원회에 배치, 본인의 희망에 의하지 않는 상임위원회 배치 등의 문제는 상임위원회 의원들의 전문성 향상을 고려해 볼 때 적절하지 못하다.

둘째, 상임위원회 배정의 적절성 문제로서 직업과 전공의 상임위원회 배속과의 관계는 전문성을 살린다는 측면과 전공 및 직능단체를 대변할 가능성이 있다는 측면이 대립되고 있으나, 직업과 유사한 상임위원회 배정은 가능하면 피하도록 고려할 필요성이 있다. 특히 상임위원회 운영의 전문성을 살리기 위해서 하나의 위원회에서 계속성을 가지고 활동할 수 있도록 해야 할 것이다.

제 3 절   지방의회의 사무조직

현재 지방의회에는 의정활동을 효과적으로 수행할 수 있도록 여러 가지 지원시스템을 두고 있는데, 크게 두 가지로 구분할 수 있다.

첫째는 전반적인 지방의회 의사일정의 원활한 추진을 돕기 위해 설치된 의회 사무기구에 의한 지원체제이고, 둘째는 지방의원의 의정활동에 필요한 전문적 지식을 제공하기 위한 것으로 우리나라의 전문위원제도를 그 예로 들 수 있다.

1. 지방의회 사무기구의 구성

지방의회는 지방의회의 사무를 담당하는 사무조직이 있다. 즉 지방의회에는 의정활동에 관련된 의회운영 및 회의진행과 관련된 사무를 처리하는 사무기구를 둔다. 우리나라 지방의회의 경우에는 비록 필수기구는 아니나 광역시·도의회에 사무처를, 시·군·구의회에는 사무국 또는 사무과를 설치하고 직원을 둘 수 있도록 하고 있다. 그리고 그 사무직원을 해당 의회의장의 추천에 의하여 자치단체의 장이 임명하되, 별정직·기능직·계약직 공무원 임용권은 의회사무처(국·과)장에게 위임하도록 하고 있다(지방자치법 제90조~제92조). 요컨대, 지방의회의 사무기구는 지방의회 의정활동과 관련한 주요 기능과 운영을 원활하게 지원하기 위하여 조직된 기구로서 지방의회가 본래의 기능을 수행할 수 있도록 도와주는 지원체제를 구성한다. 따라서 지방의회 사무기구는 지방의원의 의정활동을 직·간접적으로 보조하는 중요한 업무를 수행한다.

의회 사무기구의 설치는 지방자치단체의 종류와 규모에 따라 다르다. 시·도의회에 대해서는 지방자치법 제90조 제1항에서 '시·도의회에는 사무를 처리하기 위하여 조례로 정하는 바에 의하여 사무처를 둘 수 있으며, 사무처에는 사무처장과 직원을 둔다.'고 규정하고 있다. 따라서 시·도의회는 크게 행정업무를 관리하는 부서의 의정활동을 전문적으로 보좌하는 전문위원으로 구성되어 있다(경남발전연구원, 2007: 11-12).

(1) 시·도의회 사무기구 구성

일반적으로 시·도에 따라 명칭과 구성에 차이가 있으며, 직급의 경우도 사무처장은 1-3급(서울 1급, 부산 2급), 전문위원 4급, 담당관(과장) 4급 및 담당 5급 등이다(한국지방자치학회, 2007).

광역의회는 시·도의회 사무처의 하부조직으로 총무담당관·의사담당관·전문위원을 설치할 수 있다. 총무담당관 밑에는 총무담당·경리담당·자료담당·공보담당을 두고, 의사담당관 밑에는 의사담당·의안담당·기록담당을 둔다(시·도의회 사무처직제규칙). 전문위원은 상임위별로 1명씩 두는 것이 보통이다.

(2) 사무기구 직원의 인사권

지난 2006년 4월 28일 지방자치법이 개정되기 전까지는 모든 사무직원의 임명은 지방의회 의장의 추천에 의하여 당해 지방자치단체장의 장이 하도록 되어 있었다(지방자치법 제91조 제2항). 즉 지방의회 사무기구 직원에 대한 인사권이 직무감독권을 가지고 있는 지방의회 의장에게 있는 것이 아니라 지방의회와 상호견제 관계에 있는 집행기관의 장에게 있었다.

동법이 개정된 이후에는 제91조 2항의 단서조항으로 '다만 지방자치단체의 장은 사무직원 중 별정직·기능직·계약직공무원에 대한 임용권을 지방의회 사무처장·사무국장·사무과장에게 위임하여야 한다'라는 내용을 추가하였다(경남발전연구원, 2007: 27).

이해를 위해 아래 〈그림 11-1〉은 서울시의회 사무처의 사례를 제시한 것이다. 서울시의회 사무처는 사무처장 아래에 공보실, 의전담당관, 의사담당관, 정책연구실이 있다. 공보실에는 공보팀과 홍보팀이 있으며, 의정담당관 아래에 총무팀, 의정사업팀, 국제교류팀, 시설관리팀이 있다. 의사담당관 소속으로는 의사팀, 의안팀, 법제지원팀, 기록팀이 있으며, 정책연구실에 정책연구1팀과 정책연구2팀이 있다.

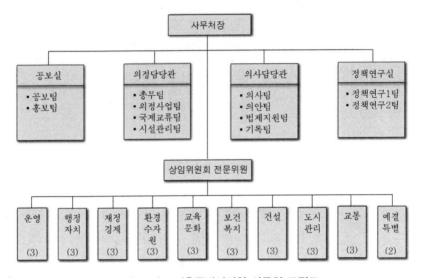

〈그림 11-1〉 서울특별시의회 사무처 조직도

사무처 기구 중 서울시의원의 정책보좌를 주로 담당하고 있는 정책연구실의 주요 기능은 다음과 같다.

〈표 11-1〉 서울시의회 사무처 정책연구실 주요 업무

구분	주요 소관위원회	주요 업무
정책연구 1팀	• 운영위원회 • 행정자치위원회 • 재정경제위원회 • 환경수자원위원회 • 교통위원회	• 정책 및 사업 분석·평가 • 예산·결산 및 재정정책에 관한 조사·분석 • 의원과 위원회가 요청한 조례안의 입안 및 검토 • 소위원회 운영 및 회의에 관한 사항 - 기타 의정에 관한 장기·현안과제 조사·분석 등 지원에 관한 사항
정책연구 2팀	• 예결위원회 • 건설위원회 • 도시관리위원회 • 교육문화위원회 • 보건복지위원	• 정책 및 사업 분석·평가 • 예산·결산 및 재정정책에 관한 조사·분석 • 의원 또는 위원회가 요청한 조례안의 입안 및 검토 • 소위원회 운영 및 회의에 관한 사항 - 기타 자치법제 활동에 관한 분석·평가·자료조사 등 지원에 관한 사항

2. 전문위원제도

전문위원제도는 지방의회의 의안심의·처리 등 입법기능에서 요구되는 전문적인 의정활동에 대한 보좌가 절실하게 필요한 입장에서 지방의회 내에서의 지원으로 중요한 역할을 담당한다.

지방의회의 전문위원제도는 국회의 전문위원제도를 모방하여 설치한 제도로, 주로 안건의 심사능력을 제고시켜 위원회의 의정활동 및 의사진행을 보좌하고 있다.

지방의회의 전문위원제도의 법적 근거는 2006년 지방자치법 제51조의 2를 신설하여 위원회의 자치입법 활동을 지원하기 위하여 전문위원을 둘 수 있도록 한데서 기인한다.[4] 그러나 전문위원의 직급과 정수 등 필요한 사항은 대통령령으로 규정하고 있어 그 한계는 있다(경

---

4) 현재의 지방자치법(일부개정 2007.5.17 법률 제8435호) 규정으로는 제59조가 이에 해당된다. 제59조(전문위원) ① 위원회에는 위원장과 위원의 자치입법활동을 지원하기 위하여 의원이 아닌 전문지식을 가진 위원(이하 '전문위원으로 한다) 을 둔다. ② 전문위원은 위원회에서 의안과 청원 등의 심사, 행정사무감사 및 조사, 그 밖의 소관 사항과 관련하여 검토 보고 및 관련 자료의 수집·조사·연구 를 한다. ③ 위원회에 두는 전문위원의 직급과 정수 등에 관하여 필요한 사항은 대통령령으로 정한다.

남발전연구원, 2007: 117).

지방의회의 전문위원제도는 안건의 심사능력을 제고시키며 지방의회 위원회의 의정활동 및 의사진행을 보좌하기 위한 제도이다. 즉, 전문위원은 다음과 같은 기능과 역할을 수행한다.

첫째, 위원회에 회부된 안건에 대한 예비검토를 실시한다. 위원회에 회부된 안건의 제안이유, 문제점, 타당성, 기타 필요한 사항을 사전에 검토하고 그 결과를 위원회에 보고한다. 또 위원회가 제안하는 안건이 있는 경우 초안을 담당하며, 전문위원은 행정사무감사 및 조사를 포함한 제반 위원회 활동의 계획서와 결과보고서의 초안을 작성한다.

둘째, 위원회의 운영을 보조하고 위원장을 보좌한다. 즉, 위원회의 의사일정, 상정안정, 회의자료 준비 등 위원회의 의정활동을 보조한다.

셋째, 위원회의 사무를 처리한다. 전문위원은 위원장의 감독을 받아 위원회의 일반사무를 처리한다. 전문위원을 보조하는 소속 공무원을 지휘·감독한다. 또한 위원회에서의 각종 질의 시 소속위원에 대한 질의자료를 제공한다. 이렇게 볼 때 지방의회에서 근무하는 전문위원의 전문성은 곧 지방의원의 전문성과 연계되며 이는 지방의원의 의정활동과 상관관계가 있다고 볼 수 있다(장영두, 2006: 236).

서울시 의회사무처에는 운영위원회 등 10개의 상임위원회가 있으며, 각 상임위에 소속된 전문위원들의 주요 기능은 조례안, 예산안, 청원 등 소관안건에 대한 검토보고 등을 비롯하여 〈표 11-2〉와 같다.

〈표 11-2〉 서울시 의회사무처 전문위원 주요 기능

구 분	주요 기능
전문 위원실	• 조례안, 예산안, 청원 등 소관안건에 대한 검토보고 • 의안 및 소관사항에 관한 자료의 수집·조사·연구 및 소속위원에 대한 제공 • 위원회 의사진행 보좌 • 위원회 주관 공청회, 세미나, 간담회, 국내외친선교류 등 운영 • 행정사무감사, 조사계획 및 결과보고서 작성 등 • 열린의회교실 운영 등에 관한 사항(운영위원회 전문위원에 한함) • 의원전체 세미나 등에 관한 사항(운영위원회 전문위원에 한함) • 기타 소속위원회 예산 및 행정업무 등 소관에 관한 사항

3. 지방의회 사무조직의 문제점

1) 의회사무기구

(1) 인사권 제약에 따른 직원의 지원활동 한계

현재 의회사무국 직원의 임명권자는 지방자치단체장으로 되어 있다. 다만 지방자치단체의 장은 사무국직원을 임명함에 있어서 지방의회 의장의 추천을 받아 임명하도록 되어 있다.

2006년 4월 지방자치법의 개정에 의해 일부 사무직원의 임용권이 지방의회사무기구의 장에게 위임되었으나 실질적으로 과거에 비해 변화되지 않고 있다. 그 이유는 사무처의 장인 사무처장과 실권부서로 볼 수 있는 의정담당관과 의사담당관의 부서장 및 핵심 직원들이 대부분 일반직이어서 이들의 인사권은 변함없이 단체장이 행사하고 있기 때문이다. 사무기구의 장이 임용권을 가지는 직원들의 다수는 속기사, 타자원, 운전원 등 단순 집행기능을 담당하는 기능직으로 구성되어 있으며, 또한 별정직·기능직·계약직 공무원에 대한 임용권을 행사하는 지방의회 사무기구의 장의 인사권이 집행기관의 장에게 있기 때문에 사무기구의 장의 임용권 행사범위에 있는 하위직원들에 대한 지방의회의 장악력이 제한적이다. 따라서 지방의회 사무기구 직원들은 지방의원들의 의정활동을 지원하는데 전념하기보다는 오히려 집행기관의 입장을 대변하는 경우가 적지 않고, 그럼으로써 지방의회는 사무직원들의 적극적인 의정지원을 기대할 수 없다.

(2) 전문적인 정책지원 부족

시·도의회 중 인구 1천만명이 넘고, 한 해 예산규모가 15조원에 육박하는 경우에도 입법조사관에 의한 의정활동 지원이 없는 상황이며, 더구나 1-2년 만에 한번씩 교체하는 6·7급 직원으로는 거대규모의 예산안과 관련 안건심의는 물론 지역사회 발전을 위한 정책개발

등에 대한 전문적인 정책지원은 사실상 불가능하다.

한편 지방의회 근무에 적합한 공무원을 확보하기 위해서는 의정활동에 전문성을 가진 인재의 임용이 우선적으로 이루어져야 하나, 지방고등고시 임용시험과목 중 '지방의회론'만이 일반행정직렬 2차시험의 4개 선택과목 중 하나로 들어가 있고, 지방자치단체 내부인사 발령에 있어서도 의회사무 공무원 임용 시 지방의정에 대한 직무연수나 전문성 등을 별도로 고려하지 않은 인사발령이 빈번하여 의정전문가를 기대하기 어려운 실정이다.

(3) 지원인력의 부족

광역의회 사무직원 수는 2002년 1,185명, 2004년 1,176명으로 2002년에 비해 오히려 9명이 감소하였음을 알 수 있다. 2006년에는 시·도의 사무처 직원의 수 1,220명, 시군구 사무처직원의 수가 3,670명으로 총 4,890명이다. 이는 2004년 광역의회당 사무처 직원 수가 평균 73.5명이지만, 2006년의 경우 평균 76.3명으로 3명의 증가를 보이고 있다. 한편 광역의회 사무처를 중심으로 집행기관과 비교한 지방공무원수가 상대적으로 크게 부족한 인력현황을 볼 수 있다. 따라서 지방의회 사무조직의 적은 인력으로 지방의원들의 의정활동을 보좌한다는 것은 실질적으로 어려운 실정이다.

2) 전문위원

(1) 법적 위상 불확실 및 인력부족

지방의회 사무기구에는 전문위원이 구성되어 의정활동을 지원하고 있다. 현재 전문위원은 의안심사와 회의진행, 의정활동 보좌를 담당하는 있으나 법적 위상이 확고하게 정립되어 있지 않고 사무기구의 인사체계 내에서 직제상의 문제를 지니며, 집행기관 실무부서의 장보다 직급이 낮아 대등한 관계에서 업무협의가 이루어지지 못하고 있다.

한편 전문위원의 인력이 매우 제한적이기 때문에 의정보좌를 위한 자료수집이나 안건심의를 위한 심도 있는 검토가 어렵기 때문에 전문위원을 효과적으로 활용하지 못하고 있다. 지방의회의 정책연구부서는 대부분 의회의 피감사기관인 자치단체장이 임명하는 전문위원밖에 없으며, 광역의회의 경우 그나마도 거의 모든 시·도가 위원회마다 1년여 만에 교체하는 전문위원 1-2명 외에 6·7급 직원 2명씩만 배치하기 때문에 이들의 지원으로는 지방의원들의 일상적인 위원회 행정업무 처리에 급급한 실정이다(전국시도의회의장협의회, 2007 : 36).

한편, 2014년 현재 17개 광역의회에 소속된 직원은 1,712명이지만, 전문위원은 전체 의원 직원 총수대비 13.5%인 232명에 불과하다. 광역의회에서 활동 중인 총 112개의 위원회는 위원회당 보좌받을 수 있는 전문위원은 2.06명에 불과하며 이를 광역의회 의원 855명에 적용할 경우 1인당 보좌받을 수 있는 전문위원은 0.27명에 불과한 실정이다.

이와 같이 지방의회의 전문인력의 부족현상은 현재의 제도 아래에서 지방의원을 보좌할 실제인력인 전문위원의 정책보좌 기능이 제대로 작동하지 못하고 있는 것을 나타내며, 결국에는 지방의원의 전문성 저하를 가져옴으로써 예산심의나 정책현안 분석, 국정감사 등에 있어서 지방의회의원의 활발한 활동을 저해하는 요소로 작용하고 있다.

(2) 전문성 부족

지방의회의 운영 및 조직에 관련한 내용에서 알 수 있듯이 현재 우리나라의 지방의회에 대한 조직체계상 의회사무조직의 적은 인력으로 지방의회 의원들의 의정활동을 보좌한다는 것은 실질적으로 어려운 실정이다. 전문직 공무원의 구성비율이 행정관리직에 비해 매우 낮고, 현재의 전문위원들의 전문성에도 문제가 있다. 예를 들어 예산심의, 결산 및 감사, 조례안 검토, 일반정책심의 등과 관련하여 지방의회 의원들은 전문위원들로부터 전문적인 보좌를 제대로 받지 못하고 있다. 직접적인 의정활동의 보좌인력인 전문위원마저도 전문지식이 부족하기 때문에 의원들의 보좌인력이라기보다는 의회행정업무를 보좌하는 정도의 업무인 집행기관과 의원과의 자료 전달, 안건 검토, 기 집행된 정

책에 대한 문제점 지적 정도이며 소극적인 보좌수준에 머물고 있는
실정이다.

지방의원의 전문성은 전문위원실의 보좌기능의 질과 양에 좌우되게
된다. 그러나 아직까지 전문위원의 정책보좌기능에 대한 평가는 대체
로 낮은 수준이며, 여러 사례연구에서도 전문위원들의 조사연구기능은
낮은 것으로 평가되었다(안성호, 1993 ; 김성호, 1996 ; 허병천,
1998, 서울특별시의회, 2005; 200).

(3) 인사권의 제한

현행 의회 사무기구의 직제 가운데 전문위원은 의안의 심사와 회의
진행을 담당하고 있어 의정활동에 직접 참여하고 보좌하는 지위에 있
다. 그러나 전문위원의 임용이 일부 자치단체를 제외하고는 대부분 자
치단체장에 의해 이루어지고 있다.

2006년 7월 현재 지방의회의 전문위원의 수는 총 570명으로 이중
사무기구의 장이 임용한 별정직은 93명으로 16%에 불과하고, 일반직
전문위원 477명(84%)은 자치단체장이 임용하였다(전국시도지사의장
협의회, 2007: 36). 즉 전문위원의 지원을 받고 인력을 직접 활용해
야하는 지방의회의 인사권이 거의 없고 자치단체장이 전문위원을 임용
하는 상황이며 이는 기관분립형으로 운영하는 지방자치제도의 기본취
지에도 맞지 않는 것이다.

4. 지방의회 사무조직의 활성화 방안

의회의 사무기구는 지방의회의 능력을 신장시키는 제도적 장치이다.
특히 의회가 제 기능을 수행할 수 있도록 도와주는 지원체제인 사무
기구는 직·간접적으로 의원들의 의정활동을 보조하는 비서(secretary)
로서의 업무를 수행한다고 할 수 있다. 의회사무조직의 본래 임무를
제대로 수행하기 위해서는 사무조직의 체계적인 구조와 인력을 갖추어

야 한다. 특히 사무직원들의 전문적인 능력이 필수적이다. 그러나 의회관련 업무분야의 경험과 지식이 거의 없는 상태로 집행부서에 근무하다가 의회에 발령을 받는 관계로 의원의 발의나 안건심사, 정책개발, 자료수집 연구에 필수적인 의원보좌능력이 상당히 미흡한 상태에 놓여 있다. 따라서 의회사무조직의 지원기능의 활성화를 위해 다음과 같은 사항을 고려해야 할 필요성이 있다.

1) 의회사무기구

(1) 지방의회사무기구 인사의 독립성 확보

지방의회 사무기구의 인사독립은 의회-시장형의 기관분리를 취하는 우리나라 지방자치단체의 기관구성에서 양 기관의 상호견제와 균형의 원칙을 적용하는 것이다.

조직에 있어서 권력의 중요한 원천 가운데 하나는 조직구성원의 신분에 직접적인 영향을 미치는 인사권이라 할 수 있다. 따라서 지방의회와 집행기관의 독립적이고 자율적인 대등한 권력관계는 기관구성원의 인사권을 어느 정도 독립적으로 또는 효율적으로 행사할 수 있는가에 달려 있다. 그런 의미에서 지방의회의 사무기구 직원에 대한 인사권은 독립되어야 하고 이를 통해 지방의원 의정활동 지원을 강화할 수 있다.

이에 따라 인사권의 독립을 통해 다양한 인재를 채용해야 한다. 즉 의회의장이 독자적으로 집행부 공무원 중에 유능한 인사를 임명하거나 외부에서 일정한 자격을 갖춘 필요한 전문가를 계약직으로 채용할 수 있도록 하고, 의회의 고유한 전문능력을 갖춘 우수인력을 확보하기 위해 선발을 다양하게 할 필요가 있다.

(2) 의회직렬제의 신설

지방의회 의장의 추천에 의한 자치단체장이 임명하는 현행 방식은 지방의회 사무기구 직원의 낮은 소속감, 직무태도의 소극성, 집행기관에 대한 견제·감시기능의 약화, 직무의 낮은 전문성, 근무의욕의 저하와 같은 많은 문제점을 야기하며, 이는 결국 지방의회의 활발한 의정활동과 사무기구의 제대로 된 의정지원 활동에 장애요인이 된다. 지방의회 지원기능을 수행하기 위해서는 의정활동에 대한 지식과 능력을 가진 인재가 충원되어 지속적으로 업무를 수행하는 것이 바람직하며 이를 위한 하나의 대안으로 의회직렬의 신설이 필요하다.

의회직렬은 전문직과 의회행정직으로 구분하며, 전자는 개방형으로 운영함으로써 집행기관의 경력직 공무원 또는 계약직 민간전문가의 충원을 위해 전공분야와 자격요건을 법제화하도록 한다. 전문직은 자격요건을 갖춘 자중에서 공모를 거쳐 보임하도록 한다.

(3) 효율적인 의회근무 공무원 인사관리체계 구축

지방의회 사무직원에 있어서도 승진과 인사교류는 매우 중요한 자기개발의 요건이자 사기진작의 요인이라 할 수 있다. 따라서 우수하고 유능한 인재가 의회근무를 선호하도록 하고 의회에 근무하여 지방의원의 의정활동을 효율적으로 도울 수 있도록 하기 위해서는 능력발전과 동기부여에 대한 제도적 장치가 요구된다.

예를 들어, 승진기회의 제약이 유능한 인재의 의회근무를 기피하는 요인이 될 수 있으므로 전문직에 상응하는 보수체계의 개선을 통한 인센티브를 강화함으로써 근무의욕을 고취시키도록 한다. 또한 집행기관과의 대등한 직급 상향조정과 복수직급화에 의한 인사교류시스템을 개선하여 상위직급 승진체제를 보완하여 주는 제도의 도입이 필요하다.

2) 전문위원

(1) 전문위원 자격기준 강화 및 비상임전문위원 활용

현재 일부 광역의회를 제외하고는 집행부공무원이 순환보직으로 충원됨으로써 갖는 전문성의 취약을 방지하기 위하여 의회직렬이 신설되어야 하나 본 제도의 도입이전에 우선적으로 모든 전문위원은 전문성을 기준으로 별정직으로 보하도록 한다. 또한 전문위원을 충원할 경우 해당분야에 경력이나 박사학위소지와 같은 자격요건을 엄격히 적용하도록 한다.

지방의회의 정책영역은 매우 광범하므로 의회 내 사무기구만으로는 감당하기 어려우므로 외부전문가의 지원을 받는다. 이를 위하여 비상임전문위원(학계 또는 연구기관의 전문인력)을 위촉하여 활용하도록 한다.

(2) 전문위원 임용법령의 통일 및 자치단체 자율성 확보

지방의회의 의정활동을 강화시키기 위해서는 현행의 전문위원제도를 보다 강화시킬 필요가 있다. 전문위원제도는 안건의 심사능력을 제고하고 위원회의 의정활동 및 의사진행을 보좌하기 위해 국회의 전문위원제도를 모방하여 만든 제도이지만 지방자치법에는 전문위원의 지위와 역할에 관한 별도의 규정을 두고 있지 않다.

지방의회에서는 의원의 정책보좌에 대한 역할을 전문위원이 담당하지 않을 수 없다. 그러나 우리나라 지방의회의 전문위원들은 대다수가 집행공무원들이 순환보직 차원에서 충원되고 있으므로 이들에게 의회가 요구하는 전문성을 기대하기 어려운 실정이다.

지방의회 전문위원의 임용자격은 자치단체마다 다른 기준을 적용하고 있으며 그 법형식도 조례 또는 규칙에서 개괄적으로 정하고 있으므로 이를 지방공무원임용령으로 엄격히 규정하는 것이 필요하다. 한편 중앙정부의 개입 없이 지방의회가 주도적으로 전문위원의 요건을 선정하고 지방자치단체의 조례로 규정하도록 한다.

(3) 임명권 이원화와 전문위원 개방직화

지방의회행정 중에서도 일반행정업무와 전문보좌업무로 구분하여 전자는 현행대로 단체장이 인사권을 행사하되, 후자는 지방의회의장이 인사권을 갖도록 하는 방안이다. 이 방안은 사무기구의 핵심적이고 전문적인 의정활동의 지원을 하는 직원에 대해 임명권자와 직무감독권자가 모두 의회의장이 되도록 하는 방안이다. 이를 위해서는 최소한 지방의회의장이 사무처(국·과)장과 전문위원에 대한 독립적인 인사권을 지니되, 임용자격기준에 의한 계약직으로 임용하는 한편 나머지 행정적인 사무를 수행하는 일반직공무원의 임명권은 현행대로 단체장이 갖도록 한다.

전문위원의 경우, 대부분 집행기관의 일반행정직 공무원 위주로 보하고 있으나 해당 상임위원회의 의정활동에 필요한 전문성을 확보하지 못한 자가 상당 수 있으므로 해당 상임위원회가 요구하는 전문성을 가진 자로 보하기 위해서는 개방직화하고 전문계약직제를 도입하는 것이 필요하다. 전문위원을 전문계약직 위주로 임용하도록 제도화한다면 학계나 시민사회단체에서 직능별 전문인력을 유치할 수 있을 뿐만 아니라 퇴직공무원 중에서 숙련된 인력을 선발하는 등 얼마든지 유능한 인력을 확보할 수 있다. 이 경우 상임위별 전문위원 임용자격을 법령 또는 조례에 엄격히 규정하여 엽관제의 우려를 불식하고 제도 본래의 취지를 살리도록 하는 방안이 전제되어야 한다.

(4) 유능한 보조인력 배치

의회사무국내에서 조차 유능한 인력을 총무·인사 등 기관운영부서에 우선 배치하고 그렇지 못한 인력을 위원회 전문위원실에 배치하는 현재의 방식으로는 전문위원의 기능을 더 이상 강화할 수가 없다. 국회의 경우 위원회 전문위원에 수석전문위원을 두고 이를 보조하는 인력으로 위원회에 따라 1급과 2급상당의 계약직 일반전문위원 2명, 3급과 4급의 입법조사관 3명, 5급 입법조사관 8명, 위원회 행정업무를 처리하는 일반직원 등 방대한 전문위원실 보조인력을 두고 있다. 그러나 지방의회의 경우 시·도의회라 해도 전문위원을 보조하는 직원은 6급과 7급 직원 1명 또는 2명에 불과하다(이용우, 2005: 66-67).

국회의원과 달리 전속된 보좌인력 한사람 없는 지방의원의 입장을 감안해서 의안심사를 위한 연구·분석기능을 담당하고, 의회차원의 대안을 제시하는 전문위원과 전문위원실 직원은 가장 우수한 인력을 배치하여야 한다.

(5) 전문위원의 직급 상향조정 필요

대외적으로 지방자치법 제37조 규정에 의한 집행기관의 출석(답변) 공무원은 5급(실과소장) 이상이나, 의회의 전문위원의 경우 5급 또는 6급 공무원이 대다수이므로 집행기관과 의회의 균형유지를 위하여 전문위원 직급의 상향조정이 필요하다. 또한 의회내부에서의 전문위원의 직급을 상임위원회에 따라 차등하는 제도는 불합리하므로 의회사무직으로서 전문위원에 대한 직급차등화는 불합리하다.

(6) 의원보좌관제도 도입 검토

현행 지방의원들의 정책결정능력을 제고하기 위한 전문적 보좌인력이 부족하며, 현재와 같은 전문인력의 활용만으로는 업무의 과중과 전문성이 미흡하다. 따라서 의원보좌관제도의 도입을 검토해 볼 필요가 있으며 이와 관련하여 다음과 같은 안를 적극 고려해 볼 필요성이 있다.

첫째, 의장소속하에 '전문보좌기관' 설치이다. 국회에서 국회의장 소속하에 '예산정책처', '입법조사처'를 설치하여 운영하는 것과 같이 의회별로 입법 및 정책을 전문적으로 지원하는 부서를 의장 직속으로 설치하도록 한다. 각 상임위가 필요로 하는 분야의 전문가로 충원하되, 상임위원회별 의정활동에 필요한 입법 및 정책연구를 분담하도록 한다. 충원된 전문가는 지방의회의 전체 수준에서 의원의 의정활동을 위한 입법, 정책연구 등 전문적 연구를 포괄적으로 지원한다.

전문가는 원칙적으로 상임위원회별 전문성을 갖춘 자로 충원하고, 분담한 상임위원회 위원과 전문위원의 입법 및 정책에 대한 자문과 지원을 담당한다. 비회기중에는 해당 상임위원회 전문위원과 공동으로 현안 정책문제를 연구·지원한다. 전문보좌기관을 의장 직속으로 두는 것은 집행기관과 밀접한 관계를 가질 수 있는 의회사무기구의 장의 영향력을 차단하기 위한 것이다.[5]

---

[5] 우리나라 국회의 '예산정책처', '입법조사처'도 사무총장 소속이 아닌 국회의장 직

둘째, 보좌인턴제 도입이다. 실제적 효과 측면에서 유급보좌관제를 실시하는 것이 지방의회의 정책보좌기능을 활성화하는데 가장 큰 효과적일 것이나, 당장 시행하기 어려울 경우 단기적으로 국회에서 실시하는 것과 같은 보좌인턴제를 시행하는 방법이 바람직하다.

보좌인턴제는 여타의 보좌관제(유급·공동 등)에 비하여 법령의 제한이 적고, 내·외부의 반대가 적어 시행이 용이할 수 있다. 또한 시행준비 기간이 짧고 시행절차가 간편하여 즉각적으로 의원보좌인력을 제공할 수 있다.

셋째, 공동보좌관제 도입이다. 개인보좌관제가 어려울 경우 보좌관 1인이 여러 의원을 보좌하는 행태의 공동보좌관제를 신설한다. 이 제도는 1명의 보좌관이 2-3명의 의원을 보좌하도록 할당한다. 의원 공동으로 보좌관을 효과적으로 활용하기 위해 가급적 동일한 상임위원회 의원 소속의원들에 배속한다. 또한 의원들 간 이해관계의 충돌에서 갈등이 일어날 수 있으므로 동일정당 소속 의원들에 배속한다. 공동보좌관제를 실시할 경우 공동보좌관은 별정직 또는 계약직(5급상당)으로 처우한다.

넷째, 개인별 보좌관제 도입이다. 광역의회의 경우 보좌관을 별정직으로 충원할 수 있도록 하고, 정치적 영향력을 불식시키기 위해 일정 수준의 자격을 갖춘 인재를 임용할 수 있도록 제도화하도록 한다.

현재의 국회의원의 보좌관 같이 광역지방의원 개인별로 유급의 (가칭)정책보좌관을 도입하며 별정직 5급으로 보한다. 유급보좌관제가 시행되게 되면 의정활동의 전문성을 실질적으로 향상시키는 데에 대단히 효과적일 수 있다. 따라서 유급보좌관제가 정착되고 의정활동의 효율성과 효과성이 향상되는 추세를 보아 장기적으로는 위원정수의 축소조정도 고려해 볼 수 있다. 한편 본 제도를 신설할 경우 지방자치법 제32조에 새로운 항을 신설하여 정책보좌관직을 규정한다.

속으로 설치되어 있으며, 이는 정당출신인 사무총장의 영향이 미치지 못하도록 한 것이다.

지방의회와 지방자치단체장의 관계

제 1 절 지방의회와 자치단체장의 본질

1. 지방의회와 집행기관간의 의의와 특성

지방의회와 자치단체장의 관계는 지방자치단체의 기관구성 형태와 매우 밀접한 관련을 맺는다. 지방자치단체의 기관구성형태는 각 나라 마다 매우 다양한데, 이는 각 국가의 역사적 전통과 각 지방의 경제·사회적 환경이 다양한데 연유한다. 이처럼 다양성을 갖는 지방자치단체의 기관구성 형태를 크게 유형화 해보면, 의결기능과 집행기능을 모두 단일의 기관에 집중시키는 기관통합형과 의결기능과 집행기능을 각각 다른 기관에 분담시키는 기관대립형으로 나누어 볼 수 있다(〈그림 12-1〉 참조).

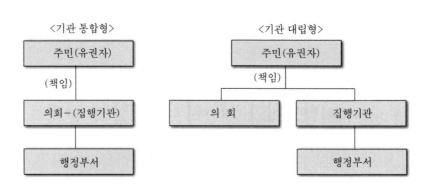

〈그림 12-1〉 기능과 책임에 따른 기관구성 형태

위 〈그림 12-1〉에서 보는 바와 같이 기관통합형은 의사결정기능과 집행기능이 의회를 중심으로 수행되며 의회가 결정 및 집행의 모든 책임을 지는 형태라 할 수 있다. 이러한 형태를 취하는 가장 전형적인 실례는 영국의 의회형(parliamentary system)[1]과, 미국의 위원회형 (commission or board system),[2] 그리고 프랑스의 의회의장형 (council-presidential system)[3]을 들 수 있다.

지방정부의 정부조직형태에 있어서 입법권과 집행권을 엄격히 분리하는 기관분립형은 의결기관에 대칭되는 집행기관이 명백히 분리되어 존재한다. 우리나라의 지방정부 조직형태는 기관분립형을 채택하고 있다. 이는 지방의회와 집행기관간의 상호 견제와 균형의 관계를 유지하면서 지방의 정치와 행정을 효율적으로 수행할 수 있는 데 있다. 특히 이 분립형은 지방의회와 자치단체장의 권한과 그 기능을 수행하는데 있어 서로 독립적인 관계를 유지하는 동시에 지방자치와 지역발전을

---

1) 이 형태는 의회가 입법기능과 집행기능 전반을 과장하고 있는 것으로 영국을 비롯한 인도, 오스트레일리아, 뉴질랜드, 남아공화국 등 영연방 국가에서 채용하고 있다.
2) 이 형태는 주민에 의하여 직선되는 복수의 위원으로 구성되는 위원회가 입법권과 행정권을 모두 행사하고 있는 것으로서, 미국의 county에서 흔히 볼 수 있다.
3) 이 형태는 지방의회의 의장이 집행기관의 장으로서의 지위를 겸하고, 그 의장 밑에 사무조직을 두고 있는 것으로서, 프랑스의 1982년 지방분권법에 의해 중간 자치단체(departement)와 광역자치단체(region)에서 채용되고 있는 것이라 할 수 있다.

위해 상호 협력하고 보완 및 지원해 주는데 유용하다.[4]

우리나라 지방자치법에서 지방의회와 지방자치단체장간의 관계는 권력배분의 원칙에 입각하여 각각 권한을 부여 받고 상호견제와 균형을 유지하도록 하여 각자의 고유권한을 침해할 수 없도록 보장하고 있다. 즉 지방자치법에 의하면, 광역자치단체인 시·도와 기초자지단체인 시·군·자치구의 장과 의회는 주민이 직접 선출하도록 규정하고 있다. 그리고 자치단체장이 집행 기능과 단체의 대표 기능을 지니고, 지방의회는 의결 기능을 수행하게 함으로써 상호 견제와 균형을 유지하도록 하고 있다. 이와 같은 형태는 주민이 지방자치단체장과 지방의원을 선출하여 구성하고, 양 기관 상호간에 권한과 독립성을 보장하면서 기관분립형의 기관구성을 전국적으로 통일화하여 채택하고 있음을 의미하는 것으로 각 지방자치단체가 처해 있는 사회적 여건이나 행정기능의 차이를 전혀 고려하지 않고 있는 것이다.

이와 같은 기관분립형 조직형태 하에서 지방의회와 지방자치단체장은 서로의 독립적 권한을 지니고 상호 협조와 견제를 유지하면서 지방정치와 행정을 수행한다. 지방의회와 집행기관에 대한 비교 관점에서 현행 지방자치법상에 보장된 지방의회와 자치단체장이 지니고 있는 주요권한을 비교해 보면 〈표 12-1〉과 같다.

먼저 지방의회의 권한분류는 여러 가지 기준에 따라 다양하게 나눌 수 있으나, 대체로 의결권, 행정통제권(감시권), 청원수리·처리권, 자율권 등으로 분류할 수 있다(박기관, 2001: 389 참조). 이 권한 들 중 행정통제권이 집행기관과의 상호관계에 중요한 권한이라 할 수 있다. 즉 행정통제권은 기관대립형의 기관구성형태를 취하는 경우에 그 실익을 찾을 수 있는바, 지방의회는 집행기관의 집행행위에 대하여 감

---

4) 미국 대도시가 이 제도를 채택하고 있는데, 집행기관은 예산안 편성권, 입법안을 제출하며, 의회에 대해 거부권을 지니는 등 상호 대등한 권한을 가지고 견제와 균형을 전제로 한다. 일본의 경우 역시 지방의회의 위법·부당한 결정에 대해서는 수장이 거부권을 행사할 수 있고, 특히 의회의 수장에 대한 불신임 결의권과 수장에 지방의회 해산권을 부여하고 있다.

시권을 행사할 수 있기 때문이다. 행정통제권의 행사는 가장 평범한 방식으로 의안심의와 관련된 자료요구, 행정사무처리 상황의 보고와 질문응답, 서류제출권이 있으며, 실질적 권한으로 행정사무감사 및 조사권 등이 이에 해당된다.

〈표 12-1〉 지방의회와 자치단체장장의 주요권한

지방의회의 권한	지방자치단체장의 권한

· 의안발의권(제58조)
 · 의결권(제35조)
   -조례의 제정·개폐권
   -예산의 심의·확정권
   -결산의 승인권
   -사용료·수수료·분담료 등의 부과와 징수의 의결권 등
 · 재의요구된 사항에대한 재의결·확정권 (제19조)
 · 행정사무감사·조사권(제36조)
 · 단체장 및 관계공무원 출석답변·요구권 (제36조)
 · 관련서류 제출요구권(제36조)
 · 임시회 소집권(제39조)
 · 위원회 개회권(제35조)
 · 의회 사무직원의 추천권(제83조)
 · 청원의 심사처리권(제67조)
 · 청원이송과 처리결과에 대한 보고요구권 (제68조)
 · 선결처분의 사후승인권
	· 의안발의권(제58조)
	 · 장의 부의안건에 대한 공고권(제40조)
	 · 사무의 관리 및 집행권(제94조)
	   -조례의 공포권(제19조)
	   -예산안 편성제출권(제118조) 및 예산불성립시 예산집행권(제122조)
	 · 일반의결에 대한 재의요구권(제98조)
	 · 예산상 집행불가능한 의결의 재의요구권 (제99조)
	 · 법령에 위반된 의결사항의 재의요구권 및 대법원 제소권(제39조)
	 · 임시회 소집요구권(제39조)
	 · 총선후 최초의 임시회소집권(제39조)
	 · 위원회개회 요구권(제53조)
	 · 의회사무직원 임명권(제83조)
	 · 청원처리결과 보고권(제68조)
	 · 선결처분권(제100조)

그리고 이와 같은 권한에 기초해 지방의회와 지방자치단체장은 서로 독립적 지위에서 기본적인 특성을 갖는데, 양기관간 상호 독립적이고, 의존적이면서 그리고 통제적인 특성을 갖는다.

첫째, 지방의회와 단체장간에는 상호 독립적인 5가지 특성을 지니고 있다.

① 지방의원과 단체장은 선거를 통해 선출되고, 상호 겸직이 금지된다.

② 지방의회는 자치단체의 의결권을, 단체장은 집행권을 전담한다.

③ 지방의회와 단체장은 고유권한을 갖고, 서로의 권한을 간섭할 수

없다.

④ 단체장은 조례제출권 및 예산편성권 등을 지니나, 단지 집행권만
갖는다.

⑤ 지방의회는 집행기관을 감사 및 조사할 수 있고, 집행기관은 이
에 관여할 수 없다.

둘째, 지방의회와 단체장간에는 상호 협조적인 3가지 특성을 갖는다.

① 단체장은 의회의 최고 임시회의를 소집하며, 또한 조례안 등 의
안을 제출한다.

② 단체장은 본회의나 위원회에 출석하여 보고나 의견을 제시할 수
있다.

③ 단체장은 예산의 편성권만 가지나, 의회에 자치단체의 전반적인
행정에 대해 의견을 전달하고 조언과 협조를 구한다.

셋째, 지방의회와 단체장은 상호 통제 및 견제의 7가지 특성을 갖
는다,

① 행정사무의 감사 및 조사권을 지닌다.

② 재무작용에 관한 심의 및 의결권을 지닌다.

③ 단체장 또는 관계 공무원에 대한 출석 요구 및 질문권을 갖는다.

④ 단체장이 확정된 조례를 공포하지 않을 때 의장은 조례공포권을
갖는다.

이와 같은 의회의 권한에 대하여 단체장은

① 조례안, 예산안, 일반 의안에 대하여 재의요구권을 갖는다.

② 재의결된 의안에 대하여 제소권 및 집행정지결정신청권을 갖는다.

③ 선결처분권, 주민투표발의권, 의회소집요구권 등을 통하여 의회
를 견제 및 통제하는 역할을 갖는다.

2. 지방의회와 집행기관의 협력과 갈등

지방의회와 집행기관은 자신이 보유한 고유의 법적 권한을 토대로

상호작용을 하는 과정에서 협조적인 관계도 유지하지만 서로 갈등이 유발될 수 있다. 지방의회와 집행기관간의 주요 상호작용의 범주는 정책토론, 자치입법 활동, 지방재정활동, 행정사무감사 및 조사활동, 자료요구 및 제출활동 등으로 구분할 수 있다(박천오·서우선, 2004: 108-111).

① 정책토론은 지방의회의 회의장에서 광범위하게 전개될 뿐만 아니라 지방재정활동이나 행정사무감사·조사활동 등 전반적인 의정활동에서도 나타나고 있다. 정책토론과정에서 지방의회와 집행기관은 갈등관계에 놓일 가능성이 크다. 양기관간의 질문·답변형식에서 집행기관은 무책임·무소신·허위답변 등을 하거나 지방자치단체장이 직접 출석하지 않고, 관계공무원을 대리 출석시킬 경우, 지방의회는 질문내용이 자치행정의 범위를 벗어나는 것으로 간주하여 답변을 거부하는 등 갈등이 발생할 수 있다.

② 자치입법 활동은 지방자치단체의 법으로서 제출 조례안에 대하여 수정안이 아닌, 원안을 의결·이송하였는데도 집행기관에서 재의요구를 하는 경우 갈등이 발생할 수 있다.

③ 지방재정활동은 주로 예산결산을 포함한 재정활동이다. 이는 지방의회와 집행기관간의 예산게임(budget game)으로 인하여 상호 충돌하거나 갈등을 빚게 될 소지가 다분하다.

④ 행정사무감사 및 조사활동은 독립적 기능과 보조적 또는 담보적 기능을 갖고 있는 집행기관에 대한 지방의회의 유효한 감사제도이다. 지방의회 의원들이 개인적 목적이나 감정으로 집행기관공무원을 증인으로 채택하거나 무리한 감사나 빈번한 조사를 할 경우 집행기관과 갈등을 빚을 수 있다.

⑤ 자료요구 및 제출활동은 지방의회에 부여된 법적권한이지만 그 대상, 방법, 절차 등에서 무한정 인정되는 것이 아니다. 지방의회측은 집행기관 측으로부터 제출된 자료의 진위여부, 불성실 또는 미흡한 자료작성 등의 사항을 의심하기 쉽다. 반면에 집행기관측은 지방의회의

방만하고 개인적인 또는 법정 방법 이외의 자료요구와 같은 생활발생을 우려한다.

지방의회와 자치단체장의 상호 관계성에서의 갈등은 언제든 나타날 소지를 안고 있다. 이러한 갈등은 상호 법적·제도적인 관계 속에서 일방이 상대방의 입장에서 볼 때 바람직하지 못한 일정한 공식적·비공식적 조치나 행태를 취하고, 상대방이 그에 대한 부정적인 대응조치 또는 행태를 취하거나 거부반응을 나타내는 양상을 띠게 된다.

(1) 상호간의 협력관계

지방의회와 집행기관 간에는 자신의 보유한 권한을 토대로 다양한 협력관계를 유지한다. 협력은 개별적인 운영 목표의 공동성취를 위한 자율적 조직 간의 관계를 의미하며(Schermerhorn, 1975: 847), 반면 조정은 좀더 공식적이며 계약협정을 포괄하는 것을 의미한다 (Davidson, 1976: 117 ; 안용식·김천영, 1995: 331), 따라서 협력은 공식적인 규칙에 대한 설정을 사전에 미리 규정함이 없이 교환, 호혜적 상호관계가 그 특징이다. 조정은 일련의 배분 기준에 입각한 협정이 있는 상태에서 이루어지게 되는 특징을 가지게 되는데 이때 조정은 구조나 과정의 측면에서 이해되는 경우가 지배적이다. 지방의회와 자치단체장의 상호 협력관계는 일반적으로 정책결정의 내용이 당해 지방자치단체의 편익을 증대시키는 배분정책의 성격을 가질 때 나타나기 쉽다(Ripley and Franklin, 1991). 이러한 경우는 그 지역의 편익을 극대화하려는 지역사회의 분위기와 지방의회 및 집행기관의 입장이 일치하는 경우가 대부분이기 때문에 지방의회와 집행기관은 공동전선을 형성하여 협력관계를 구축한다(Cox, 1978: 94-105).

현실적으로 우리 지방자치 현실적 측면에서 지방자치단체장이 주요한 정책을 추진함에 있어 언제든지 지방의회의 관련 상임위원회와 사전에 협의하면 협력이 이루어질 가능성이 높다(박경효, 1994: 27). 지방자치단체장과 지방의회는 서로 적대적 관계가 아닌 우호적이고 협조적인 관계를 유지하기 위해서는 항상 서로 자문을 구하고 사전 협의를 거치게 된다면 양 기관이 원만한 관계를 정립할 수 있을 것이다.

(2) 상호간의 갈등관계

의결기관과 집행기관이 분리되어 있는 기관분립형에 있어서는 양자 간의 갈등은 필연적으로 나타난다. 지방의회와 집행기관 간의 갈등은 양 기관간의 상호작용을 피할 수 없는 상황에서 발생되는 이른바 관계적 갈등(relation dispute)에 해당된다(Condrey, 1998: 218-218). 갈등이란 '조직 내에서 목표의 양립, 지각의 차이가 존재할 때 행동주체 간에 일어나는 대립적 상호작용'이라 지적한다(오석홍, 1994: 594-595). 그리고 '조직을 구성하는 개인 간, 집단 간 및 조직간 에 잠재적인 혹은 현재적으로 대립하고 마찰하는 사회적·심리적 상태'를 말한다(강인호 외, 2004: 300).

이러한 갈등을 개념을 바탕으로 지방의회와 집행기관 간의 갈등을 정리하면 다음과 같은 특성을 가진다(김영기, 1998).

① 권력분립 원칙하에 의한 상존하는 제도적 갈등이다.

② 법령에 의해 동등한 지위를 보장받는 두 기관간의 병렬적 갈등의 성격을 갖는다.

③ 복수의 구성원들을 갖는 집단 간 견해차이로서 갈등의 표현은 대개 대표들을 통해 이루어지는 집단 간 갈등이다.

④ 구성원들이 가치관이 감정의 동질성을 가지고 집단의식을 드러내며 집단사고에 의하여 갈등을 촉발되고 지속될 수 있다.

⑤ 공권력의 행사를 바탕으로 서로간의 권력행사를 시도하는 정책과정의 갈등이다.

⑥ 누가, 무엇을, 어떻게 얻느냐와 관련되어 이를 통합·조정하는 정치적 갈등이라는 점이다.

⑦ 감정, 이해, 인지, 가치관, 목표, 쟁점, 제도 등 다양한 근원과 관련된 상당히 특수한 갈등이다.

이와 같은 지방의회와 집행기관간의 갈등은 서로의 편견과 오류를 감소시키는 순기능적인 결과를 가져오기보다는 부작용을 초래하는 경우가 더 많다고 할 수 있다(박천오·서우선, 2004). 예를 들어 집행기관의 갈등으로 의회가 회기조차 개회하지 않음으로써 지방정부의 중대하고 긴급한 정책결정을 할 수 없게 하거나, 주민의 대표기관으로서 집행기관을 통제·감시하는 본연의 의무를 소홀히 하게 되는 경우가 적지 않다. 그리고 이러한 양자 간 갈등이 대법원제소로 이어져 판결 시 까지 관련 지방행정 수행이 정지되거나 중지되는 상황이 초래되기도 한다는 점에서 양기관간 상호 생산적인 의정활동이 될 수 있도록 사전·사후적인 갈등관리가 모색되어야 할 것이다.

제 2 절 지방의회와 집행기관의 상호관계

앞서 살펴본 바와 같이 우리나라 지방정부의 조직형태는 기관분립 형태를 취하고 있고, 특히 기관분립형 중에서도 지방의회의 권한과 역할 보다 자치단체장의 권한과 역할이 우위에 있어 단체장 우위적 기관분립형이라 할 수 있다. 즉 지방의회와 단체장간의 관계에서 단체장 우위형 형태를 취하고 있는 이유를 살펴보면 다음과 같다(최창호, 2013: 48).

① 지방의회의 권한에는 열거주의가 채택되어 있는데 비하여(지방자치법 제39조)자치단체장의 권한에 있어서는 개괄주의가 채택되어 있어 권한이 광범위하다(동법 제103조).

② 단체장은 행정전반을 총괄하고 있을 뿐만 아니라, 집행권의 실질적 책임자로서 공무원 인사권, 예산안·법률안의 제출권을 가지고 있고, 의회소집 요구권, 의안공고권을 가지고 있으며, 또한 재의요구권(거부권)과 선결처분권 등을 가지고 있다.

③ 지방의회는 자치단체의 고유사무와 단체위임사무만을 토의·의결할 수 있는 데 비하여, 자치단체장은 고유사무와 단체위임사무 외에 의회가 관여할 수 없는 기관위임사무를 관장하고 있고, 더욱이 국가사

무의 기관위임 원칙(동법 제102조)에 따라 각 특별법에 의하여 자치
단체의 장에게는 광범한 권한을 부여받고 있다.

　지방의회와 집행기관은 각기 다른 기능을 가지고 독자적인 활동을
하게 되지만 지속적으로 상호작용하는 관계에 있다. 우리나라 지방자
치법이 규정하고 있는 지방의회와 집행기관 간 상호관계는 평상적 관
계와 비상적 관계로 구분할 수 있다. 평상적 관계는 양 기관 간에 견
제와 균형을 유지하면서 각자의 기능을 수행하는 일반적인 관계를 말
하며, 비상적 관계는 양기관 간에 견제와 균형이 정상적으로 유지되지
못하고 대립과 갈등이 발생할 때 나타나는 관계를 말한다(부만근,
2000: 220).[5] 현행 우리나라 지방자치법에 기초한 양 기관간의 관계
성을 살펴보면 다음 〈그림 12-2〉와 같다.

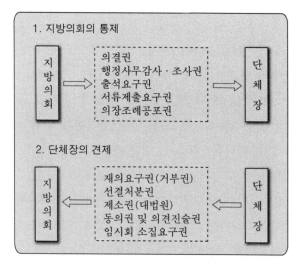

〈그림 12-2〉　우리나라 지방자치법에 기초한 양 기관간의 관계성

1. 지방의회와 집행기관의 평상적 관계

　지방의회와 자치단체장은 각각 독립적인 지위에서 직무를 수행하되,

---

5) 이하 양 기관의 평상적 관계와 비상적 관계는 최창호·강형기, 『지방자치학』
　　(서울: 삼영사, 2014), pp. 362-371의 내용에 의존하였다.

양 기관 간에 견제와 균형을 유지하면서 각자의 기능을 수행하는 일반적 관계를 말한다. 즉 평상적으로 양 기관이 상호 접촉하면서 협조 또는 견제적인 관계를 유지하는 관계이다.

(1) 지방의회의 단체장에 대한 관계

지방의회는 의정활동에 있어서 자치단체장에 대해 다음의 관계를 갖는다.

① 조례제정권, 예산의결권, 결산승인권을 가지는 외에, 자치단체의 재산·공공시설·의무부담·권리포기 등 중요 정책사항에 관한 의결권을 행사한다(지방자치법 제39조).

② 의안심사를 위해 서류제출을 요구하고(제40조), 행정사무의 처리상황에 대해 질문하고, 집행기관의 출석·답변을 요구한다(제42조).

③ 행정사무 감사·조사를 행하며, 그것을 위해 관계인의 출석증언·의견진술을 요구하고 현지확인을 행한다(제41조).

④ 결산을 위한 회계검사위원의 선정(제134조) 등을 통하여 집행기관의 재정사무를 감시·통제한다.

⑤ 채택된 청원 중 일정한 청원을 집행기관에 이송하여(동법 제76조) 그 사무처리를 촉진한다.

(2) 단체장의 지방의회에 대한 관계

자치단체장은 그 업무수행에 있어 지방의회와 여러 가지 관계를 가진다.

① 지방의회 임시회의 소집요구(제45조) 및 지방의회 부의안건의 공고(동법 제46조) 등을 통하여 지방의회의 회의소집에 관여한다.

② 조례안을 비롯한 지방의회 의안의 발의 및 예산안의 편성·제출(제66조, 제127조 제1항) 등을 통하여 지방의회의 의사를 촉진한다.

③ 지방의회의 의결을 거친 조례의 공포(제26조) 등을 통하여 지방의회의 의결의 효력을 대외적으로 발생시킨다.

2. 지방의회와 집행기관의 비상적 관계

지방의회와 자치단체장간의 관계는 협조와 견제 관계를 유지하는
것이 이상적인 형태이다. 그러나 복잡한 정치행정 현실에서 상호 이해
관계가 달라 대립과 갈등이 발생하여 심각한 파국이 초래될 수 있다.
이러한 경우 지방정부 내부에서 자율적으로 문제를 해결할 수 있는
비상적 해결 수단이 있다. 즉 지방의회와 단체장간의 대립과 갈등의
비상적 관계를 해결해 줄 수 있는 수단은 다음 3가지 형태로 나눌 수
있다.

① 단체장의 재의요구권·선결처분권, 의회의장의 조례공포대행권,

② 지방의회의 단체장 불신임의결권과 자치단체장의 의회해산권

③ 주민의 단체장 및 의회의원에 대한 소환권 및 의회해산청구권

이 세 가지 형태 중 의회의 단체장 불신임의결권과 단체장의 의회
해산권은 〈표 12-2〉에서 보는 바와 같이 과거 인정된바 있으나, 곧
폐지되어 오늘에 이르기까지 인정되지 않고 있다.6) 그리고 주민의 의
회해산청구권은 지금까지 채택되지 않았으나, 주민소환제는 2006년에
처음 도입·채택되어 운영되고 있다.

〈표 12-2〉 의회 해산권과 단체장 불신임권 변천

시 기		1952	1956	1958	1960	1991~현재
의 회		제1대		제2대	제3대	부활 후 의회
의회해산권	광역단체	○	○	○	×	×
	기초단체	○	×	○	×	×
단체장 불신임원	광역단체	○	○	○	×	×
	기초단체	○	×	○	×	×

---

6) 1949년의 지방자치법 제정시 인정되었다가 1956년의 동법 개정시에 시·읍·면
의 경우 폐지되었고, 1958년의 전문개정에서 인정되지 아니하고 오늘에 이르고
있다.

따라서 이하에서는 현재 지방의회와 단체장간의 관계에 관한 비상적 수단으로는 인정되고 있는 단체장의 재의요구권과 선결처분권, 의회의장의 조례공포대행권을 살펴보고자 한다. 그리고 현재는 인정되고 있지는 않지만 단체장불신임 의결권과 의회해산권 역시 고찰해 본다.

(1) 재의요구권

지방자치단체장(또는 교육감)이 지방의회의 의결에 대하여 이의가 있을 경우, 이에 대한 수리를 거부하고 의회에 되돌려 보내 이전과 다르게 의결해 줄 것을 요구하는 것을 재의요구라 한다.[7] 현재 자치단체장이 지방의회의 의결에 대하여 행할 수 있는 재의요구권은 다음 네 가지이다.

① 일반의결에 대한 재의요구

지방의회의 의결이 월권 또는 법령에 위반하거나 공익을 현저히 해한다고 인정될 경우, 자치단체장은 의결사항을 송부받은 날로부터 20일 이내에 이유를 붙여 재의를 요구할 수 있다.

자치단체장의 재의요구에 대하여 의회가 재의한 결과 재적과반수의 출석과 출석의원 3분의 2 이상의 찬성을 얻어 재의결한 경우에는 의결이 확정된다. 그러나 그 재의결된 사항이 법령에 위반된다고 인정되는 때에는 자치단체의 장은 대법원에 소를 제기할 수 있다(지방자치법 제107조).

이러한 일반의결에 대한 재의요구권은 이의조건이 월권·법령위반 또는 현저한 공익저해로 제한되어 있고, 재의요구기간에 한정이 있으며, 일부재의나 수정재의의 요구는 명문으로 금지되어 있고(동법시행령 제71조), 의회의 재의결에는 수정의결이 가능하다고 해석된다.[8] 그

---

7) 이 권한은 거부권(veto power)이라고도 하는데 거부권은 의결효과의 정지를 가져오나, 재의요구권은 의결효과의 정지뿐만 아니라 재 심의하여 다른 의결을 구하는 효과까지 가진다는 점에서 다르다.

8) 월권이나 위법 또는 공익저해를 이유로 한 재의요구에 있어서는 그 월권 또는 위법을 교정하자는 데 재의요구의 취지가 있는 것이므로 그 월권 또는 위법한 부분을 교정한 재의결, 즉 수정재의결을 용인하는 것이 타당하다고 해석되고 있

수정의결은 원의결의 재의결이 아니라 새로운 의안의 의결로 보아 특별다수의 찬성을 요하지 않는 것으로 하고, 그 (재)의결의 효과는 확정적인 것이 아니라 이에 대한 (재)재의를 요구할 수 있는 것으로 해석된다.[9]

② 경비의 의결에 대한 재의요구

지방의회의 의결이 예산상 집행할 수 없는 경비를 포함하고 있을 때 또는 반드시 포함되어야 할 일정한 경비[10]가 삭감되었을 경우, 그 자치단체의 장은 그 의결사항을 이송받은 날부터 20일 이내에 이유를 붙여 재의를 요구할 수 있다. 그리고 이에 대한 지방의회의 재의절차 및 재재의 요구 절차는 전술한 일반의결에 대한 재의요구의 경우에 준한다(지방자치법 제108조).

이 경비의결에 대한 재의요구권도 이의조건이 예산상 집행할 수 없는 경비가 포함되어 있거나 반드시 포함되어야 할 일정한 경비가 삭감되어 있는 경우로 제한되어 있다. 그 외 요구기간 등의 사항에 있어서는 일반의결에 대한 재의요구의 경우와 같다.[11]

③ 조례의 제정에 대한 재의요구

조례안이 의회에서 의결된 후 지방자치단체의 장에게 이송되면 자치단체의장은 이를 20일 이내에 공포하여야 한다(동법 제26조 제1항, 제2항). 그러나 이 경우 이의가 있으면 그 기간 안에 이유를 붙여 지방의회에 재의를 요구할 수 있되, 조례안의 일부에 대하여 또는 조례안을 수정하여 재의요구를 할 수 없다(동법 제26조 제3항).

는 것이다(김보현·김용래, 『지방행정의 이론과 실제』(서울, 법문사, 1982), p. 463 참조).

9) 수정의결에 대한 (재)재의요구가 불가능한 때에는 의회에 의하여 그 수정된 내용이 또한 월권이나 위법 또는 공익저해인 경우에 대한 교정의 기회가 없음으로써, 재의요구도제도 본래의 취지에 어긋나는 결과를 가져올 수 있을 것이다.

10) 법령에 의한 자치단체의 의무적 부담경비 또는 비상재해로 인한 시설의 응급복구 필요경비 등

11) 다만 경비에 관한 의회의 재의의 결과 재적의원 과반수의 출석과 출석의원 3분의 2 이상의 천성으로써 재의결되지 못한 때에는 재의요구된 경비의 부분만 폐기 또는 부활된다고 보아야 할 것이다.

이처럼 이 재의요구권에는 이의조건은 제한이 없이 이의만 있으면 되고, 요구기간이 제한되어 있으며, 일부·수정재의요구가 명문으로 금지되어 있고, 의외의 재의결에서는 일부수정의결이 가능하다고 해석된다. 만약 자치단체의장이 재의요구 기간 안에 조례안을 공포하지도 않고 재의요구도 하지 않은 때에는 그 조례안은 조례로서 확정된다(동법 제26조 제5항).

재의의 결과 재적의원 과반수의 출석과 출석의원의 3분의 2 이상의 찬성으로 전과 동일한 의결을 한 때에는 그 조례안이 조례로서 확정되는 것은 일반재의 요구의 경우와 같다(동법 제26조 제4항).[12]

지방자치단체의 장 등이 확정된 조례를 공포하지 않을 때에는 지방의회의 의장이 이를 공포한다(동법 제26조 제6항).

④ 감독기관의 요청에 의한 재의요구

지방의회의 의결이 법령에 위반되거나 공익을 현저히 해한다고 판단될 때에 감독기관(시·도에 있어서는 주무부장관, 시·군·자치구에 있어서는 시·도지사)이 해당 자치단체의 장에게 의회에 대한 재의요구를 하도록 할 수 있다. 그리고 이 지시를 받은 자치단체의 장은 의결사항을 이송받은 날부터 20일 이내에 재의요구를 하여야 한다(동법 제172조 제1항).

이 재의요구권은 지방의회와 자치단체장간의 견제관계에서보다 감독기관의 지방의회에 대한 감독·통제의 수단으로 인정된다는 점에서 그 특별한 성격이라 할 수 있다.

이 재의요구권에는 이의조건이 법령위반과 현저한 공익저해이고, 재의요구기간이 제한되어 있으며, 해석상 자치단체장의 재의요구에 일부·수정재의요구는 인정되지 않으나, 반대로 의회의 재의결에서는 일부수정의결이 가능하다고 해석된다.

---

12) 일반의안 재의결의 경우(제107조 제3항)와는 달리, 조례안 의결의 경우 의회에서 재의결된 조례안이 월권 또는 법령에 위반되거나 공익을 현저히 해한다고 인정되는 데도 자치단체장이 법원에 제소할 수 있다는 규정이 없는데(제26조), 이는 입법의 미비로 보아야 할 것이다.

이 재의요구에 대하여 지방의회에서 재의한 결과 재의결된 때에는 그 의결이 확정되는 점은 일반의결에 대한 재의요구의 경우와 같으며(동조 제2항), 그 재의결된 사항이 법령에 위반된다고 판단될 때에는 자치단체장은 재의결된 날로부터 20일 이내에 대법원에 소를 제기할 수 있고 필요한 경우에는 집행정지 결정을 신청할 수 있다(동조 제3항).

〈표 12-3〉 재의요구의 종류

구분 종류	이의 조건	요구 기한	재의결 정족수	재의결 효과	일부수정 재의요구	수정 재의결
일반의결에 대한 재의요구 (법 제98조)	월권·위법 또는 현저히 공익을 해한다고 인정될 때	20일 이내	과반수 출석과 2/3이상 찬성	확정적	불가능 (시행령 제37조)	가능 (해석상)
경비의결에 대한 재의요구 (법 제99조)	집행불가능경비 포함 또는 필수경비 삭감	상동	상동	상동	상동	상동
조례재정에 대한 재의요구 (법 제19조)		상동	상동	상동	상동 (법 제19조)	상동
감독기관의 요청에 의한 재의요구 (제195조)	위법 또는 현저히 부당하다고 인정될 때	20일 이내	상동	상동	불가능 (해석상)	상동

(2) 선결처분

지방의회가 의결을 할 수 없거나 의결을 하지 아니하는 경우, 그 자치단체장은 자치단체의 존립 또는 효율적 운영을 위하여 의회의 의결을 거치치 않고 일정한 사항을 독자적 판단에 의하여 우선 처분할 수 있는 권한을 말한다. 이 선결처분권은 대의민주정치에 반하는 것으로 남용되어서는 안 된다. 현재 자치단체장(및 교육감)의 선결처분권은 필요·부득이한 다음과 같은 두 가지의 경우에만 인정된다.

① 일반적 사항에 대한 선결처분

자치단체장은 지방의회가 성립되지 않은 때와, 지방의회의 의결대상

사항 가운데 주민의 생명과 재산의 보호를 위하여 긴급하게 필요한 사항으로서 지방의회를 소집할 시간적 여유가 없거나 지방의회의 의결이 지체되어 의결되지 않은 때에는 선결처분을 할 수 있다(지방자치법 제109조). 그리고 이 경우 자치단체장은 지체 없이 지방의회에 보고하여 그 승인을 받아야 한다(.지방자치법 제109조). 그러나 이 선결처분권을 행사하는 데에는 크게 3가지 제약이 있다.

첫째, 의회의 의결정족수(의회의 성립조건인 의원정수의 과반수로 해석됨)에 미달하게 되어 지방의회가 성립되지 않은 경우. 둘째, 의회의 의결대상사항 가운데 주민의 생명과 재산의 보호를 위하여 긴급하게 필요한 사항으로서[13] 지방의회를 소집할 시간적 여유가 없거나, 지방의회 의결의 지체로 의결되지 않은 상황에 처해 있는 때에만 이를 행사할 수 있다. 셋째, 선결처분을 한 때에는 지체 없이 지방의회에 이를 보고하여 그 승인을 얻어야 한다. 만약 지방의회에서 승인을 얻지 못한 때에는 그 선결처분은 그 때부터 효력을 상실한다(동법 제109조 제3항).

② 예산에 대한 선결처분

자치단체장은 비정상적으로 법정기한에 예산이 성립되지 않은 때에는 우선 필요한 수입과 지출을 행하고 사후에 처리할 수 있다. 첫째, 예산성립이 지체되고 있을 때의 선결처분이다. 이는 자치단체의 장은 지방의회에서 새로운 회계연도의 개시까지 예산안이 의결되지 않은 때에는 그 의결이 있을 때까지 법령이나 조례에 의하여 설치된 기관과 시설물의 최소한의 유지비, 법령 또는 조례상 지출의무가 있는 경비, 이미 예산으로 승인된 계속사업비를 전년도예산에 준하여 지출할 수 있다(동법 제131조). 둘째, 지방자치단체의 폐치·분합으로 인하여 예

---

13) 여기에서 주민의 생명과 재산의 보호를 위하여 긴급하게 필요한 사항이란 ㉠ 천재지변이나 대형화재 등으로 인한 피해의 복구 및 구호, ㉡ 중요한 군사 및 이에 준하는 안보상의 지원, ㉢ 급성 전염병에 대한 예방조치, ㉣ 기타 긴급하게 조치하지 않으면 중대한 피해가 발생할 우려가 있는 사항을 말한다(동법 시행령 제72조 제1항).

산에 공백이 발생하고 있을 때의 선결처분이다. 이는 지방자치단체의
폐치·분합으로 지방자치단체가 새로 설치된 때에 그 지방자치단체장
(또는 그 직무대행자)은 그 예산이 성립될 때까지 우선 필요한 경상
적 수입과 지출을 행할 수 있고(동법 제97조), 그러한 선결처분을 한
때에는 그 수입과 지출을 새로 성립되는 예산에 포함시킬 수 있다(동
법시행령 제4조).

〈표 12-4〉 선결처분의 종류

구분 종류	처분조건	선결처분	
일반사항의 선결처분	의회가 성립하지 않은 때, 긴급한 사항으로 의회소집 여유 없거나 의회의 의결이 지체되고 있는 때	필요한 처분	지체없이 의회 보고하여 승인 받음
예산의 선결처분	회계연도 개시까지 의회에서 예산안이 의결되지 아니한 때	기관·시설의 최소한 유지비, 지출의무 경비, 계속사업비를 전년도에 준해 지출	예산안의 반영
	예산공백(폐치분합으로 지방자치단체가 새로 설치된 때)	예산이 성립할 때까지 필요한 경상적 수입·지출 집행	새 성립 예산에 포함시킴

(3) 조례공포대행

의회의 의결을 거친 조례안에 대한 재의요구 기간이 경과되었거나
재의요구에 대해 의회가 재의결하였을 때에는 그 조례안은 조례로서
확정되므로, 자치단체장은 지체 없이 이를 공포하여야 한다. 그러나
이 경우 만일 자치단체장이 조례를 공포하지 않을 때에는 의회의 의
장이 이를 공포한다(동법 제26조 제6항, 동법 시행령 제30조).

(4) 불신임의결과 의회해산

지방의회와 자치단체장 사이에 알력과 마찰이 심한 경우에, 의회는
자치단체장을 불신임하는 의결을 할 수 있고, 여기에 자치단체장은 의
회를 해산할 수 있도록 함으로써 양자 간 서로 견제와 균형을 유지하

도록 한다.

먼저 지방의회는 그 자치단체의 장을 불신임할 수 있다. 이 불신임 의결은 자치단체장에 대한 강력한 견제수단이기는 하지만 양 기관의 극심한 대립에 따른 지방행정의 혼란 등 그에 따른 부작용도 상당히 나타날 수 있다.[14]

둘째, 지방자치단체의 장은 의회의 불신임의결의 통지를 받은 후 일 정기간 안에 의회를 해산할 수 있다. 자치단체장이 의회를 해산하지 않으면 그 기간만료와 동시에 자신이 그 직을 상실하고, 의회를 해산 하면 그 해산 즉시 의회의원이 그 직을 상실한다. 이 제도의 목적은 자치단체장과 지방의회간의 견제 및 균형을 유지하는데 있다. 그러나 의회가 능동적으로 단체장에 대한 불신임의결권을 행사할 수 있는데 반해 자치단체의 장은 의회를 해산하려면 감독관청의 허가를 받아야 하므로 그 권한행사는 비교적 소극적이고 수동적이라 할 수 있겠다 (손봉숙, 1985: 217).

이와 같은 지방의회의 불신임의결권과 단체장의 의회해산권은 미국 의 다수 지방자치단체와 대만 등에서 양 권한을 인정하지 않고 있으 나, 일본에서는 중앙과 감독관청의 허가 없이 자치단체의 장이 단독으 로 의회해산을 시킬 수 있으며, 프랑스의 commune과 태국은 중앙 또는 감독관청의 승인이나 결정에 따라 의회해산권을 갖는다.

한편, 우리나라의 경우 의회의 단체장 불신임의결권과 단체장의 의 회해산권은 1949년의 지방자치법 제정 시에는 인정되었다가 1956년의 동법 개정 시에는 시·읍·면의 경우 폐지되고, 1958년의 개정 시에 다시 부활되었다가, 1960년의 개정 시에 전면 폐지되었으며, 1988년의 개정에서도 그것이 인정되지 아니하고 오늘에 이르고 있다. 특히 이 제도는 자치단체장의 선임방법에 따라 다소 다르다고 할 수 있는데,

---

14) 예컨대, 일반주민과 자치단체장간에는 아무런 문제가 없에도 불구하고 의원들 과 단체장간의 감정에 의해 불신임의결이 이루어진 것으로, 1953년 5월~1964 년 1월 동안 3시 6읍, 169면 중에서 59개 읍·면장이 의회의 불신임의결로 경 질된 사례가 있음을 주목할 필요성이 있다.

간선제의 경우는 본질적 제도로, 임명제의 경우는 채택될 수 도 있는 것과는 달리 직선제에서는 일정한 한계를 갖고 있다고 보아야 한다. 우리나라의 경우도 단체장 직선제에서는 이를 채택하지 아니하였으며, 외국의 경우도 일본의 경우만 예외일 뿐 직선제에서는 채택하지 아니하고 있다.

우리나라에 있어서 의회의 단체장 불신임의결권과 단체장의 의회해산권의 변천내용을 지방자치법 개정별로 정리해 본 것이 〈표 12-5〉이고, 시대별 및 자치단체장의 선임방법별로 정리해 본 것이 〈표 12-6〉이다.

〈표 12-5〉 지방자치법 개정에 따른 양 제도의 변천 경위

구분	1949. 8	1956. 2	1958. 12	1960. 11	1988. 3
광역자치단체	○	○	○	×	×
기초자치단체	○	×	○	×	×

〈표 12-6〉 시대별 및 자치단체장 선임방법에 따른 양제도의 변천

시 기		1952-1956 (3년 10개월)	1956.2-1956.8 (6개월)	1956-1958 (2년 4개월)	1958-1960 (2년)	1960-1961 (6개월)	1991-1995 (4년 2개월)	1995-1998 (3년)	1998-2001 (4년)
의 회		제1대		제2대		제3대	제4대	제5대	제6대
자치단체장	광역	임명제				직선제	임명제	직선제	직선제
	기초	간선제	직선제		임명제	직선제	임명제	직선제	직선제
의회해산권	광역	○	○		○	×	×	×	×
	기초	○	×		○	×	×	×	×
단체장불신임권	광역	○	○		○	×	×	×	×
	기초	○	×		○	×	×	×	×

주) ○는 양 권한이 인정된 것을, ×는 양 권한이 인정 안된 것을 뜻함.

3. 지방의회와 자치단체장간의 관계 개선 방안

지방의회와 자치단체장의 관계 개선을 위해서는 무엇보다 기관구성 형태에 따른 현 구조 속에서 자치단체장의 막강한 권한에 따른 문제점을 개선해야 할 필요성이 있다. 이를 위해서는 양기관간의 구조적 틀의 변화와 함께 자치단체장에 대한 지방의회 견제의 다양한 방법들이 모색되어야 한다.

1) 기관구성형태의 다양성 고려

현재 우리나라는 지방자치단체의 기관구성은 지방의회와 집행기관을 분리시키고 있는 기관대립형을 취하고 있으며, 이 기관대립형에 있어서도 자치단체장의 권한이 우월한 강시장-의회제 형태이다. 기관대립형 있어 지방의회와 집행기관의 관계는 기본적으로 견제와 균형의 유지라 할 수 있다. 즉 상대의 독주와 전횡을 방지하기 위해 상호견제의 권한을 행사하고, 대립과 갈등, 그리고 혼란과 비능률이 일어나지 않도록 서로 안정된 균형을 유지하고자 하는 것이다(한국지방자치학회, 1995: 330). 그러나 지방의회와 자치단체장 사이의 알력과 마찰이 심화되는 경우가 발생할 수 있다. 특히 자치단체의 장에게 더 많은 권한이 부여되어 있는 강시장-의회형 형태에서는 자치단체장의 독주와 전횡으로 인해 의회와 자치단체장간의 대립이나 갈등이 심화될 소지를 안고 있다. 특히 자치단체장은 재선을 목적으로 자신의 권한과 지위를 이용하여 다양한 이해관계자들과 결탁함으로써 각종 부정과 부패를 초래할 수 있다.

따라서 이러한 경우에 의회는 자치단체장을 불신임하는 의결을 할 수 있고, 그에 대응하여 단체장은 의회를 해산할 수 있도록 하여, 서로 견제와 균형 유지하도록 하고, 궁극적으로 선거를 통해 주민의 심판을 받도록 하는 것도 고려해 볼만하다. 이러한 불신임의결과 의회해산은 일반적으로 기관통합형 형태나 기관대립형 형태 중 자치단체장의 간선제에서 찾아볼 수 있는 제도라 할 수 있다. 그러나 의회보다 단체장의 권한과 지위가 상대적 우월성으로 인해 단체장의 전횡이 우려된다는 점과 기관대립형 형태 중 자치단체장의 직선제를 취하고 있는 일본에서 채택하고 있는 점을 감안하면 충분히 고려해 볼만하다.

참고로 현재 지방자치단체의 기관구성형태인 강시장-의회형의 획일적 구도가 합리적인가에 대한 문제를 고려해 볼 필요성이 있다. 앞의 선진국의 실례에서 살펴본 바와 같이 대도시 지역의 경우는 강시장-의회제가 보다 합리적인 형태가 될 수 있으나, 중소도시와 규모가 작은 농촌형 지방자치단체에서는 약시장-의회제나 시정관리관(City-manager plan)제도를 채택하고 있음을 볼 수 있다. 따라서 우리나라도 획일적이고 천편일률적인 제도에서 벗어나 지방자치단체에 따라 약시장-의회제나 시정관리관제도를 도입하는 방안도 고려해 볼 만하다. 특히 자치단체장에 대한 견제적 측면이나 지방의회의 보다 적극적인 역할 수행이라는 차원에서 지역적 특수성에 맞게 고려해 볼 만하다고 하겠다.15)

2) 주요시책에 대한 의회보고의 제도화

지방의회는 주민의 대표기관이며, 당해 지방자치단체의 주요사항은 지방의회의 의결로써 집행된다. 그러나 현재 자치단체장은 자치단체의 주요시책의 방향이나 운영방침을 일방적으로 발표한 후 시행하고 있다. 자치단체장들은 주민의 복지나 지역발전을 위한 주요 정책이나 시책들을 수립하여 효율적으로 집행하기보다는 자신의 재선을 목적으로 한 선심성 정책이나 시책을 우선시하여 추진하고 있는 사례가 늘고 있다. 특히 선거시 단체장 자신이 내건 공약 사항을 주요 시책화하여 자신의 임기 동안에 무리하게 추진하거나, 지방행·재정력을 무시한

---

15) 예컨대, 태국의 경우 대체로 기관분리형의 제도를 채택하고 있으나 관광도시인 파타야시와 같은 경우는 시정관리관제를 운영할 수 있도록 하고 있다(Suparb Pas-Ong, 1997: 9-11, 김병준, 지방의회의 구성과 운영, 한국행정연구, 1998, 7(1), 84).

채 각종 축제와 박람회를 경쟁적으로 개최함으로써 주민의 세금을 낭비하고 예산을 무원칙적으로 집행하고 있다 있다는 지적이 제기되고 있다. 따라서 당해 지방자치단체의 주요시책의 경우는 자치단체장의 일방적인 결정과 집행보다는 주민의 대표기관인 지방의회에 보고를 의무화시키도록 해야 할 필요성이 있다.

단체장의 주요시책발표는 가능한 의회의 회기 중에 하도록 함으로써 주요시책에 이의가 있을 경우 의원이 즉시 질의할 수 있도록 해야 한다. 특히 단체장의 주요시책에 대한 행정보고는 정기회와 임시회를 신축성 있게 활용하고, 지방의회의 폐회 중에 단체장이 주요시책을 발표할 때에는 가능한 한 사전에 의장 등에 연락할 수 있도록 해야 할 필요성이 있다. 이를 위해 현 지방자치법 제37조에 규정된 행정사무처리상황의 보고와 질문에 관한 부문에 다음과 같이 제4항을 신설하는 것을 적극 고려할 필요성이 있다. "지방자치단체의 장은 당해 지방자치단체의 주요시책운영방향과 재정현황, 일반행정 실적에 관한 보고서를 제출하고 의회의 의견을 청취하여야 한다. 참고로 영국의 런던지방정부(GLA)처럼 단체장으로 하여금 기능분야별 시책이나 전략계획의 수립의 내용은 물론 집행과정상에서도 지방의회의 의견을 적극 청취하도록 하고 있는 점도 고려해 볼 만하다.

3) 의회사무처의 인사 및 보좌기능 개선

의회의 사무기구는 지방의회의 능력을 신장시키는 제도적 장치이다. 특히 의회가 제 기능을 수행할 수 있도록 도와주는 지원체제인 사무기구는 직·간접적으로 의원들의 의정활동을 보조하는 차원에서 매우 중요하다. 현재 지방의원들의 의정활동보좌와 의회 관련사무를 처리하기 위해 지방자치법 제82조와 제84조 그리고 지방자치단체의 조례에 의하여 각급 지방의회에 사무처, 사무국 또는 사무과와 같은 사무기구를 두고 있다.

의회사무처의 본래 임무를 제대로 수행하기 위해서는 사무처직원들의 전문적인 능력이 필수적이다. 그러나 의회관련 업무분야의 경험과 지식이 거의 없는 상태로 집행부서에 근무하다가 의회에 발령을 받는 관계로 의원의 발의나 안건심사, 정책개발, 자료수집 연구에 필수적인 의원보좌능력이 상당히 미흡하다. 또한 지방자치법 제83조의 규정에 사무처 직원은 지방직 공무원으로 의장의 추천에 의하여 자치단체장이 임명하도록 되어 있음으로 인해 의회사무처 직원의 인사의 비독립성이 문제시되고 있다. 따라서 의회사무조직의 지원기능 및 임명방법의 개선으로 다음과 같은 사항을 고려해야 할 필요성이 있다.

첫째, 의회사무기구가 지방의정활동을 효과적으로 지원할 수 있도록 사무직원을 보강하고 사무처 직원을 대상으로 의정활동에 대한 지속적인 연수와 교육을 실시하도록 해야 할 것이다.

둘째, 의회사무처 직원의 전문성을 제고하고 직무의 연속성과 안정성을 도모하기 위해서는 국회와 같은 의회 행정직 또는 의회입법직을 신설하여 의회 관련업무에 전념하도록 해야 할 필요성이 있다.

셋째, 의회사무처 직원의 임명은 크게 현행대로 의회의장의 추천 하에 임명하는 방식과 지방자치단체장과 협의 하에 의회의장이 임명하는 방식, 의회의장이 직접 임명하는 방안 등이 고려될 수 있다. 이들 방법 중 기관대립형의 현 지방정부 형태 하에서 의회의 내부조직권과 실질적인 의정활동의 원활화를 위해 지방자치단체장과 협의 하에 의회의장이 직접 임명하는 것이 바람직하다고 할 수 있을 것이다.

넷째, 전문위원의 역할을 강화하기 위해 채용이후 지속적인 연수나 전문교육을 통하여 전문지식과 능력을 제고하고 장기적으로 전문직화하는 방법을 검토해야 할 필요성이 있다. 특히 각급 지방의회의 실정을 감안하여 전문위원의 수를 자율적으로 증감할 수 있도록 할 뿐 아니라 전문위원실에 유능한 직원을 우선적으로 배치하고 가급적 잦은 전보를 제한하여 업무의 연속성과 안정성을 보장해 줄 필요성이 있다고 하겠다.

지방의회의 권한과 의정활동

　　지방의회는 전술한 기능을 수행하기 위해 법률에 기초하여 여러 권한을 보유하고 있다. 현재 우리나라는 지방정부의 조직형태 중 기관분립형을 채택하고 있는 가운데, 모든 지방정부의 의회에 그 권한을 일률적으로 통일하여 운영하고 있다. 그리고 지방의회는 지방자치단체장의 기관위임사무와 법령에 의해 자치단체장의 전속사항으로 된 사무를 제외하고는 해당 지방자치단체 사무의 전반에 걸쳐 관여할 수 있도록 되어 있다.

　　지방의회의 권한분류는 여러 가지 기준에 따라 다양하게 나눌 수 있으며,[1] 그 권한의 내용도 다양하게 제시되고 있다. 일반적으로 지방의회의 권한을 크게 네 가지로 분류하기도 하고, 형식면에 기초하여 분류하기도 한다. 즉 일반적인 지방의회의 분류는 ① 지방자치단체의 의사결정에 관한 권한, ② 집행기관과의 관계에서 집행기관을 견제·감시하는 권한, ③ 의회의 의사를 표명하는 권한, ④ 의회의 조직 및 운영에 관한 자율적 권한으로 나눌 수 있다. 그리고 형식면에 기초하여

---

1)　지방의회의 권한과 역할을 다르게 하는 변수로는 ① 자치권의 정도, ② 중앙정부와 지방자치단체간의 역학관계, ③ 기능배분의 형태, ④ 중앙통제의 방법과 정도, ⑤ 지방자치단체의 계층구조, ⑥ 지방자치단체의 기관구성형태, ⑦ 집행기관의 선임방법, ⑧ 각국의 정치·행정문화 등을 들 수 있다(지방자치학회, 1996: 293).

분류해 보면 ① 의결권, ② 선거권, ③ 행정사무 감사권, ④ 의견진술
요구권, ⑤ 조사권, ⑥ 청원 수리권, ⑦ 징계 의결권, ⑧ 회의규칙 제
정권, ⑨ 동의권, ⑩ 결의권, ⑪ 승인권, ⑫ 보고 등이 있다(〈그림
13-1 참조〉).

　이와 같이 지방의회의 다양한 분류방식에 따른 내용은 다양하나, 여
기에서는 지방의회의 핵심이 될 수 있는 의결권, 행정감시권, 청원수
리·처리권, 자율권 등을 중심으로 살펴본다.

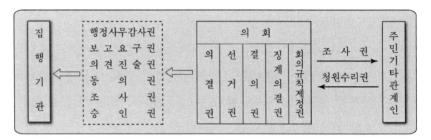

〈그림 13-1〉   의회의 권한

제 1 절   의결권의 의의와 개선

1. 의결권의 의의

　지방의회의 의결권은 의회의 본질적 권한이며, 의회의 권한 가운데
가장 핵심적이다. 지방의회는 자치단체의 의결기관으로서 지방의 의사
를 결정하며 단체의사를 결정하는 권한과 기관 의사를 결정하는 권한
이 포함된다.

　지방의회는 주민의 대표기관으로서 조례의 제정·개폐의 의결, 예산
의 심의·의결, 그리고 주요정책 및 방침을 결정하는 권한을 갖는다.
현행 우리나라 지방자치법에서는 지방의회의 의결 사항을 다음 10개

항목이 규정하고 있고(제35조 제1항), 당해 자치단체가 필요시에는 조례로써 따로 정하도록 규정하고 있다(제35조 제2항). 지방의회의 의결사항의 10개 항목은 다음과 같다. ① 조례의 제정·개폐, ② 예산의 심의 확정, ③ 결산의 승인, ④ 법령에 규정된 것을 제외한 사용료·수수료·분담금·지방세 또는 가입금의 부과·징수, ⑤ 기금의 설치·운용, ⑥ 중요 재산의 취득·처분, ⑦ 공공시설의 설치·관리 및 처분, ⑧ 법령과 조례에 규정된 것을 제외한 예산의 의무 부담이나 권리의 포기, ⑨ 청원의 수리와 처리, ⑩ 기타 법령에 의하여 그 권한에 속하는 사항이다.

한편 의결권은 일반적으로 '의결'외에, 결의, 제정, 개폐, 승인, 동의, 선언, 건의, 권고, 촉구, 요구, 회부, 이송, 선임, 해임, 결정, 처리 등 다양한 명칭으로 행해진다(최창호, 2011: 293). 이들 명칭의 의미를 살펴보면 다음과 같다.

---

① 의결 또는 결의

의결은 법령에 근거한 의사형성 행위이고, 결의는 법령의 근거와는 관계없는 사실상의 의사형성 행위임[2]

② 승인·동의·의견(표명)

지방의회가 다른 기관의 행위에 대하여 승낙, 허락, 효력부여 또는 인지의 뜻을 표시하는 절차를 의미함

③ 제정·개폐

지방자치 운용의 기준이 되는 규범을 정립하는 것으로, 그 중 조례의 제정과 개폐는 복잡한 의결절차가 필요한 경우가 있음

④ 선언·선포·촉구·건의·권고

지방의회의 의사를 관철하기 위한 압력의 수단으로서, 상대방의 의사와 관계없이 지방의회의 일방적인 주장이나 의사를 표시함.

⑤ 요구·회부·위임·이송

타 기관에 일정한 행위의 의무를 부과하여 해당 사안에 대한 보다

---

2) 결의는 의회가 언제든지 필요할 경우 행할 수 있는 것으로, 건강도시선언, 자전거거리선언, 진상규명촉구, 해직권고 등이 그 예가된다.

책임 있는 처리를 도모하는 데에 있음.

⑥ 선임·해임

의결이나 결의와 다음과 같은 점에서 다름. 토론을 거치지 않고 표결, 행위의 대상이 사람, 그 행위의 효력에 피행위자(당선자)의 수락행위를 요함, 하나의 행위로써 복수의 결정(복수 당선자 선출)을 하는 경우가 있음.

⑦ 결정·처리

결정은 주로 지방의회의 내부문제를 자율적으로 해결하는 것과 관련되고, 처리는 지방의회가 일정한 사안을 직접 실행하는 것임.

2. 의결권의 범위

의결권의 범위는 그 의결의 대상이 되는 사무와 사항의 두 측면에서 한정되는데, 자치단체 소관사무의 범위와 지방자치법규 사항의 범위 내에서만 행사될 수 있다. 지방의회가 이러한 의결권의 범위를 벗어난 의결을 한 때에는 월권이 된다.

첫째, 의결의 대상사무의 면에서 지방의회는 해당 지방자치단체의 소관사무의 범위 안에서만 의결권을 행사할 수 있다. 즉, 자치사무와 단체위임사무에 관하여서만 의결권을 행사할 수 있고, 기관위임사무와 자치단체장의 전속권한 사항에 대해서는 행사할 수 없다.[3] 즉 현행 지방자치법 제9조 제2항에서는 지방자치단체의 사무를 6개 분야 57개 사무를 예시하고 있는데, 이 사무의 범위 안에서 의결권을 행사할 수 있다는 것이다.[4] 그러나 현재 우리나라 지방자치단체의 사무 비중으로 볼 때, 자치사무의 비중과는 반대로 (기관)위임사무의 비중이 높아

---

3) 자치단체대표권, 의회소집요구권, 직원의 임면·지휘·감독 등은 단체장의 전속권한이다.

4) 그러나 동법 제9조 제2항이 단서조항을 보면, "다만 다른 법령에 이와 다른 규정이 있는 경우에는 그러하지 아니하다"라는 규정을 두고 있어 다른 개별 법령의 규정 여하에 따라 지방자치단체의 소관사무 및 각급 자치단체에의 배분사무가 달라질 수 있다.

지방의회의 의결권을 행사할 여지가 그만큼 좁아진다고 할 수 있다.

둘째, 의결의 대상사항의 면에서, 지방의회의 의결사항으로 열거주의를 채택한 결과 지방의회의 의결권은 그 열거사항에 한정되는 결과를 가져온다.[5] 우리나라에 있어서 지방의회의 의결사항으로 열거된 것에는 다음 5가지가 포함되어 있다.

① 조례의 제정 및 개폐: 조례는 주민의 권리와 의무 그리고 자치단체 운영에 관한 기본적인 사항을 규정하는 것으로 주민대표기관인 지방의회가 당연 의결해야 한다.

② 예산의 확정 및 결산의 승인: 예산은 당해 회계연도 내 자치단체의 사업계획과 재원배분을 규정하는 것으로 지방의회의 의결 사항이며, 집행기관의 결산보고 승인 역시 지방의회의 고유권한이다.

③ 중요정책의 결정: 지방의회는 주민의 이해와 밀접히 관련되어 있거나, 자치단체의 주요정책 사항을 심의·결정하는 권한을 갖는다.[6]

④ 기타 법령이 규정하는 사항: 각 개별법령에서 지방의회의 의결사항으로 규정하는 것[7]

⑤ 조례가 정하는 사항의 의결

3. 의결권의 한계

지방의회가 이상과 같은 범위 안에서 의결을 행하는 경우에도 지켜야 할 일정한 한계가 있는데, 이러한 한계를 위반한 의결은 위법이 된다.[8]

---

5) 우리나라 지방자치법은 지방자치단체의 자치사무 가운데 비교적 중요한 사항만을 열거하여 이를 필요적 의결사항으로 하고 있다. 즉, 지방자치법 제35조 제1항이 그것이다.
6) 예컨대, 기금의 설치·관리 및 처분, 지방세·사용료·분담금 등의 부과·징수, 공공시설이 설치·관리 및 처분 등
7) 지방자치단체의 폐치분합과 명칭·구역 변경, 자치단체조합 설립, 행정협의회 구성, 의장·부의장 선임, 의원징계 등
8) 지방의회의 권한은 지방자치법과 기타법령의 범위 내에서 행해져야 하며 자기의 권한에 속하는 것을 정당한 절차를 거쳐 행사할 때만 유효하고, 만약 법령 등에

지방의회의 의결은 국가의 법령, 상급자치단체의 조례나 규칙, 해당 자치단체의 조례나 규칙에 위반해서는 안 된다. 즉 헌법 제117조와 지방자치법 제22조에서 모두 "법령의 범위 안에서,......,",라고 규정한 것은 지방의회의 의결은 헌법을 비롯한 법률과 명령에 위반해서는 안 된다는 것을 의미한다. 또한 지방자치법 제24조에서 "시군자치구의 .... 는 시도의 조례나 규칙에 위반하여서는 안 된다고 규정하고 있고, 의회 의결이라고 해서 해당 의회가 조례나 회의규칙을 무시하고 행할 수 없다.

한편 지방의회가 주민의 권리를 제한하거나 의무를 부과하는 것에 관한 사항, 벌칙에 관한 사항을 조례로써 규정할 때에는 법률의 위임이 있어야 한다.

이와 같은 제약요소 외에 지방의회의 의결권은 자치단체장과 중앙정부 및 상급자치단체의 지도·감독권 내지 재의요구권에 의해서도 제약을 받게 되며, 해당 자치단체의 재정력에 의해서도 제약을 받는 결과가 초래된다.

4. 의결권의 개선방안

1) 지방의회의 실질적 권한확보

첫째, 위임사무의 축소와 자치사무의 확대를 들 수 있다. 앞서 언급한 바와 같이 지방의회는 자치사무에 대해서만 권한행사를 할 수 있다. 그러나 현재 지방자치단체가 담당하고 있는 사무 중 47%를 기관위임사무가 차지하고 있는 실정이다.[9] 이러한 실정에서는 자연히 지

서 주어진 권한을 일탈하거나 절차상에 중대하고 명백한 하자가 있게 의결하였다면 그러한 의결은 무효가 된다고 보아야 한다.

9) 중앙과 지방간의 사무배분을 보면, 국가 법령상의 총사무(15,774개) 중 중앙정부가 관장하는 사무가 75%이고, 지방이 관장하는 사무가 25%인데, 지방의 사무 중 기관위임사무가 절반을 차지하고 있다. 이에 비해 광역자치단체와 기초자치단체간의 기능배분상황을 보면 지방자치단체가 처리하는 총사무(5,814개) 중 광역자치단체인 시·도가 처리하는 사무가 54%이고, 기초자치단체인 시·군·

방의회의 의결권이 제약되어 정책결정기능을 제대로 수행할 수 없게 된다. 따라서 현행 기관위임사무 중 지방적 성격이 강한 인·허가 등 민원사무 및 단순집행적 사무들을 우선적으로 지방에 이양하여 지방자치단체의 자율성과 자주행정권을 신장시킬 필요가 있다.

둘째, 조례의 실효성을 확보해야 한다. 지방분권을 실현하기 위해서는 지방의회의 조례제정권을 강화하여 자치단체의 특성에 맞는 조례를 제정할 수 있도록 해야 할 필요성이 있다. 현행 지방자치법은 지방의회가 주민의 권리제한이나 의무부과에 관한 사항을 조례로써 정할 때 법률의 위임이 있어야 한다(지방자치법 제15조)고 규정함으로써 조례제정에 대하여 법률유보의 원칙을 밝히고 있는 바, 이러한 법률위임규정은 지방의회의 조례제정권을 크게 제약하는 요인이 된다. 따라서 '법령의 범위 안에서'를 '법령에 위배되지 않는 범위 안에서'로 확대해야 할 필요성이 있다.

2) 지방의회의 의결권 범위의 확대

막강한 지방단체장의 권한에 대한 지방의회의 견제를 위해서는 지방의회의 의결권의 범위를 확대할 필요성이 있다. 현행 지방자치법상으로 볼 때 지방의회의 의결범위는 제한적이라고 볼 수 있다. 현행 지방자치법 제35조에서는 법정의결사항을 예시하고 있고, 이외에 조례에 의한 의결사항을 인정하고 있다. 이에 따르면 지방의회의 노력에 따라 의결범위의 확대가 가능하나, 조례에 대한 집행기관의 재의요구권이 행사될 가능성이 있는 점을 감안하면 지방의회의 의결사항은 그 만큼 좁다고 할 수 있다.[10] 따라서 지방자치법 제35조 제1항에 열거된 사항을 제한적 열거사항으로 해석하지 말고 예시적 열거사항으로 인정할 필요성이 있으며, 법정의 의결사항이 및 조례에 의한 의결사항에 이외

자치구가 처리하는 사무는 30.7%, 광역·기초 공통사무가 15.3%로 나타나고 있어, 시·군·자치구에의 기능배분이 아직도 부진하다(최창호, 2001: 275).

10) 특히 1988년 4월 6일 있었던 제6차 지방자치법 개정시 12개의 의결사항이 10개 항목으로 축소되었는데, 손해배상과 손실배상액의 결정, 행정쟁송·소송 및 화해에 관한 조항의 삭제가 그것이다.

에 임의적 의결사항을 적극적으로 인정하는 관행을 확립하는 방향으로 나가야 할 것이다.

한편, 지방의회의 의결권을 확대기 위해서는 조례입법의 범위가 명확해야 함은 물론 조례제정의 자주성이 확보되어야 한다. 그러나 지방자치단체의 자치입법의 근간이라 할 수 있는 조례의 제정권이 크게 제약되고 있다고 볼 수 있다. 현행 지방자치법은 지방의회가 주민의 권리제한이나 의무부과에 관한 사항을 조례로써 정할 때 법률의 위임이 있어야 한다(지방자치법 제15조)고 규정함으로써 조례제정에 대하여 법률유보의 원칙을 밝히고 있는바, 이러한 법률위임의 규정은 지방의회의 조례제정권을 크게 제약하는 요인이 된다. 따라서 '법률의 범위 안에서'를 '법령에 위배되지 않는 범위 안에서'로 확대해야 할 필요성이 있다. 따라서 지방자치 특성에 맞는 조례를 제정 시행할 수 있도록 조례제한 범위를 확대해야 하며, 조례개정을 통하여 집행기관의 행위 중 의회의결을 거치는 사항의 범위를 주민의 복지에 미치는 직접적 영향력의 크기 및 의회의 처리능력 등을 고려하여 합리적 수준으로 확대해야 할 필요성이 있다.11)

특히, 자치단체장에 대한 지방의회의 견제권한을 확대하는 측면에서 지방자치법 제35조 1항의 의결사항을 추가 확대할 필요가 있다. 현 지방자치법 제35조 1항에서는 조례, 예산, 결산 등 중요사항을 제한적으로 열거하고 있으며, 제2항에서는 조례가 정하는 바에 따라 의결사항을 추가할 수 있도록 되어 있다. 이에 의하면 지방의회가 조례로써 의결사항을 추가하여 단체장에 대한 의회의 견제권한을 강화할 수 있다. 따라서 지방의회는 현행 지방자치법 제35조의 제2항을 적극 활용하여 단체장을 견제할 수 있는 의결사항들을 추가하여 규정할 필요가

---

11) 예컨대 미국 미네아폴리시의 경우, 시의회의 조례제정 및 개정은 각종 인허가 및 규제를 포함하여 시의 안녕과 공공질서를 유지하기 위한 여러 가지 사항에 포괄적으로 부여하고 있으며, 의회가 제정한 조례와 규칙을 위반할 경우 벌금(700달러 이하) 및 구류(90일 이하)를 부과할 수 있는 권한을 부여하고 있음도 참고할 만하다.

있다. 여기에는 현 개별법에서 지방의회의 의견을 듣도록 되어 있는 규정이나 법령 중 중요사항을 지방의회의 의결사항으로 규정하는 것 등을 고려할 수 있는데, 이를 구체적으로 예시해 보면 다음과 같다(김성호·황아란, 2000: 219-222).

첫째, 도시발전종합대책 수립과 도시기본계획 수립의 의결사항 추가이다. 도시발전종합대책수립의 경우 현 도시계획법 제4조 제3항을 보면, "건설교통부 장관이 도시발전종합대책을 수립하는 때에는 미리 관계 중앙행정기관의 장과 특별시장·광역시장 또는 도지사(이하 '시·도지사)의 의견을 들어야 한다."고 규정하고 있다. 이는 주민의 삶의 질과 이해관계에 직결된 중요한 도시발전 종합대책이 주민의 대표기관인 시도의회의 의결 없이 단체장의 의견을 들어 국가가 정하도록 하고 있는 점은 자치단체의 계획권을 침해하는 것이다. 특히 국가의 유관기관과 단체장간에 부패의 침투가 가능하기 때문에 도시발전종합대책은 시도의회의 의결사항으로 규정하도록 관련법을 개정할 필요가 있다. 아울러 도시기본계획의 수립의 경우, 현 도시계획법 제7조, 도시계획법 제9조에서 관련사항을 규정하고 있는데 도시계획법 제9조 제2항을 보면, "특별시장·광역시장·시장 또는 군수는 도시기본계획을 수립하는 때에는 미리 당해 특별시·광역시·시 또는 군의 의회의 의견을 들어야 한다"로 되어 있다. 이 조항 역시도 도시계획수립을 법상 개념이 모호한 지방의회의 의견을 듣도록 하고 있다. 따라서 중요한 도시기본계획수립은 반드시 시군의회의 의결을 거치도록 해야 할 것이다.

둘째, 공유재산 취득·처분의 범위는 지방의회가 정할 수 있도록 해야 한다. 현행 지방재정법 제77조 제1항에서는 지방자치단체장의 장은 예산을 편성하기 전에 매년 공유재산의 취득과 처분한 관한 계획을 수립하여 당해 지방의회의 의결을 얻어야 하며, 제2항에서 제1항의 관리계획에 포함하여야 할 공유재산의 범위 및 관리계획의 작성기준은 대통령이 정한다고 규정하고 있다. 공유재산취득처분의 범위는 국가가 대통령령으로 규정할 사항이 아니라 헌법 제117조 제1항에 의거하여

지방의회가 자치단체의 실정에 따라 그 기준을 정할 수 있도록 할 필
요성이 있다.[12) 이는 자치단체장의 공유재산 취득·처분에 대한 지방
의회의 감시권의 범위와 관련된다는 차원에서도 필요하다.

한편, 우리나라의 지방공무원의 인사권은 지방자치단체장에게 전적
으로 부여되어 있다.[13) 이러한 단체장의 과도한 인사권 집중 및 편중
으로 인해 실제 많은 부정적인 사례가 발생하고 있는데, 특히 단체장
선거시 도움을 준 공무원을 주요 요직에 전보시키거나, 보복적인 인사
단행, 선거 운동원에게 기능직 및 고용직 등의 보직을 주는 등이 대표
적인 사례들이다.

단체장에 집중된 인사권은 지방행정의 효율성을 저하시킬 뿐 아니
라 부정적인 조직풍토를 유발시킴으로써 지방공무원의 사기를 저하시
킬 수 있는 주요 요인으로 작용한다는 점에서 심각하다. 따라서 자치
단체장의 독선적 및 정실인사, 인사청탁과 관련한 비리와 부정 등을
적절히 견제할 수 있는 제도적 장치를 마련할 필요성이 있다. 이와 관
련하여 지방의회의 견제적 측면에서 우선적으로 지방공무원의 주요직
위에 대한 지방의회의 동의권을 부여함으로써 집중된 단체장의 인사권
을 분산시키는 동시에 합리적인 인사운영을 확립할 필요가 있다.

---

12) 이를 위해 현행 지방재정법 제77조 제2항 "제1항의 관리계획에 포함하여야 할
   공유재산의 범위 및 관리계획의 작성기준은 대통령령으로 정한다"를 "제1항의
   관리계획에 포함하여야 할 공유재산의 범위 및 관리계획의 작성기준은 조례로
   정한다"로 개정하고, 아울러 지방재정법 시행령 제84조 제2항 "법 제77조 제2
   항의 규정에 의하여 공유재산의 관리계획에 포함하여야 할 사항은 다음 각 호의
   1에 해당하는 중요재산의 취득·처분으로 한다"는 삭제한다.
13) 지방자치법 제96조, 제101조, 지방공무원법 제6조 참조.

제 2 절   행정감시권의 의의와 개선

1. 감사와 행정감시권

감사(aduiting)는 사무나 업무의 집행 또는 재산의 상황·회계의 진실성을 검사하여 그 정당성 여부를 조사하는 것으로(두산백과, 2013), 또는 타인의 업무 처리·회계·기록·계산 등의 전부 또는 일부에 대한 검사를 통해 오류 및 부정을 발견하고 그 정확성을 확보하고자 하는 행위로 정의하기도 한다(행정학 사전, 2010). 이러한 감사는 그 유형에 따라 각자의 성격이 다른데, 주로 다음 3가지 감사로 분류해 볼 수 있다(〈표 13-1〉 참조).

행정사무감사는 지방의회가 집행기관의 행정사무 처리상황을 적극 파악하여 그 결과를 처리하는 방식이다. 이에 비해 국정감사는 국회가 정기회 회기 중의 법정 기간 동안, 행정부의 국정 수행이나 예산 집행 등 국정 전반에 관해 상임위원회별로 법정된 기관에 대해 실시하는 감사를 말한다. 그리고 행정기관감사는 국가 또는 지방자치단체의 행정사무를 담당하는 기관에 대한 감사로서, 행정활동이 적법하게 이루어지는가를 감사하는 활동을 말한다. 즉 행정기관의 업무집행 상황, 공공기업체의 고유 업무 또는 국가의 위임이나 보조에 관한 업무의 집행 상황 등을 파악하기 위해 행하는 감사를 말한다.

〈표 13-1〉 감사 유형 비교

구 분		행정사무감사	국 정 감 사	행정기관감사
감사의 본질	법적 성격	기관분립적 견제 기능	권력분립적 견제기능	행정부 자체 감독기능
	통제 배경	주민대표성	국민대표성	전문성·기술성
	통제 유형	준외부 통제	외부통제	준외부 통제
		정치·행정적 통제	정치적 통제	법적 통제
감사의 질서	대상 범위	당해 지방자치단체의 사무전반	국정 전반 (입법, 행정, 사법)	회계검사 : 입법,행정,사법 직무감찰 : 행정
	감사 시기	법정화된 시기·기간	법정화된 시기·기간	정기 및 수시감사
	감사 방법	적극적 감사수단 현장감사 병행	적극적 감사수단 현장감사 병행	소극적 감사수단 실지·서면감사 실시
결과처리	처리 유형	사정·처리·출석·해명요구 및 건의		변상판정·징계·분책·주의·서정 개선·고발
		필요시 위증고발· 행정사무조사로 연결	필요시 해임건의 · 탄핵소추, 위증고발 · 국정조사로 연결	
	접근 방법	정치적·포괄적·일반적		법률적·개별적·구체적

　　한편, 행정감시권은 일반적으로 기관분립형의 지방정부의 형태를 취하는 경우에 그 실익을 찾을 수 있다. 기관통합형의 경우에는 지방의회가 직접 집행권을 행사하지만, 기관분립형의 경우에는 집행권을 담당하는 기관이 별도로 있고 지방의회는 그 집행기관의 집행행위에 대하여 감시권을 행사하게 되는 것이다.

　　행정감시권의 행사는 우선 가장 평범한 방식으로 의안심의와 관련된 자료요구,[14] 행정사무처리 상황의 보고와 질문응답이 있으며, 실질

---

14) 이는 의안의 효율적인 심의를 위해 의회의 의안심의와 정보·자료를 집행기관에 요구하는 것으로, 우리나라의 지방자치법에서는 "본회의 또는 위원회는 그 의결로 안건의 심의와 직접 관련된 서류의 제출을 자치단체장에게 요구할 수 있다"고 규정하고 있다(지방자치법 제35조의 2). 그리고 이러한 요구를 받은 자치단체의 장은 법령이나 조례에서 특별히 규정한 경우를 제외하고는 이에 응해야 한다(동법 시행령 제15조의 3).

적 권한으로서 행정사무감사 및 조사, 그리고 자치단체장의 불신임의
결 등이 있어, 이러한 다양한 방식을 통해 이루어진다. 여기에서는 행
정사무처리상황의 보고와 질문응답에 관한 권한과 가장 중요하게 여겨
지고 있는 행정감사 및 조사권을 중심으로 고찰해 보고자 한다.

우선 지방의회는 행정감시권의 하나로서 집행기관으로부터 행정사무
처리의 상황에 관하여 보고를 받을 수 있고, 질문하여 응답을 받을 수
있다.

첫째, 지방자치단체의 장 또는 관계공무원은 지방의회나 그 위원회
에 출석하여 행정사무의 처리상황을 보고하거나 의견을 진술하고 질문
에 응답할 수 있다(지방자치법 제37조 제1항).

둘째, 지방자치단체의 장 또는 관계공무원은 지방의회나 그 위원회
의 요구가 있을 때에는 출석, 답변하여야 한다. 다만 특별한 사유가
있는 경우에 지방자치단체의 장은 관계공무원으로 하여금 출석, 답변
하게 할 수 있다(지방자치법 제37조 제2항).

구체적으로 지방의회가 의회운영상 자치단체장으로부터 받을 수 있
는 보고사항은 ① 지방자치단체장의 선결처분의 보고, ② 의회의 요구
에 의한 지방자치단체장의 사무보고, ③ 청원처리의 보고, ④ 기타 중
요한 사건에 대한 지방자치단체장의 보고 등이다. 그러나 이러한 보고
의 청취는 가장 전형적이고 본래적인 방식이기는 하지만, 강력한 행정
감시의 효과를 거두지 못하는 데에 한계성을 가진다.

2. 행정감사 및 조사권

(1) 행정감사 및 조사의 의의

지방의회는 집행기관에 대한 감사 및 조사권을 갖는다. 즉 지방의회
가 집행기관의 행정사무 처리상황을 적극 파악하여 그 결과를 처리하
는 방식으로 지방의회의 행정감사 또는 행정조사가 있다.

감사는 행정 전반에 대하여 실정을 파악하는 것인 데 비하여, 조사

는 특정 사안에 관하여 집중적으로 실정을 파악하는 점에서 차이가 있다. 감사는 매년 1회 정례회의 기간 내에 예산심의 등 중요 정책심의를 위한 자료수집 등의 목적으로 행한다. 조사권은 지방의회가 당해 자치단체의 의사결정기관으로서 의결권을 비롯하여 광범한 권한을 유효적절하게 행사할 수 있도록 지방의회에 보조적으로 인정된 권한이라고 할 수 있다. 이는 국회의 국정조사권에 비유할 수 있는 지방의회의 권한인데, 조사권의 대상은 현재 의제로 되어 있는 사항에 관한 조사뿐만 아니라 여론의 초점이 되어 있는 사건의 실상을 명백하게 하기 위한 조사와 일반적으로 지방자치단체의 중요한 사무의 집행상황에 대한 심사 등이라고 볼 수 있다.

우리나라의 경우, 1949년 지방자치법에서는 지방의회의 감사권만 부여되고 조사권은 인정하지 않았으며, 1988년 제7차 개정 시에는 조사권만 인정하였다. 그러나 1989년 제8차 개정시에는 감사권과 조사권을 모두 지방의회에 부여하여 오늘에 이르고 있다. 즉, 우리 지방자치법은 감사권과 조사권을 구분하여 부여하고 있는데, 지방의회는 지방자치단체의 사무에 관하여 감사하거나 특정사안에 관하여 의원 1/3 이상의 연서로 발의하여 지방의회의 의결을 거쳐 조사할 수 있으며, 이를 위하여 자치단체장 또는 그 보조기관의 출석·증언, 의견진술을 요구할 수 있게 하였고, 행정조사와 감사에 관한 절차 등은 대통령령에 따라 조례로 제정하게 하였다(지방자치법 제36조). 한편 외국의 경우, 감사권과 조사권 중 어느 한쪽만을 인정하고 있고, 대부분의 나라가 감사권보다 조사권을 인정하는 경향이 있다.[15]

(2) 행정감사 및 조사의 내용

지방의회의 행정감사·조사는 행정집행권에 대한 지방의회의 견제기능에 의해 실시하는 지방의회의 고유권한으로서 다음 〈표 13-2〉와 같

---

15) 예컨대, 영국·프랑스 등이 지방의회에 감사권을 부여하지 않고 있으며, 일본은 포괄적인 감사권은 없고 단지, 감사위원에 대하여 감사의 실시 및 그 결과의 보고를 요구하는 감사청구권을 지방의회에 부여하고 있다(일본 지방자치법 제98조).

은 내용의 차이점이 있다.

⟨표 13-2⟩ 행정사무감사와 조사의 차이점

구분	행 정 사 무 감 사	행 정 사 무 조 사
대상 사무	지방자치단체 사무전반	지방자치단체사무중 특정사안
활동 시기	정례회 기간 중	의원 1/3이상 요구, 본회의 의결시
활동 주체	소관상임위원회 또는 특별위원회	특별위원회 또는 해당 상임위원회
기 간	시·도 : 10일 이내 (시군 : 7일 이내)	본회의에서 조사기간 승인
활용 방안	예산심의 정보·자료획득, 시책평가 및 대안제시 등	행정사무감사의 연계활동 기타 의정활동의 담보적 기능

첫째, 감사 및 조사의 범위는 다음과 같다. 감사 및 조사의 가능 사무는 자방자치단체의 고유사무와 단체위임사무가 된다. 기관위임사무는 원칙적으로 위임기관(국가 또는 상급 지방자치단체)의 감사·조사 대상이 된다. 특히 위임사무에 대하여 국회나 시·도의회가 직접 감사하기로 한 사무는 감사가 불가능하다.[16]

둘째, 감사와 조사 시 다음과 같은 경우 일정한 한계가 있다. 개인의 사생활을 침해하거나, 계속 중인 재판 또는 수사 중인 사건에 관여할 목적으로는 감사 및 조사가 불가능하다.[17]

셋째, 감사의 주체는 당연 지방의회이다. 단 본회의와 소관 상임위원회별 특별위원회에서 할 수 있다.

넷째, 감사의 대상기관은 다음과 같다. 해당 지방자치단체, 그 소속 행정기관 및 하부행정기관, 교육·학예기관, 지방공기업, 지방자치단체 출연 제3섹터, 지방자치단체 사무 수탁기관 등

---

16) 시·도의회의 시·군감사의 실시문제가 나타날 수 있는데, 시·도 고유사무를 시·군의 단체장에게 처리를 위임한 경우 그 사무는 이론상 시·도사무이므로 시·도의회의 감사가 가능하다. 그러나 시·군에도 지방의회가 있고 시·군의회가 시·도의 위임사무도 감사할 수 있으므로 시·도의회의 시·군에 대한 감사는 보다 신중하게 시행되는 것이 바람직하다. 특히 시·군에 위임한 기관위임사무에 문제가 있을 경우, 특정사무를 대상으로 행정사무조사를 하여 감사의 효과를 얻는 것도 하나의 방법이 될 수 있을 것이다.

17) 개인의 사생활을 침해한다든지, 계속중인 재판 또는 수사중인 사건에 관여할 목적 역시 감사가 불가능하다.

다섯째, 감사는 매년 1회, 시·도에서는 10일, 시·군·자치구에서는 7일의 범위 안에서 실시하며, 조사는 특정사항에 관하여 본회의 의결로써 실시한다.

여섯째, 감사는 매년 정례회의 회기 내에 행하고, 조사는 의원 3분의 1이상의 발의로 본회의의 의결을 거쳐 행한다.

일곱째, 감사 또는 조사 시 필요한 경우 현지확인 또는 서류제출을 요구할 수 있으며, 관계인을 출석시켜 증인으로서 선서한 후 증언하게 하거나 참고인으로서 의견진술(감정)을 요구할 수 있다.[18]

마지막으로 감사 또는 조사의 결과는 본회의의 의결로 처리하고, 해당 자치단체 또는 해당 기관에게 시정을 요구하고, 처리를 이첩한다. 요구 또는 이첩을 받은 기관은 지체 없이 시정 또는 처리하고 그 결과를 지방의회에 보고하여야 한다.

행정사무감사 및 조사의 처리절차의 상세한 내용은 〈부록〉 참조.

3. 행정사무 감사 및 조사의 개선방안

행정사무감사의 운영상의 문제점으로는 다음을 들 수 있다.

첫째, 지방의회가 적법한 절차를 따르지 않고 과도한 자료제출요구와 안건의 경중에 관계없이 단체장 출석·답변을 요구하고 있다. 즉 무분별하고 과다한 자료와 대장, 설계도면 등과 같은 무리한 자료 제출을 요구한다는 지적이다.[19]

둘째, 감사기간이 짧아 심도 있는 감사를 제대로 수행하지 못한다는 것이다. 기간을 의식한 형식적인 감사에 급급하다는 지적을 할 수 있는 데, 정기회 회기일수 중 감사기간을 한정 규정하여(광역 10일 이

---

18) 감사 또는 조사를 위해 출석요구를 받은 증인이 출석하지 않거나, 증언을 거부 또는 허위증언을 한 때에는 500만원 이하의 과태료를 부과할 수 있다

19) 예컨대, 감사 및 예산심의시 해당 실, 과장의 출석으로 성실한 답변이 이루어짐에도 불구하고 잦은 단체장의 출석을 요구하거나, 출석·답변 권한이 없는 일반직원까지 출석을 요구하고 있어 행정의 마비현상을 가져온다는 지적을 하고 있다(행정자치부, 1999: 73).

내, 기초 7일 이내) 일률적으로 운영함으로써 사안의 대소를 충분히 고려하지 못한다는 것이다.

셋째, 감사의 비효율적 운영이다. 즉 집행부의 시책방향에 주안점을 둔 정책감사보다 행정내부감사나 서류감사의 범주를 벗어나지 못하고 있다는 것이다.

마지막으로 시·군정 질의, 감사, 예산안심사 등의 과정에서 효과분석, 효율성검토, 개선방향 등과 같은 의회활동의 본질적인 정책감사기능이 미비하다는 지적이다.

한편 지금까지 정기적인 지방의회의 행정사무감사와 필요에 따라 조사가 진행되었다. 그러나 지방의회의 감사 및 조사에서 밝혀지지 않은 행정부조리와 비행이 상급기관의 감사(감사원, 국정감사, 상위 지방정부의 감사, 행정자치부 감사) 등에서 밝혀지는 사례가 많아 지방의회의 행정사무감사 및 조사에 대한 인식이 긍정적이지 못하다. 특히 지방의원들의 전문성 부족으로 인해 행정사무감사 및 조사의 효과성을 담보하기가 어렵다는 문제가 야기되고 있다. 따라서 다음과 같은 사항을 개선할 필요성이 있겠다.

첫째, 행정사무감사 및 조사의 효과를 높이기 위해 감사기간 및 시기를 재조정할 필요성이 있다. 즉, 행정사무감사의 시기는 가급적 지방의회의 사정을 고려하여 자율적으로 규정하되 감사결과의 자료가 새해 예산편성에 반영될 수 있는 시점이 적절하다. 또한 감사기간의 결정도 감사의 양에 따라 신축적으로 결정되어야 할 필요성이 있는데, 현재 자치단체의 업무의 양이 많고 업무의 성격이 예산을 수반하는 것이 많은 점을 고려할 때 최소한 광역의회는 5일, 기초의회는 3일 더 연장하는 것이 바람직하다.

둘째, 지방의원들의 감사 및 조사 행태를 개선할 필요성이 있다. 행정감사 요구자료가 너무 많아 집행부에 엄청난 부담으로 작용하여 행정을 마비시키는 일이 없도록 해야 한다. 또한 감사 시 공무원들에 대해 처음부터 불신을 갖는 고정관념을 버림과 아울러 권위적이고 고압적인 자세에서 벗어나 전문성과 정책대안을 중심으로 책임을 추궁하고 대안을 제시해야 한다. 이를 위해 지방의원들은 정례적인 의정활동, 주민과의 접촉을 통해 평상시 감사 및 조사를 준비하는 노력이 요구된다 하겠다.

셋째, 행정사무감사·조사대상범위의 확대를 들 수 있다. 특히 감사대상사무의 범위가 너무 적어 지방의원의 무력감을 유발시키고, 설사 의욕적으로 감사 및 조사를 시작하더라도 "중앙정부의 지시나 지침을 위배할 수 없다"는 집행기관의 답변에 지방의원은 감사 및 조사의 한계를 느끼고 있다. 따라서 지방자치법 개정으로 행정사무 및 조사의 대상사무를 보다 확대할 필요성이 있다.

넷째, 감사결과의 처리를 강제하는 규정을 마련할 필요성 있다. 현행 자치법 제36조와 시행령 제17조의 4, 자치법 제37조 제2항과 시행령 제17조의 4를 보면, 위증한 자에 대한 고발, 관계공무원의 출석요구, 서류제출요구, 출석거부 및 증언거부자에 대한 과태료부과 등 감사 및 조사과정의 실효성을 위한 제도가 있다. 그러나 감사결과의 처리를 강제하는 규정은 마련되어 있지 않다. 자치법 제19조에서 지방자치단체 또는 해당기관은 시정요구를 받거나 이송받은 사항을 지체 없이 처리하고 그 결과를 지방의회에 보고하여야 한다는 것을 규정하고 있다. 이에 의하면 시행조치의 처리는 집행기관의 장에 있는데, 실제 집행기관의 장이 시정조치를 게을리할 경우에 대한 통제의 방법이 마련되어 있지 않아 감사결과의 실효성이 의문시된다. 따라서 감사결과의 처리를 강제할 수 있는 적절한 법적 보완이 필요하다고 하겠다.

제 3 절   청원 및 자율권의 의의와 개선

1. 청원수리권

지방의회는 주민의 대표기관으로서 주민의 청원에 대하여 신속하게 응대하고, 그 주민의 청원사항을 자치행정에 반영하는 활동을 해야 한다.

청원이란 주민이 지방자치단체에 대하여 불만 또는 희망을 진술하고 그 시정 또는 구현을 요구하는 것을 말한다. 청원수리권은 지역주민에 대한 대표들의 직접적인 봉사에 해당되는 바, 지방의회는 주민들의 생활의 불편이나 문제를 해결해야 함은 물론 잘못된 행정으로 야기되는 고충과 주민들의 요구사항을 지방자치행정에 적절히 반영하여야 할 책임성이 있다. 따라서 우리나라 지방자치법에서는 의원의 소개로 청원서를 내고(제65조), 청원서를 접수한 지방의회는 이를 성실·공정·신속히 심사·처리하고, 그 결과를 청원인에게 통지하도록 하고 있다(제67조).[20]

2. 자율권

지방의회는 하나의 유기체로서 자신을 조직하고 유지하며 또한 성장·발전시키는 것이 필요하다. 이에 따라 지방의회는 그 의사와 내부사항을 집행기관이나 선거민을 포함한 외부세력의 간섭을 받음이 없이

---

20) 청원에 대해 단체장이 처리함이 적당하다고 인정될 경우, 의견서를 첨부하여 단체장에게 이송한다. 이 경우 단체장은 청원의 처리상황을 지체 없이 의회에 보고해야 한다.

독자적으로 결정하고 운영할 권한을 가진다.

따라서 지방자치법에서는 ① 의장단의 구성(제42조, 제46조), 위원회의 설치(제50조), 사무조직의 설치(제83조) 등 조직을 지방의회가 자율적으로 정하며, ② 회의규칙 제정(제63조, 제81조), 회기결정(제41조), 회의비공개(제57조) 등 의사를 자율적으로 운영하고, ③ 의원의 사직허가(제69조), 의원자격심사(제71조, 제72조), 의원징계(제75조, 제78조) 등의 의원신분사정권을 가지며, ④ 의회 내의 질서유지를 위한 의원경찰권을 행사하도록 규정하고 있다.

이에 관련된 규정을 구체적으로 살펴보면 다음과 같다.

① 의장단 구성 : 의장·부의장 선거, 의장 또는 부의장의 불신임 의결

② 위원회 설치 : 조례로 위원회 설치 및 위원회 위원 선임

③ 사무조직 설치 : 조례로 시·도는 사무처(직원)를, 시·군·자치구는 사무국(직원)을 둘 수 있음.

④ 회의규칙 제정 : 의사진행·징계 등의 회의규칙 정함

⑤ 개·폐회 등의 결정 : 개회·휴회·폐회와 회기의 자주적 결정

⑥ 의원의 사직 허가 및 의원자격 심사·의결

⑦ 의원의 징계 : 위법행위 시 윤리특별위원회 또는 본회의의 의결로 징계

마지막으로 원내의 질서와 안녕을 유지하기 위해 경찰권을 행사할 수 있다. 즉 의원이 회의 중에 법규 및 회의규칙 위반, 회의장 질서 문란의 경우 의장은 적절한 조치를 명하고(경고, 제지 또는 발언취소), 그 명령에 따르지 않을 경우 당일 회의에서 발언의 금지 또는 퇴장시킬 수 있다. 또한 회의장이 소란하여 질서를 유지하기 곤란한 때에는 회의를 중지하거나 산회를 선포할 수 있다. 역시 방청인이 회의장 질서를 방해하는 경우에도 의장은 그의 퇴장을 명하고, 필요한 경우 경찰관서에 인도할 수 있다.

3. 청원수리 및 자율권의 개선방안

지방의회는 지역주민의 대표로서 지역주민이 지방자치단체에 대한 불만이나 희망을 적극 수렴하고, 청원이 이루어질 때는 신속히 접수하여 성실하고 공정하게 처리해야 할 의무가 있다. 특히, 청원의 처리에 있어서는 누구든 차별을 두어서는 안 되며, 지방의원 자신의 이해에 관련된 청원이나 정치적인 이용목적에 따른 청원의 악용이 있어서는 안될 것이다.

또한 지방의회는 복잡다양화 되는 행정환경과 수요에 부합하게 의정활동을 펼칠 수 있기 위해서는 지방의회 운영상의 자율성이 보장되어야 하며, 특히 자기 결정권을 대폭 확대할 필요성이 있다. 이에 따라 지방의원에 대한 처우의 문제, 위원회제도의 운영, 회의일수, 의회사무국 운영 등을 지방자치단체가 스스로 결정할 수 있도록 해야 한다. 이와 같이 지방자치단체의 자율성이 보장된 상태에서 스스로 결정하고 처리하는 사안에 대해서는 지역주민에게 직접 책임을 질 수 있을 때 지방자치단체의 책임성의 확보가 보장될 수 있을 것이다.

지방의회의 회의운영

　지방의회는 최고 의결기관으로서 지역주민의 복지 증진에 관련된 지역정책을 민주적이고 효율적인 회의운영을 통해 생산적인 지방의회가 되도록 해야 한다. 특히 지역주민의 대표기관인 지방의회는 지역주민들의 욕구와 요구를 적절히 반영할 수 있는 대응성과 함께 집행부의 정책이 잘 수행되고 있는지에 대한 감시 및 통제 활동을 적극적으로 수행해야 한다. 이러한 의정과업을 수행하기 위해서는 지방의회의 자율성이 최대한 보장하는 원칙 하에서 의사결정의 투명성과 함께 지방의원들의 책임성이 확보되어야만 한다.

제1절　지방의회의 성립과 의정활동

1. 지방의회의 성립과 소집

　지방의회는 소집으로부터 사실상의 의회 의정활동이 시작된다. 이 의회 소집은 의회의 성립조건이 되는데, 우선적으로 지방의회 의원정수의 과반수가 재적함으로써 성립된다고 볼 수 있다. 그리고 지방의회의 시작을 의미하는 개원은 통상 지방의원의 등록을 시점으로 집회, 원구성(의장단 선거), 개원식, 회기결정, 상임위원회 구성 등의 순으로 진행된다. 이에 따라 지방의회의 소집에는 집회와 회기 일정 등이 중요한 변수이다.

첫째, 지방의회의 집회는 정기회와 임시회가 있다. 우리나라 지방의회의 정기회는 매년 2회 개최한다. 정기회의 일정은 시·도의회의 경우 매년 11월 20일에 소집되며 회의 일수는 40일 이내로 한정한다. 그리고 시·군·자치구의회 경우는 매년 11월 25일에 소집되며 회의 일수는 35일 이내로 한정한다. 지방자치법 제44조에서는 정기회의 집회일 기타 운영에 관하여 필요한 사항은 대통령령이 정하는 바에 의하여 지방자치단체의 조례로 정하도록 하고 있다.

임시회는 총선거 후 최초로 집회되는 임시회와, 일반적인 임시회가 있다. 전자는 임기개시 일로부터 25일 이내에 의회사무처(국·과)장에 의하여 소집되고, 후자는 자치단체의 장이나 재적의원 3분의 1 이상의 소집요구가 있은 때에는 그 요구가 있은 후 15일 이내에 의회의장이 소집한다.[1] 특히 지방선거 이후 최초의 집회는 의장이 선출되기 전이므로 지방자치단체장이 공고하는데, 시도는 7일전 그리고 시군은 5일전에 한다.

둘째, 지방의회의 회기이다. 회기는 지방의회가 일정기간을 정하여 활동하는 기간 즉. 의회활동이 시작되는 개회부터 종료하는 폐회까지의 기간을 말한다. 지방의회 회기 또는 회의 일수는 지방의회의 의정활동에 상당한 영향을 미친다. 회기 또는 회의 일수가 길 경우 지역주민의 요구를 적절히 반영할 수 있고, 집행부에 대한 견제와 감시를 철저히 할 수 있는 효과를 가져올 수 있다. 이에 반해 회기 또는 총회의 일수가 짧을수록 의정활동의 경비를 절약할 수 있는 효율성을 가져올 수 있다. 현 지방자치법에서는 지방의회의 회기는 그 의회가 의

---

[1] 의장유고시는 부의장이, 의장과 부의장이 모두 유고시에는 의원중 연장자 순으로 소집한다(동법 제45조 제1항·제2항).

결로 정하고, 회의 총 일수와 정례회 및 임시회의 회기는 그 지방자치
단체의 조례로 정하도록 되어 있다.

※ 용어설명

· 개회 : 회의의 시작을 의미하는 것으로, 의회의 집회(임시회·정례
　　　　회)가 성립되어 활동이 시작됨
· 휴회 : 회의의 일시 중지를 의미하는 것으로, 회기 중 일정기간 동
　　　　안 본회의를 열지 않음
· 정회: 개의된 회의 진행 중 사정에 의해 회의를 중단함
· 속개: 정회된 회의를 다시 시작함
· 산회: 당일 의사일정을 종료하고 회의를 마침
· 폐회: 개회의 반대, 즉 한 회기가 종료됨

---

2. 지방의회의 회의유형과 방식

지방의회의 회의는 본회의와 위원회 그리고 기타회의 유형으로 운
영된다.

첫째, 본회의이다. 본회의는 당해 지방의회의 의원 전원으로 구성되
는 회의체로서 지방의회의 최종 의사 결정 단계이다. 일반적으로 지방
의회에서 의결 및 결정한다고 할 때의 지방의회는 본회의를 의미하는
것이고, 지방의회에 제출되는 모든 안건은 본회의에서 최종 의결되어
야 한다. 하지만 우리나라 현재 지방의회에서는 이 본회의의 효율적인
심의를 위해 일반적으로 상임위원회 또는 특별위원회의 심사를 거쳐
본회의에 부의하도록 하고 있다.[2]

둘째, 위원회이다. 위원회는 본회의에 앞서 의안을 사전 심사하기

---

2) 상임위원회가 설치되어 있지 않은 소규모 지방의회에서는 본회의에 직접 부의하
　거나 특별위원회 등을 구성해 운영한다.

위해 운영하는 것이다. 즉 각종 의안처리의 전문성과 능률성 제고를 위해 해당분야에 전문성을 지닌 소수의 의원들로 위원회를 구성한다. 이 위원회는 상임위원회와 특별위원회로 나뉜다. 전자는 지방자치법 및 조례에 의거 상설적으로 설치 및 운영하는 것이고, 후자는 본회의 의 의결로 구성되는 특별한 위원회이다.

구체적으로 보면, 상임위원회는 법령이나 조례에 규정된 직무를 수 행하기 위해 지방자치법 및 조례에 의하여 상설 적으로 설치 운영하는 위원회이다. 광역지방의회 및 의원 수 13인 이상 기초지방의회에서 구성하며, 의장을 제외한 전체의원은 한 개의 상임위원이 된다. 이 상 임위원회는 당해 위원회 소관의 안건을 심사하거나 의안을 제안하며, 행정사무감사 등을 실시한다.

이와 달리 특별위원회는 특정한 안건을 심사·처리하기 위하여 본 회의 의결로 한시적으로 구성 운영되는 위원회이다. 위원회의 구성은 일반적으로 의원이 특별위원회 구성 결의안을 발의하거나 의회 운영 위원회에서 제안한다. 또한 위원회의 위원 선임은 의장의 추천으로 본 회의에 의결하고, 이 특별위원회의 존속기간은 심사처리 안건이 본회 의에서 의결되면 자연히 소멸된다.[3] 그리고 위원회의 개회는 회기 중 에는 위원장이 필요하다고 인정하거나 재적위원 3분의 1 이상의 요구 가 있을 때에 하고, 폐회 중에는 본회의의 의결이 있거나 의장이 필요 하다고 인정할 때, 재적위원 3분의 1 이상의 요구 또는 지방자치단체 의 장의 요구가 있을 때에 할 수 있다.

셋째, 소위원회와 기타 회의가 있다. 통상 지방의회는 본회의와 특 별위원회에서 모든 안건이 심의와 의결이 이루어지지만, 이밖에 소위 원회, 공청회, 연석회의를 통해 안건의 심사와 논의를 한다.

소위원회는 특별위원회에서 안건을 능률적으로 심사하기 위해 필요 시 당해 위원회의 의결을 거쳐 소수의 위원으로 구성 운영한다. 공청

---

3) 지방의회에서의 예산결산, 행정사무감사, 의원징계 자격심사 특별위원회 등이 대 표적인 사례라 할 수 있다.

회는 위원회가 중요한 안건이나 전문지식을 요하는 안건을 심사하기 위하여 이해 관계자 또는 학식과 경험이 있는 자로부터 의견을 청취하기 위한 회의이다. 이 공청회는 단순히 의견을 듣기 위한 회의로 의견발표, 질의·답변 외에 찬반토론이나 표결은 하지 못한다. 연석회의는 위원회가 안건을 심사할 때 다른 위원회의 의견을 들어볼 필요가 있는 경우 관련된 위원회가 한자리에 모여 의견교환을 하는 회의이다. 이 연석회의는 한 개의 안건이 2개 이상의 위원회에 관련이 있을 때 개회하는데, 상임위원회와 특별위원회의 연석회의도 가능하다. 마지막으로 간담회는 의회 내에서 일정한 주제와 관련해 서로 격의 없이 대화를 나누는 모임의 성격을 지닌다. 즉 각종 현안 발생 시에 의원과 단체장·관계공무원, 일반주민 등과 개최하거나, 의장단과 의원이 의회운영에 대한 논의를 위해 개최하는 경우도 있다. 이 간담회는 공식적인 회의가 아닌 관계로 일정한 절차나 법적 구속력은 없다.

지방의원들이 의회의 의정활동을 하는데 중요한 것은 실제 회의 방식이다. 즉 발의를 누가 어떻게 하느냐 하는 문제, 의사의 공개 여부의 문제, 의결 정족수의 문제, 회의록의 작성 등은 지방의회 의정활동을 결정하는 중요한 변수가 된다.

첫째, 발의이다. 이는 의회에 의안을 내는 행위이다. 여기서 '의안'은 의회의 의결을 요하는 안건으로서 지방의원이나 자치단체장이 일정한 형식을 구비하여 제출하는 안건을 의미한다.[4] 특히 의안이 성립하기 위해서는 일정한 형식에 의해 서면으로 작성 제출되어야 하며, 원안에 대하여 수정이 가능함은 물론 의원, 위원회, 자치단체장이 제안하여야 하는 요건이 충족되어야 한다.

현재 지방의회에서 의결할 의안은 자치단체장과 의회 소관위원회, 재적의원의 5분의 1 이상 또는 의원 10인 이상의 연서에 의하여 발의된다(지방자치법 제66조). 즉 의안 중 일반의안 발의는 지방의원이

---

4) 안건은 의회의 본회의나 위원회에서 논의, 처리의 대상이 되는 모든 사안으로 의결의 대상이 되는 기타 질문, 연설, 보고 등을 포함하는 개념이다.

하는데 반해 예산안의 발의는 자치단체장이 하도록 되어 있다.[5]

둘째, 의사이다. 이는 의회의 회의를 진행하는 데 관련되는 제반사항을 총칭하는 것으로, 일반적으로 '회의'라는 의미로 사용되기도 한다. 의사와 관련되어 일반적으로 의사정족수와 의결정족수가 중요하다.

의사정족수는 의회의 본회의나 위원회의 회의를 개의하는 데 필요한 최소한의 의원수로서 재적의원의 1/3 이상 출석률이 필요하다. 즉 현재 지방자치법(제63조)에서는 의사의 경우 재적의원 1/3 이상의 출석으로 시작되며, 회의 중 출석의원이 이러한 의사정족수에 미달한때에는 의장은 회의의 중지 또는 산회를 선포하도록 되어 있다. 이와 달리 의결정족수는 의회에서 안건을 의결하는데 필요한 최소한의 의원수로서 지방자치법에 특별한 규정이 없는 한 재적의원의 과반수 출석과 출석의원 과반수 찬성으로 의결하며,[6] 가부동수일 때는 부결된다(지방자치법 제64조). 특히 의장이나 의원은 의사의 공정성을 기하기 위해 본인, 배우자, 직계 존·비속 또는 형제자매와 직접 이해관계가 있는 안건에 대하여는 그 의사에 참여할 수 없도록 하고 있다(지방자치법 제70조).

한편, 지방의회의 회의에 있어서 중요한 것은 일정한 원칙에 부합하게 진행되어야 한다. 즉 회의 공정성과 능률성을 위해 회의 진행원칙이 필요로 하는데, 일반적으로 회기계속의 원칙과 일사부재의 원칙 그리고 정족수의 원칙이 중요하다.

의회의 안건 취급방법은 회기계속의 원칙과 회기 불계속의 원칙이 있는데, 전자는 제출된 의안은 회기 중에 의결되지 않더라도 폐기되지 않고 다음 회기에 다시 논의할 수 있는 원칙으로, 현재 지방의회는 이

---

5) 의안의 제출방법은 주로 발의, 제안, 제의, 제출이라는 용어와 같이 쓰인다. 구체적으로 보면, 제출은 단체장이 의회에 의안을 내는 것이고, 제안은 의회의 위원회에서 의안을 내는 것을 말한다. 그리고 제의는 주로 의회의 본회의에서 의장이 구두로 안을 내는 경우이다.

6) 여기서 과반수는 총수 중 반수를 넘는 수로, 1/2 이상과는 다르다. 즉 1/2 이상은 1/2도 포함되나, 과반수는 1/2를 초과하는 수를 의미한다. 예: 10명의 과반수는 6이 된다(10÷2=5.0).

원칙을 채택하고 있다(지방자치법 67조). 이와 달리 후자는 회기 내에 미결된 안건은 모두 소멸되고 다음 회기에 다시 안건을 작성 제출해야 한다는 원칙이다. 그리고 우리나라 지방의회에서 채택하고 있는 일사부재의의 원칙과 의사정족수 원칙이 있는데, 전자는 의회에서 한 번 부결된 안건은 같은 회기 중에 다시 발의 또는 제출하여 재심의를 할 수 없는 원칙이고(지방자치법 제68조), 후자는 의회가 일정 수 이상의 구성원이 참석해야만 회의 능력과 의결능력을 지닌다는 원칙으로, 앞서 언급한 의사정족수와 의결정족수를 말한다.

셋째, 표결이다. 의회에서 모든 의사결정은 표결로서 결정하게 되는데, 그 표결의 유형은 일반적으로 이의유무 표결, 기립표결, 거수표결, 투표로 크게 대분된다. 이 유형 중 현재 지방의회에서 가장 보편적으로 사용되는 방법은 기립표결인데, 이는 표결안건에 대해 먼저 찬성의원을 일어서게 하여 집계한 후 표결결과를 선포하는 방법이다. 이와 달리 이의유무 표결 방법은 출석의원 중 특별히 반대 의원이 없이 만장일치로 찬성하는 경우에 사용되고, 거수표결은 위원회와 같이 구성원이 소수인 회의체에서 주로 사용되는 것으로 손을 들게 하는 것이다. 투표 방법에는 무기명투표와 기명투표가 있는데, 전자는 일명 비밀투표로서 투표용지에 투표의원의 성명을 기재하지 않고 찬반 의사만을 표시하고, 후자는 투표용지에 의원의 성명을 기재하는 방법으로 책임을 명백히 할 필요할 경우 사용한다.[7]

마지막으로 지방의회는 회의록 작성이 필요하다. 회의록 작성은 의장과 의회에서 선정된 2인 이상 의원이 이에 서명하도록 하고 있고(지방자치법 제72조 제1항, 제2항), 의장은 회의록 사본을 첨부하여 회의의 결과를 자치단체장에게 통고해야 한다(지방자치법 제72조 제3항).

---

7) 전자는 의회의 각종 선거, 의원신상 문제, 재의요구권 등에 사용되고, 후자는 국회의 헌법개정의 경우 반드시 기명투표를 하게 되어 있는 것이 그 예이다(국회법 제112조).

3. 지방의회의 회의운영 개선

지금까지 지방의회는 대체로 연간 법정회기를 대부분 활용하고 있고, 지방의원의 참석률도 상당히 높다고 할 수 있다. 그러나 현 지방자치법 제53조[8])에 의하면 위원회가 독자적으로 필요에 의해 개최하기가 어렵게 되어 있고, 회의의 운영상에서도 단 몇 분간의 본회의나 위원회를 개최하는 경우에도 하루의 회의일수를 제한하는 불합리한 면도 존재하고 있다. 특히 상임위원회 중심의 회의운영체제임에도 불구하고 본회의와 상임위원회의 회의일수가 크게 차이가 나지 않는 현상은 안건의 심도있는 심사를 위한 여건이 아직 마련되어 있지 않다고 할 수 있다.

한편, 현재 광역과 기초의회의 정기회의 회기는 각각 40일 이내, 35일 이내로 규정되어 있으며 이 기간 동안 행정사무감사와 예산심의 및 결산안 등을 처리하게 되어 있다. 이에 따라 무보수 명예직인 지방의원이 담당하는 분야에 대해 경험이나 전문성이 결여되어 있을 경우 집행부에 대한 적절한 비판과 견제 및 정책대안을 제시할 수 없게 된다. 또한 집행부의 자치단체장과 의회의 다수당의 당적이 같은 경우는 권력분립의 원칙이 깨질 수 있고, 의회의 심의나 견제 및 감시 기능이 제대로 발휘되지 못하게 될 소지도 공존한다.

따라서 이러한 문제점을 개선하기 위한 방안으로 지방자치법상의 회의일수를 조정하여 개정할 필요성이 있다. 즉, 정기회의 회기일수를 더욱 상향조정하여 상반기 정기회는 결산안 처리 및 행정사무감사를 철저히 하도록 하고, 하반기 정기회는 예산안을 심도있게 처리할 수 있도록 하는 것이 바람직하다고 할 수 있겠다. 특히 일본의 경우와 같

---

8) 위원회의 회기 중 위원장이 필요하다고 인정하거나 재적위원 3분의 1 이상의 요구가 있는 때에 개회한다. 다만 폐회 중에는 본회의의 의결이 있거나 의장이 필요하다고 인정할 때, 재적의원 3분의 1 이상의 요구 또는 지방자치단체장의 요구가 있는 때에 한하여 개회할 수 있다.

이 회기일수를 연 4회로 하되 분기별로 하는 방안도 고려해 볼 만하다.[9]

제 2 절   지방의회 회의 원칙과 주요절차

1. 회의의 원칙

지방의회는 지역주민의 대표기구인 동시에 최고 의사결정기구로서 회의를 진행하는데 있어서 최대한 민주성과 능률성을 함께 고려해야 한다. 특히, 지방의회 의원들의 경우, 지역전체의 대표성보다는 자신의 지역 대표성에 국한하여 각종 의안을 심의 및 결정할 경우 공평성이 크게 훼손될 수 있음을 주의해야 한다. 따라서 지방의회는 회의를 진행하는데 있어서 다음과 같은 최소한 몇 가지 원칙을 지켜 생산적인 의정활동으로 풀뿌리민주주의를 확립해야 한다.

우선 일반적으로 지방의회에서 지방의원은 평등하다는 원칙이다. 즉 지방의회의 구성원인 의원은 성별, 연령, 학력, 경력, 당선된 지역구의 크기 등에 관계없이 완전히 평등한 지위와 권한을 가진다. 따라서 모든 의원은 의회 내에서 표결권, 발언권, 선거권 등의 권한을 평등하게 행사할 수 있다. 아울러 지방의회는 회의체로서 민주주의 기본원칙이라 할 수 있는 다수결의 원칙이 적용된다. 즉 이 원칙은 각 의원의 평등한 지위를 전제로 하며, 의원들 간의 의견이 일치하지 않을 때에 회의체의 의사는 다수자의 의견대로 결정해야 하고 소수자는 이에 따라야 한다는 것이다.

둘째, 회기계속의 원칙이다. 이 원칙은 회기계속의 원칙과 회기 불

---

9) 일본은 정기회의를 매년 4회 이내에서 조례에 의해 개최하고, 임시회의는 의원 정수의 4분의 1 이상의 요구에 의해 소집한다.

계속의 원칙으로 나뉜다. 전자는 제출된 의안은 회기 중에 의결되지 않더라도 폐기되지 아니하고 다음 회기에 다시 논의할 수 있다는 원칙이다. 후자는 회기 내에 처리하지 못한 미결된 안건은 모두 소멸되고, 다음 회기에 다시 안건을 작성 제출해야 한다는 원칙이다(지방자치법 제59조). 현 우리나라의 국회와 지방의회에서는 회기계속의 원칙을 채택하여 의회에 제출된 안건이 회기 중에 의결되지 않더라도 폐기되지 아니한다. 다만, 예외적으로 의원의 임기가 만료된 때에는 미결된 안건은 모두 폐기된다.

셋째, 일사부재의 원칙이다. 이 원칙은 의회에서 한번 부결된 안건은 같은 회기 중에 다시 발의 또는 제출하여 재심의를 할 수 없다는 원칙이다(지방자치법 제60조). 또한 이 원칙은 동일회기나 동일안건에 대해서만 적용하는 것이므로 회기와 안건의 내용이 다른 경우에는 이 원칙이 적용되지 않는다.

넷째, 정족수의 원칙이다. 지방의회는 합의적 회의체로서 일정수 이상의 구성원 참석해야만 회의의 능력과 의결능력을 지닌다는 원칙이다(지방자치법 제55조, 제56조). 이 원칙에는 회의를 진행할 수 있는 최소한의 인원수를 의미하는 의사정족수가 있으며, 안건의결에 필요한 최소한의 인원수를 말하는 의결종족수가 있다. 현재 지방의회의 의사정족수의 충족요건은 재적의원 1/3 이상이고, 의결종족의 충족요건은 과반수출석에 과반수찬성이 되어야 한다.[10]

다섯째, 발언자유의 원칙이다. 지방의회에서는 지방의원의 자유로운 발언을 보장하기 위해서 다음과 같은 원칙이 주어져 있다.

① 의원은 다른 의원의 발언을 방해할 수 없다.

② 다른 의원의 발언에 의해 진행되고 있는 발언이 중단되지 않는다.

③ 발언 중 산회 또는 회의 중지로 발언을 마치지 못한 경우에는

---

10) 이외에 요구정족수와 발의종족수가 있는데, 전자는 임시회 집회 또는 위원회 개회나 의원징계 및 자격심사를 요구하는데 필요한 최소한의 의원수(재적의원의 1/3 이상)를 말하고, 후자는 의안이나 동의를 발하는데 필요한 최소한의 의원수(의안의 경우 재적의원 1/5 또는 10인, 일반동의의 경우 의원 2인)를 말한다.

회의가 다시 속개되어 그 안건을 실시하는 경우에 그 발언을 우선 할 수 있는 기회를 부여하고 있다. 그러나 제약된 시간 내에서 모든 의원에게 발언권을 평등하게 부여하기 위해 발언시간과 발언회수를 제한하고 있다. 즉 본회의에서의 발언은 20분을 초과하지 못하고 특히, 안건질의, 보충발언, 의사진행, 신상발언 등은 10분을 초과하지 못한다. 그리고 일반적으로 의원은 동일 의제에 대해 2회까지 발언할 수 있다.[11] 이러한 발언제한은 발언자유의 원칙을 제한하는 것이 아니라 오히려 발언자유의 원칙을 보장하기 위한 장치라 할 수 있다. 발언자유의 원칙과 관련하여 국회의원의 발언과는 달리 면책특권이 부여되지 않는다는 점이다.

여섯째, 회의공개의 원칙이다. 이 원칙은 지방의회가 지역주민의 대표로 구성되는 주민대표기관임으로 회의진행을 공개해야 한다는 원칙이다. 일반적으로 회의의 공개는 방청의 자유, 보도의 자유, 기록의 공표를 의미하게 되는데 모든 회의를 공개로만 하는 것은 아니다. 지방의회의 회의를 비공개로 진행하기 위해서는 출석의원 2/3 이상의 찬성이 있거나, 의장이 사회의 안녕 질서 유지를 위하여 필요하다고 인정하는 경우이며, 비공개회의는 방청, 보도, 기록의 공표가 금지되게 된다.

이와 관련해 최근 광역 지방의회의 경우, 지역주민의 알권리를 충족하고 예·결산 등 주요 의사결정의 투명성을 높이기 위하여 본회의뿐만이 아니라 상임위, 특별위 등 모든 회의를 홈페이지 등 인터넷을 통해 공개하는 방안이 추진되어 주목된다.[12] 현재, 지방의회는 인터넷으로 회의내용을 공개하고는 있으나, 회의록 공개, 방청허가 등을 통한 의사공개만을 법령에 규정하고 있으며, 인터넷을 통한 의사공개 방식

---

11) 본회의와 달리 위원회에서는 발언시간 제한이 없으나 효율적인 회의진행을 위해 협의의결해 발언시간을 제한할 수도 있다. 또한 발언회수 역시 질의에 대한 답변이나 의장이 허가한 경우에는 발언의 회수를 2회로 제한하지 않고 더할 수 있다.

12) 최근 국민권익위의 개선권고에 따라 광역의회에서는 2015년 2월까지 지방의회 「회의규칙」을 개정하여야 한다. 다만, 기초의회의 경우는 의원 수, 상임위 설치현황 등을 감안하여 자율적으로 시행하도록 이번 개선권고 대상에서는 제외됐다.

은 관련 규정에 없는 상태이다.[13) 향후 지방의회의 회의 내용의 인터 넷 공개에 대한 「회의규칙」이 개정되면, 광역의회에서는 실질적인 의사결정이 이루어지는 상임위, 특별위까지 확대하여 회의내용을 인터넷을 통한 의사중계를 하여야 하고, 이를 통해 지방의정에 대한 지역주민들의 참여와 감시기능이 강화될 수 있을 것으로 기대된다.

일곱째, 일사부재의 원칙은 의회에서 한번 부결된 안건은 같은 회기 중에 다시 발의 또는 제출하여 재심의를 할 수 없다는 원칙을 의미한다. 이 원칙은 회기 중에 이미 한 번 부결된 안건에 대하여 다시 심의하는 것은 회의의 능률을 기할 수가 없을 뿐만 아니라 전과 다른 의결을 하게 되면 어느 것이 회의체의 진정한 의사인지 알 수 없는 등의 문제가 발생하는 것을 방지하기 위한 것이다. 특히 소수파에 의한 의사방해(filibuster)를 막기 위한 제도로 인정된 것이다.

여덟째, 1일 1차 회의의 원칙이다. 지방의회의 회의는 1일에 1차 회의 즉, 한번만 회의를 가지는 것을 원칙으로 한다. 따라서 의사정족수가 미달되어 의장이 유회를 선포하거나 당일의 회의가 산회되는 경우에는 그날은 다시 회의를 열 수 없다.[14)

2. 회의의 기본절차와 주요 내용

1) 지방의회 개원의 주요 절차

지방의회는 개원(開院)을 시점으로 사실상의 지방의회 의정활동이 시작된다고 할 수 있다. 지방의회 개원의 주요절차는 의원등록, 집회, 원구성(의장단 선거), 개원식, 상임위원회 구성 등의 순서로 진행된다.

---

13) 2014년 현재 지방의회의 모든 회의를 중계하는 의회는 15% 정도에 불과하고, 인터넷 중계를 하지 않는 의회가 절반이 넘는 52%로 나타났다. 또한 인터넷 중계를 하더라도 실질적인 의사결정이 이루어지는 상임위나 특별위가 아닌 본회의 위주로 중계되고 있어 주민의 알권리 충족에도 한계가 있다.

14) 밤 12시까지 회의가 끝나기 어려울 경우 차수를 변경하여야 한다. 그리고 행정 사무감사 및 조사는 회의 방식으로 진행하지만 회의와 다른 활동으로 보기 때문에 밤 12시가 되어도 차수 변경 없이 진행할 수 있다.

가) 의원 등록

지방선거 후 지방의회 개원 직전까지 의원등록이 이루어져야 한다. 이와 관련해 관할 선거관리 위원회에 협조하여 의원당선자의 인적사항 등을 파악한 후, 의원 당선자에게 구비서류 등을 동봉한 등록 안내문 발송 하고, 의정활동 및 의정활동 참고자료 등을 배부하게 된다.

나) 집회

지방선거 이후 최초의 집회는 지방의회 의장이 선출되기 전이기 때문에 지방자치단체장 공고를 해야 한다. 소집 시기는 임기 개시일 부터 25일내에 소집 하고, 집회는 자치단체장이 시·도는 7일전, 시·군은 5일전에 공고를 하도록 한다.

다) 원구성(의장단 선거)

지방선거 이후 최초의 회의이므로 임시의장이 필요한 바, 의원 중 최연장자인 임시의장이 사회자가 되어 의장선거에 임하게 된다. 즉 최연장자인 임시의장이 개의 선포와 함께 의사일정(의장 및 부의장 선거 상정)을 상정하는 것으로 시작한다. 재적의원 과반수 출석과 출석의원 과반수 득표로 의장을 선출하여 의장당선을 선포한다. 이후 의장당선자는 직접 사회를 주재하여 의장선거 절차와 같은 방법으로 부의장 선출을 하게 된다.

라) 개원식

개원식은 최초 집회일 제1차 본회의 이후 의회 본회의장에서 이루어진다. 진행순서는 다음과 같다.

> 개식(제○회 ○○의회 임시회 개회식 거행 선언) ⇒ 국민의례 ⇒
> 의원선거 ⇒ 축사(지방자치단체장 등) ⇒ 폐식(개회식 종료 선언)

마) 회기결정

회기 기간은 임시회이므로 15일내에서 결정하도록 하고, 최초 집회는 개원회기로서 원구성과 의정활동을 시작하는 데 필요한 최소한의 기간으로 결정하는 것이 바람직하다. 그리고 일반적으로 회기는 집회 후 즉시 의결하지만, 개원 임시회에서는 원구성이 선행되어야 함으로 제2차 본회의에서 의결하게 된다.

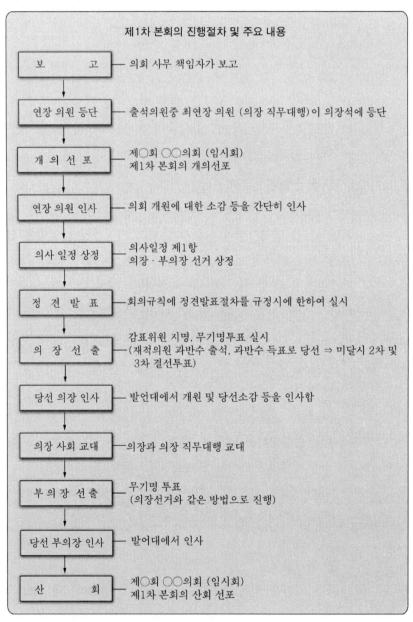

제1차 본회의 진행절차 및 주요 내용

보　　고	— 의회 사무 책임자가 보고
연장 의원 등단	— 출석의원중 최연장 의원 (의장 직무대행)이 의장석에 등단
개 의 선 포	제○회 ○○의회 (임시회) 제1차 본회의 개의선포
연장 의원 인사	— 의회 개원에 대한 소감 등을 간단히 인사
의사 일정 상정	의사일정 제1항 의장·부의장 선거 상정
정 견 발 표	— 회의규칙에 정견발표절차를 규정시에 한하여 실시
의 장 선 출	감표위원 지명, 무기명투표 실시 (재적의원 과반수 출석, 과반수 득표로 당선 ⇒ 미달시 2차 및 3차 결선투표)
당선 의장 인사	— 발언대에서 개원 및 당선소감 등을 인사함
의장 사회 교대	— 의장과 의장 직무대행 교대
부 의 장 선 출	무기명 투표 (의장선거와 같은 방법으로 진행)
당선 부의장 인사	— 발언대에서 인사
산　　회	제○회 ○○의회 (임시회) 제1차 본회의 산회 선포

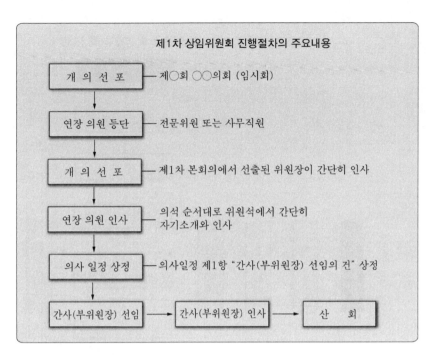

바) 상임위원회 구성

상임위원 선임은 의장이 위원들의 의견, 전공분야 등을 감안하여 사전에 조정하되, 제2차 본회의에서 의결한다. 상임위원 선임에 이어 상임위원 중에서 상임위원장을 본회의에서 선거로 선출한다.

2) 회의운영 및 의안처리 과정

지방의회의 회의운영은 주로 의사진행과 의안처리 과정을 통해 이루어진다고 볼 수 있다. 우선 의사진행은 다음 아래와 같이 제안된 의안을 처리하는 과정으로서 개의 → 보고사항 → 의사일정 상정 → 안건심사(위원회)·심의(본회의) → 사회의 과정을 거쳐 회의를 마감하게 된다.

한편 지방의회의 각종 의안처리는 제안 (발의·제출)→ 접수·보고 → 회부(위원회 설치 의회)·배부(의원) → 안건심사 (위원회)·심의(본회의) → 이송·통지 → 공포·처리의 과정을 거쳐서 처리된다.

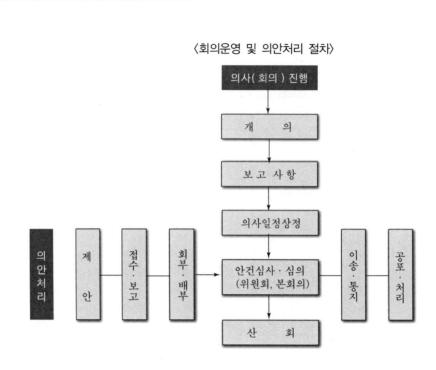

〈회의운영 및 의안처리 절차〉

의사(회의) 진행

개 의

보고사항

의사일정상정

의안처리 — 제안 → 접수·보고 → 회부·배부 → 안건심사·심의(위원회, 본회의) — 이송·통지 — 공포·처리

산 회

3) 지방의회의 의안의 종류

지방의회에서 의결 대상이 되는 의안은 다양하나, 여기서는 조례안, 예산안, 결산안, 동의 및 승인안, 건의안, 결의안 등을 개략적으로 살펴본다.

가) 조례안

지방자치단체가 법령의 범위 안에서 그 권한에 속하는 사항을 지방의회의 의결을 거쳐 재제정하는 자치규범이다. 일반적으로 조례로 정하는 사항은 주민의 권리와 의무부과에 관한 사항 등이다. 조례는 상임위원회가 설치되어 있는 지방의회(의원 13인 이상)에서는 당해안건 소관위원회에서 심층적인 안건심사를 하게 되는 과정을 거친다. 조례안 등 일반 안건 심사 처리는 다음과 같다.

의사일정상정(심사회부 '의안명칭'으로 상정) ⇒ 제안설명(의원발의 안건, 위원회 제안, 자치단체 제출안) ⇒ 전문위원검토 보고(해당 안

건의 문제와 이해득실) ⇒ 질의 및 답변 ⇒ 토론 ⇒ 표결(이의유무, 기립, 거수 등으로 의결)

조례안의 원칙과 심의절차는 〈부록〉 참조.

나) 예산안 및 결산안

예산은 한 회계연도의 행정활동에 수반되는 수입과 지출의 예정적 계획으로 지방자치 단체의 집행기관에서 의회에 제출하는 안건이다. 예산안 제출은 회계년도 개시 50일 전(시군 40일 전)까지이고, 예산안 의결은 회계연도 개시 15일 전(시군 10일 전)까지이다.

결산은 한 회계연도의 수입과 지출의 실적을 확정적 계수로 표시한 것으로 사후에 의회 승인을 통하여 집행의 적법 타당성을 인정받는 절차이다. 결산서 작성 및 제출기한은 출납폐쇄 후 80일 이내로 한다(지방자치법 제125조).

예산안 및 결의안 심의절차는 〈부록〉 참조

다) 동의(승인)안

동의안은 지방자치단체의 행정사무 중에서 사전에 의회의 동의를 얻어 시행하기 위하여 지방자치단체장이 제출하는 안건이다. 이에 비해 승인안은 지방자치단체가 이미 처리한 업무에 대하여 사후에 의회의 승인을 얻기 위해 제출하는 안건과 의회 내에서 위원회 또는 의원이 특정행위를 하려고 본회의 승인을 얻는 것을 의미한다.

라) 건의안 및 결의안

지방자치단체의 집행기관이나 중앙행정기관 등의 권한에 속하는 사항에 대하여 의회에서 본회의 의결을 거쳐 건의를 하기 위한 의안을 말한다. 그리고 결의안은 의원발의 또는 위원회에서 제안하는 안건으로서, 의회의 통일된 의사를 대외적으로 표방하기 위한 의사결정을 목적으로 하는 안건이다

마) 의회 규칙안

의회운영과 관련한 법령 및 조례 등에서 의회의 규칙으로 정하도록

위임한 사항을 정한 규범을 말한다. 특히 의회규칙은 의안의 형식으로 제안되어 의회에서 의결하지만, 집행기관의 규칙은 자치단체의 장이 제정하므로 의회의 의견이 필요하지 않다.

바) 청원

주민이 의회에 일정한 의견 또는 희망을 표시하거나 권리 또는 이익이 침해되었을 때, 그 피해를 구제해 줄 것을 호소하는 것으로 당해 의회 의원 1인 이상의 청원 소개서를 첨부하여 제출하도록 되어 있다.

청원 및 민원의 처리절차는 〈부록〉 참조.

사) 대안(代案)과 수정안(修正案)

대안은 의회에서 의안을 심사하면서 원안과 취지는 같으나, 내용과 체계를 전면적으로 달리하여 수정하고자 하는 경우 심사중인 의안(원안)을 폐기하고 이에 대신하여 새로운 의안을 제안하는 것이다. 이와 달리 수정안은 의안의 내용 및 체계의 일부를 수정할 필요가 있을 때 그 의안을 심사하는 과정에서 의원이나 위원회가 의안을 수정하여 제안하는 것을 말한다.

한편, 지방의회 회의 운영 시 꼭 알아두어야 할 용어는 다음과 같다.

※ 회의 용어

· 부의 : 안건을 본회의에서 심의할 수 있는 상태로 준비하여 놓는다는 의미로서 부의는 본회의에서만 사용됨
· 상정 : 본회의에 부의된 안건이나, 위원회에 회부된 안건을 당일 회의에서 심의(심사)를 시작하는 구체적인 행위
· 의결 : 의결은 안건에 대하여 가부를 판단하는 구체적인 법률적 의사형성 행위
· 결의 : 합의체의 전체의사를 나타내기 위한 의사형성 행위
· 가결 : 안건이 의결정족수 이상 찬성으로 통과하는 것
· 부결 : 안건이 의결정족수에 미달되어 통과되지 못하는 것
· 질의 : 본회의나 위원회에서 의제가 된 안건을 심의(심사)과정에서

의문사항이나 문제점 등 필요한 사항을 묻고 답변을 구하는 절차
- 질문 : 독립된 의사로서 지방자치단체 행정전반의 특정문제에 대해 설명을 요구하고 소견을 묻는 행위(사전 답변할 관계공무원의 출석을 요구하고 질문내용을 송달해야 함)
- 심사·심의 : 회의에서 안건을 의결하기 위해 논의하는 것을 뜻하는데 위원회에서의 논의단계를 심사라 하고, 본회의 논의단계를 심의라 함.

지방선거와 정책과제

제 1 절   선거의 본질과 지방선거

1. 선거의 본질과 기능

선거는 근대 민주주의 발달에 따른 의회제도와 맥을 같이하고, 자유민주주의 국가에 있어서 중요한 의미를 지닌다. 선거는 국민의 대표기관인 의회를 구성하기 위한 불가결한 수단으로서 그 중요성을 가지게 되었다. 특히 대의민주주의 통치구조에서 선거제도는 유권자의 주권행사 내지 참정권 행사의 과정으로서 권력의 창출과 권력의 정당성을 유권자의 정치적 합의에 근거하게 하는 조직 원리이다. 즉 선거의 의미는 공직을 담당할 개인을 유권자가 선택하는 것, 사회생활에서 집단의 대표를 선정하는 하나의 방법, 조직이나 집단에서 특정한 직위에 취임할 사람을 그 구성원들의 의사에 의하여 선정하는 일련의 행위인 것이다(송광운, 2008: 120).

이러한 의미를 지니고 있는 선거는 세 가지 주요한 기능을 가지고 있다.

첫 번째, 정치권력의 정통성 부여 기능으로 선거에 의하여 선출된 지도자에게 합법적인 정통성을 부여하여 권위를 가지게 하는 기능을 한다. 이러한 기능은 선거의 자유와 공정성이 보장된 선거에서 가능하다.

두 번째, 국민의 이익 표출 및 집약기능으로 선거를 통하여 각계각층의 다양한 국민의 의사, 가치, 이익을 정치과정에 투입하고 이것을 정리·집약하는 기능을 한다.

세 번째, 정치적 충원기능으로 선거과정을 통하여 지도자를 양성하고 선출함으로써 정치 지도자를 지속적으로 충원하는 기능을 한다.

국민전체가 투표에 참여하게 되는 선거는 정치체제의 맥락 속에서 정치를 실제 주도할 대표들을 선출하는 행위라는 측면에서 정치제체의 출발인 동시에 일반 대중에 의해 이루어지는 정치투입의 가장 중요한 형태라 할 수 있다. 특히 선거는 제대로 된 대표를 뽑기 위해 기능할 수 있어야 하는데, 유권자의 신념과 이해관계를 제대로 반영할 수 없는 대표자가 선출된 선거라면 이미 선거로서의 기능은 상실된 것이다.

따라서 선거는 국가와 국민을 연결시켜 주는 합리적인 제도임에는 분명하지만, 선거에 대한 회의론 역시 지속적으로 존재해 오고 있은 점도 사실이다. 이는 주로 두 가지 관점에 연유한다고 볼 수 있다.

우선 투표에 참여하는 일반대중이 무능, 편견 등에서 벗어나지 못하고 있다는 전제하에 선거제도 자체를 회의적으로 보는 것이다. 다른 하나는 선거의 효능성 문제와 관련된 것으로, 유권자들이 투표를 통해 바르게 정치투입을 했을 때 이러한 과정 속에서 선출되는 대표자는 국민의 의사를 과연 정책이라는 산출로 연결시킬 것인가에 대한 회의적 반응이다. 즉 국민은 대표자를 선출했을 뿐 그 다음은 대표자의 의사가 국민의 의사를 지배하는 현상이 나타난다는 것이다(고승흠 외, 1987: 14). 이러한 관점에서 보면 선거는 민의를 왜곡시킬 뿐만 아니라 정치과정에 대한 냉소를 유발시킴으로써 국민의 정치적 무력감을 제도화하거나 의회주의 자체를 위협할 수도 있다는 문제 또한 내포하고 있는 것이다.

2. 지방선거의 의의와 역사

오늘날 지역 공간의 자치는 지역주민의 직접적인 참정 속에서 이루어지기보다는 간접적인 참정에 의해서 이루어지는 관계로, 그 지역 공간 내 구성원의 대표자를 선출하는 것은 지역 민주주의와 깊은 관계를 갖는다. 즉 지방선거 제도는 풀뿌리 민주주의를 다지는 초석이 될 뿐만 아니라 지방의 민주정치와 행정을 완성시키는 가장 중요한 핵이라고 할 수 있다.

일반적으로 '지방선거' 또는 '자치선거'는 지방자치단체의 기관이 되는 지방의회의 지방의원이나 지방자치단체장을 지역주민이 선출하는 것을 말한다. 즉 지방선거는 지역주민 요구의 수렴과 정책의 실현을 주도할 수 있는 정치적 대리자를 선출한다는 차원에서 지방자치의 중요한 발전적 요소이다. 그러나 지방선거는 지역주민이 단순히 자신의 대변자 또는 정치적 대리자를 선출하는 것 이상의 기능을 수행한다. 지역사회에서 제기되는 중요한 정책쟁점들을 부각시켜 정책의제로 만들고, 선출된 공직자 및 지방정의 정당성을 부여하며, 주민으로 하여금 지방자치에 관심을 가지게 하고, 자치 당국자들로 하여금 주민의 의사회 요구에 귀를 기울이게 하는 등 정치학습의 기회를 제공한다(안성호, 2111: 88).

한편, 우리나라는 1952년 6·25 전란 중 선거실시가 가능한 한강 이남지역에서 지방총선거가 처음 실시되었다. 그 후 1956년 제2회 그리고 1960년에 제3회의 지방선거가 있었다. 그러나 1961년 5·16 군사정권이 지방의회를 해산한 후, 지방자치에 관한 임시조치법을 제정하여 지방의회의 기능을 상급 감독기관이 대행하고 자치단체장을 국가공무원으로 임명하여 이른바 중앙집권적 통치 구조를 공고히 하였다. 그 후 1972년의 유신헌법에서는 지방의회를 남북 통일시까지 정지시킴으로써 한국 민주주의의 역사적 퇴행을 가져왔다.

1980년대 한국 민주화의 시대적 상황과 함께 지방자치가 논의되다가, 1988년 지방자치법이 전문 개정되면서 지방의회의 구성과 자치단체장 선거를 실시하도록 하였으나, 복잡한 정치적 상황으로 인해 선거가 실시되지 못하게 되었다. 그 후 1991년 지방자치가 중단된 지 30년 만에 제4회 지방총선거를 실시하여 지방의회를 구성하였고, 1995년에 제5회 지방총선거에 와서는 지방의원과 자치단체장을 동시에 선거함으로써 완전한 지방자치가 이루어졌다. 1995년 당선된 지방의원과 단체장의 경우에 한한 임기 3년 단축경과조치로 1998년에 제6회 지방총선거가 실시되었고, 2002년의 제7회 총선거가 실시되었다. 2006년의 제8회 총선거부터는 후보자에 대한 투표와 동시에 그 후보자를 공천한 정당에 대한 투표도 동시에 실시하는 동시선거가 실시되었다. 그리고 2010년에 제9회의 지방선거와 2014년 현재 제10회의 지방선거를 실시하여 오늘에 이르고 있다.

우리나라의 지방총선거의 역사적 경위를 정리해 보면 다음과 〈표 15-1〉과 같다.

한편, 우리나라 지방선거는 1995년 제정된 공직선거 및 부정방지법을 거쳐 2005년에 다시 만들어진 공직선거법이 지방선거의 근거법이 되고 있다. 특히 2006년 제8회 지방선거부터 지방선거제도의 큰 변화를 가져왔는데, 선거권 연령이 20세에서 19세로 바뀌었고, 예비후보자 제도가 도입되었으며, 지방의원의 신분이 유급직으로 변화되었다. 또한 기초의원 선거에서 선거구를 소선거구에서 중대선거구로 바뀌었고, 정당공천제와 비례대표제를 도입한 것이 큰 변화이다. 〈표 15-2〉에서 보는 바와 같이 2002년까지 광역의원과 기초의원 모두 소선거구제를 적용하였으나, 지역주의 폐해를 시정하고자 2006년부터는 기초의원선거의 경우 1선거구에서 2-4인을 선출하는 중대선거구제를 실시하여 오고 있다.

〈표 15-1〉 한국 지방자치선거의 실시 경위

선거횟수	선거일	선거구분		투표율 (%)	비고
		지방의회의원	지방자치단체장		
1952 (제1회)	1952.4.25. 5.10	시·읍·면 의원 선거 도의회의원 선거		90.7 81.2	전시중 선거실시 가능지역 실시
1956 (제2회)	1956.8.8 8.8 8.13	시·읍·면 의원선거 서울시·도의원선거	시·읍·면장 선거	79.5 54.6 86.0	정부수복후 실시 580개 시·읍·면 실시
1960 (제3회)	1960.12.12 12.19 12.26 12.29	서울시·도의원선거 시·읍·면 의원선거	시·읍·면장 선거 서울지도지사 선거	78.9 67.4 75.4 38.8	4·19이후 실시
1991 (제4회)	1991.3.26. 6.20	시·군·구 의원선거 시·도 의원선거		55.0 58.9	30년만의 지방의회 구성
1995 (제5회)	1995.6.27	시·군 자치구 및 시·도 의원선거	시·군·구청장 및 시·도지사 선거	68.4	4대 동시선거
1998 (제6회)	1998.6.4	〃	〃	52.7	〃
2002 (제7회)	2002.6.13	〃	〃	48.8	〃
2006 (제8회)	2006.5.31	〃	〃	51.3	4대 동시선거, 후보자·정당투표 제주특별자치도 출범
2010 (제9회)	2010.6.2	시·군·자치구 및 시·도의원, 교육위원 선거	시·군·구청장 및 시·도지사, 교육감 선거	54.5	통합창원시출법
2014 (제10회)	2014.6.4	시·군·자치구 및 시·도의원, 교육위원 선	시·군·자치구 및 시·도의원, 교육위원 선	56.8	통합청주시출범 세종특별자치시선거구추가
2018 (제11회)	2018. .				

자료: 최창호, 『지방자치학』, 2001, p. 353.

〈표 15-2〉 지방선거의 중요 제도의 변화

연도	선거	근거법	대상	선거구		정당공천제				비례대표제	
				기초의회	광역의회	기초의회	광역의회	기초단체장	광역단체장	기초의외	광역의회
1991	제4회 지방선거	지방의원 선거법	기초의회 광역의회	소	소	×	○	---	-----	×	×
1995	제5회 동시선거	공직선거 및 부정방지법	기초의회 기초단체장 광역의회 광역단체장	소	소	×	○	○	○	×	0
1998	제6회 동시선거	공직선거 및 부정방지법	기초의회 기초단체장 광역의회 광역단체장	소	소	×	○	○	○	×	○
2002	제7회 동시선거	공직선거 및 부정방지법	기초의회 기초단체장 광역의회 광역단체장	소	소	×	○	○	○	×	○
2006	제8회 동시선거	공직선거 법	기초의회 기초단체장 광역의회 광역단체장	중대 2)	소	○	○	○	○	○	○
2010	제9회 동시선거1)	공직선거 법	기초의회 기초단체장 광역의회 광역단체장	중대	소	○	○	○	○	○	○
2014	제10회 동시선거	공직선거 법	기초의회 기초단체장 광역의회 광역단체장 교육의원 교육감	중대	소	○	○	○	○	○	○

1) 교육감, 교육의원까지 동시에 선거가 이루어졌으나, 교육감과 교육의원 선거에서는 정당공천제가 허용되지 않았으며 교육의원의 경우 소선거구제를 적용하였음
2) 1선거구에서 2인 이상 선출하는 경우를 의미함
자료: 이달곤 외, 『지방자치론』, 박영사, 2012, p. 197 참조하여 재작성.

제2절 지방선거의 정당참여와 투표

오늘날 민주주의를 지향하는 정치에 있어서는 정당의 기능과 역할이 큰 비중으로 확대 및 강화되고 있다. 정당은 매우 다원적이고 파편화된 대중의 의사를 결집시키고 조직화하여 정책에 반영할 수 있도록 하는 중요한 기능을 하고 있다. 특히 선거에서의 정당은 매우 중요한 위치를 점하고 있는 상태에서 후보자를 추천하는 과정에서부터 실질적인 투표와 개표에 이르기까지 적지 않은 영향을 미치는 변수 중의 하나이다. 여기에서는 선거에 있어서 정당과 긴밀한 관련이 있는 주요 요소를 중심으로 살펴보고자 한다.

1. 대표제의 유형과 지방선거

1) 다수대표제

1선거구에 있어서 총 유효투표의 다수를 차지한 후보자를 당선자로 결정하는 제도이다. 소선거구제는 통상 다수대표제가 채택된다. 그리고 여기에는 비교다수대표제와 절대다수대표제가 있다. 전자는 총 투표수에 대한 득표율 여하에 불구하고 후보자 가운데서 최다 표를 얻은 자를 당선자로 하는 제도이다. 후자는 총투표 수에 대한 과반의 득표자를 당선인으로 하는 제도이다.

2) 소수대표제

소수파를 보호하기 위한 제도이다. 즉 소수파에게 그 세력에 따라서 대표자를 선출할 기회를 주려는 것이 소수대표제이다. 여기에는 3가지 제도적 방법이 있다. 첫째, 단기투표제는 2명 이상의 정원을 가진 선거구에서 선거인은 단기 투표 밖에 할 수 없고, 그 비교다수표를 얻은 후보자를 정수까지 당선시키는 제도이다. 둘째, (제한)연기투표제는 3명이상의 정원을 가진 선거구에서 1인의 선거인이 연기할 수 있는 후보자의 수를 정수보다 적게 하여 소수파에게도 당선의 기회를 부여하는 제도이다. 셋째, 누적투표제는 선거인이 그 선거구의 당선자 정수의 범위 안에서 연기 투표를 하되, 원한다면 동일후보자의 성명을 누적적으로 연기할 수 있게 하는 제도이다.

3) 비례대표제

다수의 후보자를 보유하는 정당의 존재를 전제로 하여, 선거인의 의사를 당선인의 구성비에 정확히 반영시키고 사표를 가능한 한 적게 하기 위하여 일정한 당선기본수(당선점)를 산출하여 이 당선점을 초과한 경우의 표를 다른 정당 또는 다른 후보에 이양하는 기술적 원리를 채택하는 제도이다.[1] 그리고 이 제도에 있어서 초과득표의 이양방법에 따라서 단기이양식 비례대표제와 명부식 비례대표제로 나뉜다. 전자는 한 선거구의 당선자 정원이 2명이상이며, 후보자의 수가 정수를 초과하는 경우에 사용된다. 후자는 선거인이 각자가 지지하는 정당의 후보자 명부에 일괄하여 투표하는 제도로서, 표의 이양을 동일한 정당에 속하는 후보자나 또는 정견을 같이 하는 자에게 해 주며, 그 이양해 주는 순서도 원칙적으로 각 정당에서 결정하는 제도이다. 우리나라 지방의회 의원 비례대표 정당투표제는 강제명부식 투표제를 채택하고 있다.

4) 한국의 선거와 지방선거 대표제

현 우리나라 각종 선거에 있어서 선거 대표제 그리고 지방선거의 대표제를 살펴보면 다음과 같다.

첫째, 대통령 선거이다. 이 선거는 전국 단위로 비교다수대표제를

---

[1] 당선기본수란 후보자가 당선인으로 되기에 필요·충분한 최저한도의 득표수를 말한다.

채택하고 있으며 최고득표자가 2인 이상인 때에는 국회재적의원 과반
수가 출석한 공개회의에서 다수표를 얻은 자가 당선인으로 결정된다.
단, 후보자가 1인이라 하더라도 투표를 실시하고 선거권자총수의 1/3
이상을 득표하여야 당선인으로 결정된다.

둘째, 국회의원 선거이다. 이 선거는 지역구와 비례대표로 나뉜다.
지역구는 선거구별로 최고득표자 1인을 당선인으로 하는 소선거구 비
교다수대표제를 채택하고 있다(의원정수 246명).[2] 그리고 비례대표의
경우, 전국을 단위로 하며 지역구선거에서 5석이상의 의석을 차지한
정당과 비례대표선거에서 유효투표총수의 3/100 이상을 득표한 정당
에 대하여 비례대표국회의원선거에서 얻은 득표비율에 따라 각 정당이
제출한 명부 순으로 당선인을 결정하는 정당별 득표비례구속명부제를
채택하고 있다(의원정수 54명).

셋째, 지방선거이다. 이 선거는 단기 투표 식 비교다수대표제를 채
택하고 있다(공직선거법 제157조, 제4항, 제190조 제1항). 그러나
시·군·자치구의회 의원선거에 있어서는 하나의 선거구에서 의원 2인
이상을 선출하는 중선거구제 하에서 단기 식 소수대표제가 채택되어
있다(동법 제26조 제2항, 제 157조 제4한, 제190조 제1항). 그리고
1995년에 와서는 시·도의회 의원 선거에 비례대표제를 채택하였고,
2005년에는 시·군·구 의회의원 선거에도 채택하였다(동법 제20조항,
제22조 제2항, 제23조 제2항).

---

2) 서울 48명, 경기 52명, 인천 12명, 강원 9명, 충남 10, 충북 8명, 세종시 1명,
   대전 6명, 경북 15명, 대구 12명, 경남 16명, 울산 6명, 부산 18명, 전북 11명
   전남 11명, 광주 8명, 제주 3명

지방의회 의원선거
▶시 · 도의회의원선거 지역구 국회의원선거와 동일한 소선거구 비교다수대표제를 채택 비례대표 시 · 도를 단위로 하며 의원정수는 지역구의 10/100으로 비례대표국회의원선거와 유사한 정당별 득표비례구속명부제를 채택 ▶자치구 · 시 · 군의회의원선거 지역구 하나의 시 · 도의회의원지역구 내에서 시 · 도조례로 정하는 2인 이상 4인 이하로 선출하는 중선거구 비교다수대표제를 채택 비례대표 자치구 · 시 · 군을 단위로 하며 의원정수는 자치구 · 시 · 군의원 정수의 10/100으로 비례대표시 · 도의원선거와 동일한 정당별 득표비례구속명부제를 채택
지방자치단체장의 선거
비교다수대표제를 채택하고 있으며 최고득표자가 2인 이상인 때에는 연장자가 당선인으로 결정된다. 단, 후보자가 1인인 경우에는 투표를 실시하지 아니하고, 선거일에 그 후보자는 당선인으로 결정된다.

2. 정당참여의 기능과 찬 · 반논의

선거와 정당은 불과분의 관계를 맺으면서 선거에 긍정적인 영향을 미치는 반면 부정적인 영향도 미치는 양면성을 지니고 있다. 즉 선거에 정당이 개입함으로써 그 효용과 폐해는 언제나 상존하고 있는 것이다. 여기에서는 선거에 있어서 정당참여의 순기능과 역기능 그리고 현재 학계를 비롯한 정치권 등에서 논의되고 있는 찬성과 반대에 관련된 논의를 개략적으로 정리해 본다.

1) 정당참여의 효용과 폐해

지방선거에 있어서 정당참여에 따른 긍정적인 영향 즉 정당참여의 효용은 다음 4가지로 요약할 수 있다.

첫째, 정당이 다원적이고 분화된 주민의사를 결집 및 조직화하여 이를 자치행정에 반영한다.

둘째, 정당인들을 선거에 참여시켜 주민의 의사를 수렴할 수 있고, 선거진행 훈련을 통해 정당의 육성과 정치의 활성화를 가져올 수 있다.

셋째, 정당이 정강·정책을 동하여 주민의 지지와 비판을 받고, 지방선거의 결과를 받아들임으로써 책임정치를 실현할 수 있다.

넷째, 선거에 있어 선거인의 후보자선택 및 선거관리기관의 선거집행의 간편화를 꾀할 수 있다

이와 달리 지방선거에 있어서 정당참여에 따른 부정적인 영향 즉 정당참여의 폐해는 다음 4가지로 요약할 수 있다.

첫째, 정당은 전국적 조직망에 의한 과두제 운영과 중앙당의 간섭·지지에 의한 정당지배로 인해 자치행정이 좌우되어 지방분권이 저해될 수 있다

둘째, 자치행정은 주민에 대한 서비스의 제공을 주내용으로 하는 것인데, 선거에의 정당 개입은 자치행정의 불안정을 초래하기 쉽다.

셋째, 선거에의 정당 개입은 지방선거의 과열과 함께 정당 간 마찰과 대립이 격화되기 쉽다.

넷째, 정당 간 극한 대립으로 지방의회의 기능이 마비되고, 의회와 단체장간의 마찰로 자치행정 전반이 도탄에 빠지는 경우가 있다.

정당참여의 효용	정당참여의 폐해
① 다원적·분화적인 주민의사를 결집 및 조직화하여 자치행정에 반영	① 중앙당의 간섭·지지와 정당지배로 자치행정과 지방분권의 저해
② 주민의사의 수렴과 선거 훈련을 통해 정당육성 및 정치의 활성화	② 정당 개입에 따른 주민서비스 제공 제약 및 자치행정의 불안정 초래
③ 정강·정책을 통해 주민지지·비판과 책임결과를 통해 책임정치의 실현	③ 정당개입에 따른 지방선거의 과열과 정당간 마찰 및 대립의 격화
④ 선거인의 후보자선택과 선거관리기관의 선거집행 간편화	④ 정당간 대립으로 의회기능 마비 및 의회와 단체장간의 마찰로 자치행정의 마비

한편, 외국의 지방선거제도의 경우, 지방선거에 정당참여를 보장하는 국가가 있는 반면 정당참여를 배제하는 국가 또한 존재한다.

지방선거에 정당참여가 이루어지고 있는 국가는 영국을 비롯하여 프랑스, 대만, 일본 등에 해당되지만, 이 국가들 역시 다소 다른 운영의 차이점을 보이고 있다

영국은 지방선거에 정당참여를 폭넓게 인정하고 있고, 프랑스는 선거에 후보자의 결격사유만을 규정하고, 정당공천이나 정당표방 또는 정당가입에 관한 금지규정을 두지 않음으로써 묵시적으로 정당참여를 인정하고 있다. 대만의 경우는 지방선거의 정당참여 규정을 찾을 수 없으나, 실제 각 정당은 공개적으로 후보자를 추천하고 지방선거에 관여하고 있다. 또한 일본은 선거법에서 지방선거에 정당이 정치활동을 할 수 있도록 하고 있고, 정당인이 출마할 경우, 정당표시를 원칙으로 하고 있다. 그리고 스웨덴·덴마크·네덜란드·이탈리아·스페인 등 대부분의 유럽 국가들에 있어서는 지방선거에 비례대표제를 채택하고 있어, 정당참여가 활발하다.

하지만 미국의 경우는 해당 지방자치단체에서 스스로 정당참여 여부를 결정하도록 하고 있는데, 일반적으로 미국 주의 약 2/3 정도가 정당참여를 배제하고 있다.[3]

2) 한국 지방선거의 정당참여

우리나라 지방선거에 있어서 정당참여는 오랫동안 유지되었다고 보아야 한다. 지방자치가 최초 도입된 1950년대부터 그 제도가 강제 폐지되었던 1960년까지 지방자치법에 지방선거시 정당참여 여부에 대한 아무런 규정을 두지 않음에 따라 지방선거 후보자의 정당공천 및 표방 등이 암묵적으로 허용되었다. 지방의회의 부활의 전기를 맞는 1988년의 제정 지방의회의원선거법 역시도 정당참여에 대한 규정을 두지 않아 사실상의 정당참여를 허용하고 있었다. 하지만 지방의회 구성을

---

3) 미국의 경우 정당참여를 배제하고 있는 3가지 유형이 있는데, 입후보자가 정당 표지를 하지 않는 유형(예 : Chicago시), 정당이 선거운동을 하지 않는 유형 (예 : Detroit시와 Dallas시), 그리고 모든 정당활동을 지방선거에서 배제하는 유형이 있다.

목전에 둔 1990년의 개정 선거법에서는 광역자치단체의 단체장 및 지방의원 선거에 정당공천제를 채택하여 정당참여를 적극 허용하였다. 이후 완전한 지방자치의 실현을 목적에 둔 1994년에 제정된 공직선거법에서는 광역 및 기초자치단체의 의원선거 및 단체장선거 모두에 정당공천제를 채택하였지만, 1995년의 개정 선거법에서 기초자치단체의 의원선거에서만은 정당공천이 배제하였다. 그러나 2005년에 와서 다시 기초자치단체의원선거도 역시 정당공천을 부활시켜 모든 단체장 및 의회의원의 선거에 정당참여를 보장하였다.

한편, 1995년 있었던 4대 동시선거에서 광역의회 의원선거의 경우 지역구 의원정수의 100분의 10에 해당하는 수의 비례대표의원을 정당이 추천하는 비례대표제를 채택하였고, 2002년에 그 비례대표 선거를 위한 정당투표제가 새로이 채택되었다. 이후 2005년에 기초의회 의원선거에도 비례대표제와 정당투표제가 채택됨으로써, 우리나라 모든 지방선거에는 정당참여가 이루어지게 되었고, 실제 지방자치 운용에 있어서도 지대한 영향을 주는 요소로 자리해 오고 있다.

우리나라 현행법상에 있어서 모든 지방선거에 정당참여를 적극 허용하고 있는 범위는 다음과 같다. 첫째, 후보자 추천으로, 정당은 모든 지방선거에 후보자를 추천(공천)할 수 있으며(공직선거법 제47조), 의회의 비례대표후보자 명부를 제출하여 등록신청을 할 수 있다(동법 제49조 제2항). 둘째, 선거운동으로, 정당·정책을 신문·인터넷 광고하고, 홍보물을 배부하고, 방송연설을 할 수 있다(동법 제69조~제71조). 셋째, 정당투표로, 의회의원 비례대표 선거에서 비례대표를 추천한 정당에 대한 투표제가 채택되었으며, 그 득표율에 의해 의회의석이 배분된다(동법 제146조 제2항). 마지막으로 선거인명부작성 입회(동법 제39조 제6항), 투표용지관리 입회(동법 제157조 제2항), 투·개표 참관(동법 제161조, 제162조, 제180조), 선거쟁송(동법 제219조~제223조) 등에 정당이 관여할 수 있다.

3) 정당공천제에 대한 찬·반 논쟁

지방선거에 있어서 정당의 후보공천제에 대한 찬성과 반대의 논의는 오랫동안 지속되어 왔고, 언제든지 재현될 정치적 이슈이기도 하다. 모든 제도는 본질적으로 장점과 단점이 상존하고 있어, 그 제도 운용의 효용과 폐해 또한 동전의 양면과 같이 존재한다. 일반적으로 정당공천제를 찬성하는 주장들은 지방선거에 정당을 참여시키는 것이 지방정치와 행정에 득이 된다는 논리인 반면, 이를 반대하는 주장들은 지방선거에의 정당참여가 오히려 지방정치와 행정에 해가 된다는 논리이다. 이러한 양측의 주장들 내세우고 있는 논리를 다음 세 가지 차원으로 나누어 정리해 보면 다음과 같다(김병준, 1994: 186-205 ; 정세욱, 1990: 497-505 ; 최창호, 2011: 363-364).

찬 성 측 주 장	반 대 측 주 장
정당과 지방자치의 본질에 대한 인식의 차원	
① 대의정치란 바로 정당정치를 의미하는데, 이러한 원리는 지방자치에서도 결코 다를 바 없다.	① 지방자치란 주민에 서비스(쓰레기 수거 등)를 제공하는 것인데, A당 방식과 B당 방식이 무슨 의미가 있는가.
② 정당이란 선거에 참여하여 대표자를 통하여 그 의사를 정책에 반영하고 권력을 획득·보존하기 위해 존재하는 것이다.	② 오늘날의 정당이란 전국적 조직망을 가지고 과두적 운영되고 있기 때문에 정당이 지방자치에 관여하면 제도적인 분권이 사실상 저해된다.
③ 지방자치에도 어떤 사안의 의미와 해결방안에 관해 의견을 달리하는 사람들 간의 마찰이 생기고 조직(정당)이 생기게 마련이다.	③ 사안이 전국적 조직망을 가진 중앙당의 지시에 따라 처리됨으로써 주민들의 의사에 따라 처리하고자 하는 주민자치와는 거리가 멀어지게 된다.
정당의 선거참여의 역학관계 차원	
① 정당참여가 배제될 때에는 집합적으로 책임을 질만한 단체가 없으므로 책임정치의 실현이 어려워진다.	① 의회와 단체장의 지배정당이 동일하면 견제·균형이 파괴되고, 지배정당이 다르면 중앙정치 대치상황이 지방에까지 연장된다.
② 지방의회의 힘이 분산됨으로써 집행기관에 대한 견제력이 약화된다.	② 정권교체 등으로 인한 중앙정국의 격변이나 혼란이 지방에 파급된다.
③ 지방의원들을 개별화함으로써 지역사회 전체의 정책방향을 제시하기	③ 선거에 정당이 참여하면 선거가 과열되고, 막대한 조직력을 동원한 부정·

보다 개별적인 민원의 해결에 치중하게 된다.	혼탁한 선거가 자행되기 쉽다.
현실적 정치와 자치에 대한 평가의 차원	
① 우리 정당의 구조와 운영이 과대 성토되고 있고, 반대로 바람직한 측면과 개선·발전경향도 있다.	① 우리의 정당은 정강·정책 중심의 정당이 못되며, 지방의 조직기반이 약하고, 의미 없는 대립만을 일삼는다.
② 당원들의 자질이 높다고는 할 수 없지만, 정치와 정책에는 정돈된 인식이 관건이며, 민주적 훈련에는 기회가 그 관건이다.	② 우리의 정당가입이 법으로 금지되기도 하고, 엘리트층이 가입을 기피하기도 하여 당원의 자질이 낮고 또한 민주적으로 훈련되어 있지 않다.
③ 후보자공천이 후보자 경선제로 바뀌고 있어 차츰 지역구 중심으로 개선되고 있고, 공천부조리도 현저히 줄어들고 있다.	③ 후보자 공천이 하향식으로 이루어지거나 공정하게 이루어지지 아니하며, 부조리가 개재하는 경우가 많다.

자료: 최창호, 2011, pp. 363-364.

4) 정당공천에 대한 저자의 견해

현대 민주정치는 대의제 민주정치인 정당정치로 변화되고 있다. 민주정치의 심볼인 정당은 선거에 참여하여 대표자를 선출하고 아울러 시민의 의사를 수렴하여 정책에 반영하고 권력을 획득하여 당의 이념을 구현한다. 정당은 무엇보다 선거에 능력 있는 후보자를 공천하는 것이 주요한 기능 중의 하나이다. 즉 지방선거에서 입후보자를 정당이 공천하는 정당공천제는 민의를 수렴하고 이를 정책에 반영한다는 점에서 이론적으로는 민주정치 구현이라는 목표를 가지고 있다. 정당의 참여는 지방행정에 대한 책임과 시민의 의사가 반영되는 지방자치를 통해 민주주의 사상을 실현하는 취지에서 보면 바람직하다. 그러나 지방선거를 앞두고 정당의 역할에 대한 이슈와 함께 정당공천 배제의 문제가 반복적으로 제기되는 이유는 무엇일까.

특히 기초단체장과 기초의원에 대한 정당공천제는 언제나 정치적 논쟁거리로 재론되고 있는 현실에 놓여 있다. 기초단체장과 기초의원에 대한 정당공천제는 2006년과 2010년 두 선거에서 보여준 각 정당의 행태를 볼 때 정당공천의 긍정적 효과보다는 회의적이고 부정적이다. 현재의 정당공천제는 비민주적인 정당 운영과 공천비리, 불공정한 선거경쟁과 묻지마 투표, 지방정치 예속화 문제 등을 야기하는 문제를 파생시키고 있다. 더욱 심각한 문제는 각 정당의 공천과정이 불투명하여 지방의원이나 자치단체장은 평소 성실한 의정활동이나 행정수행보다는 중앙당의 눈치를 살피는 '줄서기'가 횡행할 수밖에 없고, '돈 공천'으로 인한 정치부패가 심각한 수준에 이르고 있다는 데 있다. 또한 지방선거가 중앙정치의 대리전, 정부의 중간 평가적 성격으로 전락케 하여 지역주민의 삶의 질과 지역발전 등 지방의제가 지방선거에서 중요한 선택기준이 되지 못한다는 것이다. 특히 각 정당들은 지방선거의 쟁점들을 '지방권력교체론'과 '중간권력심판론'으로 부각시켜 지방의 쟁점을 실종시켜 많은 지역유권자가 지방선거를 외면하게 함으로써 결국 지방자치의 본질을 훼손하는 결과를 초래하고 있기도 하다. 따라서 우리나라 지방자치에의 정당참여 허용은 심각히 고려해 보아야 하고, 특히 지방선거에 있어서 기초자치단체 만큼은 정당공천을 배제하는 것이 바람직하다고 본다.

3. 지방선거의 제도와 절차

1) 선거구제

선거구(electoral district)는 전체의 선거인을 몇 개의 그룹으로 나누는 표준이되는 지역적 단위를 말한다. 즉 유권자의 득표를 의석으로 전환하는 과정에서 1석 이상의 의석이 선출되는 영토적으로 구획된 기본단위를 의미한다.

선거제도에 있어서 가장 기본적인 차이는 유권자가 개인의 후보자를 선출하는가 또는 정당을 선출하는가이다. 개인의 후보자를 선출하는 제도는 소선거구제라 할 수 있고, 정당을 선출하는 제도로는 비례대표제가 대표적이다. 이와 같은 양 제도와 함께 다양한 형태가 있는데, 여기에서는 각 제도의 의미와 함께 주로 대선구제와 소선구제의 장점과 단점을 중심으로 살펴보고자 한다.

가) 소선구제의 장점과 단점

소선거구제는 일정지역(선거구)에서 1명의 의원을 선출한다. 유권자는 1명의 후보자에게 투표하여 득표수가 많은 후보자가 당선된다. 소선거구의 특징은 큰 정당에게 유리, 작은 정당에게 불리하게 작용하여 양당체제를 촉진한다. 소선거구제의 장점은 다음 4가지로 요약된다.

① 다수당의 출현으로 자치정국이 안정될 수 있다.

② 후보자의 인물과 식견을 파악하기 용이하고, 투표율을 높일 수 있다.

③ 후보자의 난립이 적고, 선거비용을 절감될 수 있다.

④ 불법선거운동에 대한 단속과 투표결과의 집계 관리 그리고 재선거 및 보궐선거 실시가 용이하다.

이와 반면, 소선구제의 단점은 사표(死票)가 많고, 정당의 득표율과 의석률 간에 차이가 발생하는 경우가 많다는 문제점이 있다.

나) 대선거구제의 장점 및 단점

한 선거구에서 2명 이상을 선출하는 선거제도이다. 2명 이상 5명 이하를 선출하는 제도를 중선거구제라고도 하는데,[4] 이것도 광의에서 대선거구제이다. 대선거구제의 장점은 다음 5가지로 요약된다.

① 소수대표의 가능 및 사표(死票)를 줄일 수 있다

② 선거인의 투표매수 억제와 선거운동의 과열을 방지할 수 있다

③ 선거구가 넓어 전국적인 지명도가 높은 사람을 선출할 수 있다

④ 학연·지연·혈연에 의한 당선을 줄일 수 있다.

⑤ 선거구의 당략적 획정 방지 및 관권개입 선거를 완화할 수 있다.

이와 반면, 대선구제의 단점은 소수당의 난립이 쉽고, 대표와 선거인과의 유대관계가 원활하지 못하며, 선거비용이 많이 소요된다는 문제점이 있다.

---

[4] 중선거구제는 일정의 지역에서 복수(보통 2명에서 6명 사이)의 의회의원을 선출하는 선거제도이다. 중선거구제와 소선거구제의 차이는 선거구의 정원수에 있다. 소선거구제는 일정의 지역(선거구)에서 1명의 의회의원을 선출하는 것이다.

한편 우리나라 지방자치 선거구제는 1949년 지방자치법에서부터 최근에 이르기까지 많은 변화가 있었으나, 최근 2005년 선거법에서는 기초의회 의원선거구를 중선거구제로 하고 지역구에서 선출할 의원정수를 2인 이상 4인 이하로 하도록 하였다. 현재 우리나라 지방의회의원 선거와 자치단체장 선거에 있어서 선거구와 의원정수의 특징을 간략히 정리해 보면 다음과 같다.

지방의회 의원선거
▶광역의회(시·도의회의원선거) 지역구 국회의원선거와 동일한 소선거구 비교다수대표제를 채택 비례대표 시·도를 단위로 하며 의원정수는 지역구의 10/100으로 비례대표국회의원선거와 유사한 정당별 득표비례구속명부제를 채택
▶기초의회(자치구·시·군의회의원선거) 지역구 하나의 시·도의회의원지역구 내에서 시·도조례로 정하는 2인이상 4인이하로 선출하는 중선거구 비교다수대표제를 채택 비례대표 자치구·시·군을 단위로 하며 의원정수는 자치구·시·군의원 정수의 10/100으로 비례대표시·도의원선거와 동일한 정당별 득표비례구속명부제를 채택
▶광역의회 의원 정수 지역구 시·군자치구 하나마다 2인으로 한다. 의원정수의 하한은 광역시 및 도의 경우는 16인으로 함 비례대표 지역구의원 정수의 10/100으로 하되, 이 경우 단수는 1로 보며, 그 정수의 하한은 3인 임
▶기초의회 의원 정수 지역구 시·도별 총 정수의 범위 안에서 시·군·자치구의원 선거구획정위원회가 시군자치구의 인구와 지역대표성을 고려하여 정함 비례대표 지역구의원 정수의 10/100으로 하되, 이 경우 단수는 1로 봄, 시·군자치구 의원 정수의 하한은 7인임
지방자치단체장의 선거
비교다수대표제를 채택하고 있으며 최고득표자가 2인 이상인 때에는 연장자가 당선인으로 결정된다. 단, 후보자가 1인인 경우에는 투표를 실시하지 아니하고, 선거일에 그 후보자는 당선인으로 결정된다.

2) 지방선거의 자격요건과 선거 절차

모든 선거에 있어서는 일정한 조건을 갖춘 지에게 선거권을 부여하도록 하고 있다. 우리나라의 지방선거의 경우는 다음의 선거권과 피선거권의 요건을 갖추어야 한다.

첫째, 선거권이다. 대한민국 국민으로, 만 19세 이상로서 선거인 명부 작성일 현재 해당 자치단체의 관할구역 안에 주민등록이 되어 있어야 한다.[5] 그리고 선거결격자는 금치산 선고를 받은 자, 금고 이상의 형을 받은 자, 선거사범으로 형을 받은 자, 법원의 판결에 의해 선거권이 정지·상실된 자 등이 해당된다. 둘째, 피선거권이다. 대한민국 국민이어야만 하고, 25세 이상으로서 선거일 현재 그 자치단체의 구역 안에 계속하여 60일 이상 주민등록이 되어 있어야 한다. 그리고 피선거권의 결격자는 선거권이 없는 자, 금고이사의 형의 선고를 받고 그 형이 실효되지 아니한 자, 법률 및 법원의 판결에 의해 피선거권이 정지되거나 상실된 자 등이 해당된다.

이와 같은 선거권과 피선거권의 일정한 요건 하에서 이루어지고 있는 우리나라 지방선거의 절차를 정리해 보면 다음과 같다.

① 선거일 및 선거기간

후보자 등록 마감일 후 6일부터 선거일까지의 선거기간은 14일이며, 지방의회의원과 지방자치단체장의 임기 만료일전 30일부터 첫 번째로 돌아오는 수요일(5월 31일~6월 5일 사이 또는 6월 13일)에 선거를 시행한다.

선거일이 국민 생활과 밀접한 관련이 있는 민속절 또는 공휴일인 때와 선거일 전날이나 그 다음날이 공휴일인 때에는 그 다음주의 수요일로 한다.

---

5) 현재 외국인의 경우는 영구체류자격 취득 후 3년이 경과하고 선거인명부작성일 현재 해당 자치단체의 외국인등록대장에 등재되어 있어야 한다.

② 후보자 등록

지역구의 경우 후보자는 본인이, 비례대표의 경우는 추천정당이 신청한다.6) 등록신청은 선거일 전 15일부터 2일간 관할선거구 선거관리위원회에 한다. 또한 모든 지방선거에 정당공천제가 채택되어 있음으로, 정당은 선거구별로 선거할 정수만큼 후보자를 추천할 수 있다. 그리고 지방의원 선거에 있어서, 비례대표의 경우는 후보자 수의 50/100을 여성으로 하여야 하며, 지역구의 경우는 후보자의 30/100을 여성후보자로 추천하도록 노력해야 한다.

③ 기탁금

후보자 등록을 신청하는 자는 등록신청 시 일정한 금액을 관할 선거관리위원회에 기탁하여야 한다.

시·도지사의 경우 5,000만원

시·군·구의 장의 경우 1,000만원

시·도의회 의원의 경우 300만원

시·군·구의회 의원의 경우 200만원

단, 기탁금은 후보자가 당선 또는 사망하거나 유효투표총수의 100분의 15이상을 득표한 경우 전액을 반환하며 유효투표총수의 100분의 10이상 100분의 15미만을 득표한 경우에는 반액을 반환하며 비례대표 지방의회 의원은 당선인에게만 전액을 반환한다.

④ 투표 및 개표

우리의 지방선거의 경우 비밀 무기명투표를 하고 있고, 후보자에 대한 투표 외에 비례대표 후보를 추천한 정당에 대해 투표한다. 즉 하나의 선거에 있어 한사람의 선거인이 지역구 후보자에 대한 투표와 비례대표 추천정당에 대한 투표를 한다. 현재 지방선거의 투표시간은 오

---

6) 후보자의 추천을 받을 때에는 시·도지사의 경우 시·도의 3분의 1이상의 시·군·구에 나뉘어 각 50인 이상 총 1천 이상 2천 이하의 추천을, 시·군·구의 장은 300인 이상 500인 이하의 추천을, 시·도의회 의원은 100인 이상 200인 이하의 추천을, 시·군·구의회 의원을 50인 이상 100인 이하의 추천을 필요로 한다.

전 6시부터 오후 6시까지이다. 그리고 우리나라 지방선거에서는 부재자 투표를 실시하고 있다.

개표는 개표함의 1/3 이상이 도착하면 선거관리위원 과반수가 출석한 가운데 시작하며, 개표참관인의 참관 하에 투표함이 도착하는 순서에 따라 진행한다.

⑤ 당선인 결정

우리나라 지방선거에서는 지역구 선거의 경우 비교다수대표제를 채택하고 있다. 이에 따라 자치단체장 및 지역구 지방의회의원 선거에 있어서 선거구 선거관리위원회가 해당 선거구에서 유효투표의 다수를 얻은 자를 당선인으로 결정한다. 그리고 지방의회의원 비례대표선거에 정당투표제를 채택하여 그 정당 득표율에 따른 의석배분을 하고 있다.

우리나라 현재 지방선거의 투표절차를 소개하면 다음과 같다(2014년 6월 4일 지방선거 기준). 투표는 크게 투표, 개표, 당선인 결정으로 나눌 수 있겠다.

투표	투표시간	투표시간 : 오전 6시 ~ 오후 6시
	투표개시	재적위원과반수 이상 출석하에 투표함·기표소 등 이상유무 검사후 투표를 개시함
	투표절차	투표소입소 ⇒ 선거인명부에 의한 본인여부 확인 ⇒ 투표용지수령 ⇒ 기표소에서 기표 ⇒ 투표함 투입 ⇒ 퇴소
	투표종료	- 투표구위원장은 투표마감시각(오후 6시)에 투표종료 선언 - 참관인 참관하에 위원 전원이 투표함의 투입구와 자물쇠를 봉쇄·봉인 - 투표구위원장은 후보자별로 투표참관인 1인(10인을 넘는 때에는 추첨하여 10인을 선정)과 경찰공무원 2인을 동반하여 투표함 및 관계서류를 관할 구·시·군위원장에게 인계

↓

개표	투표구별로 투표함 이상유무 확인 ⇒ 개함 ⇒ 유·무효구분(개표기에 의한 개표) ⇒ 후보자별 득표집계·공표

↓

당선	〈시·도지사선거 및 자치구·시·군의 장선거〉 - 유효투표의 다수를 얻은 자(단, 최고득표자가 2인 이상인

인결정		때에는 연장자 순) - 투표마감시각전까지 후보자가 1인이 될 경우 투표를 실시 　하여 그 득표수가 투표자총수의 3분의 1이상에 달하여야 　당선인으로 결정함
		〈지역구시·도의원선거〉 - 유효투표의 다수를 얻은 자(단, 최고득표자가 2인 이상인 　때에는 연장자 순) - 투표마감시각 전까지 후보자가 1인이 될 경우 그 후보자 　를 당선인으로 결정
		〈자치구·시·군의원선거〉 - 유효투표의 다수를 얻은 자 순으로 의원정수에 이르는 자 　(단, 최고득표자가 2인 이상인 때에는 연장자 순) - 투표마감시각전까지 후보자수가 의원정수를 넘지 않을 경 　우 그 후보자를 당선인으로 결정함
		〈비례대표시·도의원선거〉 - 지역구득표비율 비례대표제(지역구시·도의원선거에서 유 　효투표총수의 100분의 5이상을 득표한 정당을 대상으로 　함) - 하나의 정당에 의석정수의 3분의 2이상을 배분할 수 없 　음

※ 신분증명서가 없으면 투표할 수 없으므로 주민등록증, 여권, 운전면허증, 공무원증이나 관공서 또는 공공기관이 발행한 국가유공자증·장애인등록증·자격증 기타 사진이 첨부된 신분증명서 중 하나를 꼭 가져가야 함.

【2014년 6.4 지방선거의(7개 동시) 선거 절차 및 방법】

중앙선거관리위원회는 이번 6·4 지방선거 투표의 혼선을 방지하기 위해 6월 4일 당일 2차에 걸쳐 진행함으로써 선거인은 총 7장의 투표용지를 받게 되었다. 그 주요 절차를 간단히 설명하면 다음과 같다.

---

① 신분증 제시후 1차 투표용지 3장 수령 ⇒ ② 각 투표용지 1장에 1명씩 기표한 후 투표 ⇒ ③ 2차 투표용지 4장 수령 ⇒ ④ 각 투표용지 1장에 1명씩 기표 후 투표

○ 1차 투표용지
시 · 도지사 선거(흰색), 시 · 도 교육감 선거(연두색), 구 · 시 · 군의 장 선거(계란색) 등 3장을 받아 진행
○ 2차 투표용지
지역구 · 시 · 도의원 선거(연두색), 지역구 구 · 시 · 군의원 선거(청회색), 비례대표 시 · 도의원 선거(하늘색), 비례대표 구 · 시 · 군의원 선거(연미색) 등 4장을 받아 진행함

※ 특히 시 · 도 교육감 선거(연두색)는 정당 이름이 없고, 비례대표 시 · 도의원 선거(하늘색), 비례대표 구 · 시 · 군의원 선거(연미색) 등은 후보자 이름이 없다는 것을 유의. 또한 제주는 5장, 세종시는 4장만 교부됨

[부 록]

□ 의안의 제안요건

의회의 의결을 요하는 안건으로서 의원이나 자치단체장이 일정한 형식을 구비하여 제출하는 안건으로, 의안의 제안요건은 다음과 같음

> 재적의원 5분의 1 또는 의원 10인 이상, 위원회, 지방자치단체의 장
> 조례안등 일반의안 : 재적의원 1/5 이상 또는 10인 이상 찬성
> 일반의안 수정안 : 재적의원 1/4 이상 또는 13인 이상 찬성
> 번안 : 재적의원 1/3 이상 또는 17인 이상 찬성
> 일반동의 : 의안을 발의할 때 찬성의원 2/3 이상 찬성
> 의사일정변경 : 발의자와 찬성자 1인
> 회의 비공개 : 재적의원 1/5 이상 또는 10인 이상 찬성
> 관계공무원출석요구 : 의원 3인 이상 찬성
> 의원자격심사 : 재적의원 1/4 이상 찬성
> 의원징계요구 : 의장, 위원장, 모욕당한 의원, 재적의원 1/5 이상 또는 10인 이상 찬성
> 행정사무조사 : 재적의원 1/3 이상 찬성

□ 의안의 제안형식

> 의안명, 제안년월일, 제안이유, 주요골자, 의안내용(주문, 본문), 신구조문 대비표(조례, 규칙), 소개의원 서명/날인 및 소개의견서(청원). 법원서식(예산, 결산)등

□ 조례안의 원칙과 심의절차

○ 조례란 지방자치단체가 의회의 의결을 거쳐 제정하는 법규로서 해당 자치단체의 법률이라고 할 수 있으며, 그 내용에 따라 주민들의 권리를 제한하거나 의무를 부과하는 조례가 있는 반면 주민복지향상과 부담을 덜어주는 조례도 있음

다만, 주민의 권리제한, 의무부과에 관한사항이나 벌칙을 정할 때에는 법률의 위임이 있어야 함

○ 조례안(의회 규칙안)의 제안형식은 제안공문, 제안서식, 조례(규칙)본문,

신구조문대비표(개정), 참고사항, 찬성자 서명부로 구분되며 지방자치단체장과
위원회 제안시 찬성자 서명부는 불요함

제안서식조례안 제목, 의안번호란, 제안일자, 제안자 등 기재

제안이유 : 제안배경, 목적, 이유 등을 간략히 기술

주요골자 : 조례(규칙)안 중 중요사항을 가. 나. 다. 항으로 열거하고 그 후에 각각
　　　　　　(안 제○조)를 명시

○ **조례제명의 형식**

제정조례안 : ○○○ 조례안

전문개정 조례안 : ○○○ 조례개정조례안

일부개정 조례안 : ○○○ 조례 중 개정조례안

폐지 조례안 : ○○○ 조례폐지조례안

○ 조례안의 원칙

- 조례(규칙)본문의안의 실질적인 내용을 이루는 부분으로서 의회에서 가결될 경우
- 제목의 「안」자만 삭제하면 바로 공포 시행할 수 있도록 작성(부칙 포함)
- 신구조문 대비표 개정 내용을 쉽게 식별할 수 있도록 현행과 개정안 대비(개정부분 밑줄표시)
- 제정 및 전면개정 시는 불요하고 부분개정 시에만 첨부
- 참고사항예산명세서 : 당해 안건 확정 시행시 예산조치가 수반될 경우
- 안건관련 법령, 조례안 등 조문명시 및 기타 참고자료 첨부
- 찬성자 서명부조례(규칙)안 발의정족수 : 재적의원 1/5 이상, 의원 10 이상 찬성 서명
- 지방자치단체장 제출 및 의회 위원회 제안 의안은 첨부 불요
- 법규 위계 체계 법령의 일반적인 위계 체계는 헌법, 법률, 대통령령, 총리령 및 부령의 순서로 되어 있으며, 지방자치단체의 조례와 규칙은 위의 법령의 하위체계를 이루고 있음
- 총리령과 부령은 동일한 지위로 보는 것이 일반적인 견해임
- 법규의 상호관계 상위법 우선의 원칙 : 조례는 지방자치단체의 장이나 의회에서 제정하는 규칙에 우선하고, 광역 지방자치단체인 시·도의 조례나 규칙은 기초 지방자치단체인 시·군의 조례나 규칙에 우선함
- 후(신)법 우선의 원칙 : 같은 순위의 법규가 충돌할 때에는 나중에 만들어진 법규(신법규)가 먼저 만들어진 법규(구법규)에 우선함
- 특별법 우선의 원칙 : 같은 순위의 법규가 충돌할 때에는 나중에 만들어진 법규(신법규)가 먼저 만들어진 법규(구법규)에 우선함
- 특별법 우선의 원칙 : 특정한 사업을 정한 특별법규는 일반법규에 우선함
- 소관사항의 원칙 : 조례는 법령의 범위 안에서 그 사무에 관하여 제정할 수 있고, 당해 자치단체의 고유사무와 단체위임사무에 대해서만 규정할 수 있으며, 주민의 권리제한, 의무부과, 벌칙을 조례로 정하는 경우에는 개별 법률에서 구체적인 위임규정이 있어야 하고, 조례로서 조례위반 행위에 대한 1천만원 이하의 과태료를 정하는 조례를 정할 수 있음

○ 조례안 처리절차

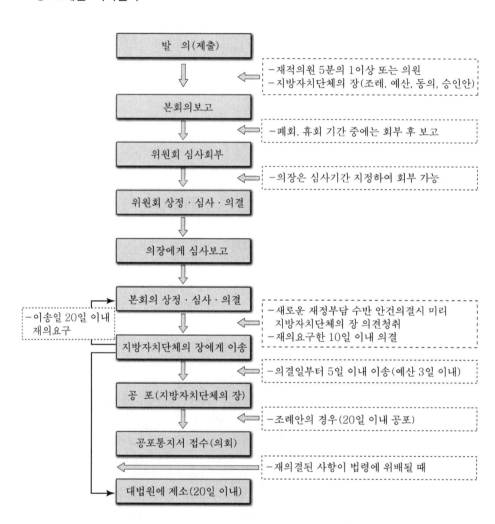

발 의(제출)

　─재적의원 5분의 1이상 또는 의원
　─지방자치단체의 장(조례, 예산, 동의, 승인안)

본회의보고

　─폐회, 휴회 기간 중에는 회부 후 보고

위원회 심사회부

　─의장은 심사기간 지정하여 회부 가능

위원회 상정·심사·의결

의장에게 심사보고

본회의 상정·심사·의결

　─새로운 재정부담 수반 안건의결시 미리
　　지방자치단체의 장 의견청취
　─재의요구한 10일 이내 의결

─이송일 20일 이내
　재의요구

지방자치단체의 장에게 이송

　─의결일부터 5일 이내 이송(예산 3일 이내)

공 포(지방자치단체의 장)

　─조례안의 경우(20일 이내 공포)

공포통지서 접수(의회)

　─재의결된 사항이 법령에 위배될 때

대법원에 제소(20일 이내)

○ 예산안 및 결산 심의 절차

예산안 제출 및 심의·의결 법정시한예산안 제출 (지방자치법 제127조①) : 회계년도 개시 50일전(시군 40일진)까지
예산의결 (지방자치법 제127조②) : 회계년도 개시 15일전(시군 10일전)까지

〈예산안 처리절차〉

예산안 편성, 제출(구청장)

-회계연도개시 40일 전까지 의회에 제출

예비심사(상임위원회)

종합심사(예산결산특별위원회)

-의회는 구청장의 동의없이 지출예산 각항의 금액을 증액하거나 새 비목을 설치할 수 없다.
-구청장은 예산안을 제출한 후 부득이한 사유로 그 내용의 일부를 수정하고자 할 때는 수정 예산안을 작성 제출한다.

심의의결(본회의)

-회계연도개시 10일 전까지 의결
-의장은 의결된 예산안을 3일 이내에 구청장에게 이송

확 정

〈결산안 처리절차〉

결산승인요구(구청장)

-구청장은 출납폐쇄 후 80일 이내에 결산서를 작성
-의회가 선임한 결산검사위원의 검사 의견서첨부. 구의회에 결산승인요구

예비심사(상임위원회)

종합심사(예산결산특별위원회)

-예산이 의회 승인대로 적법, 타당하게 집행되었는지 확인

심의의결(본회의)

-결산승인은 한 회계연도의 수입과 지출에 대한 실적을 사후 통제받는 것으로 의회의 승인절차를 거쳐야 완전한 것이 될 수 있다.

□ 청 원

- 지방의회에 청원을 하고자 하는 자는 의원의 청원소개 의견서를 첨부하여 제출해야 하며, 의회에서는 이를 접수 후 의안으로 심사처리를 함.
- 제출하는 청원서에는 청원자의 성명, 주소를 기재하고 서명, 날인을 하여야 하며 청원의 취지와 이유를 구체적으로 명시 하여야 하고 필요한 경우 참고 서류를 첨부할 수 있음
  단, 청원내용이 재판에 간섭하거나 국가기관에 대한 모독 및 법률에 위배되는 사항은 이를 수리하지 아니함.

○ 청원의 처리절차

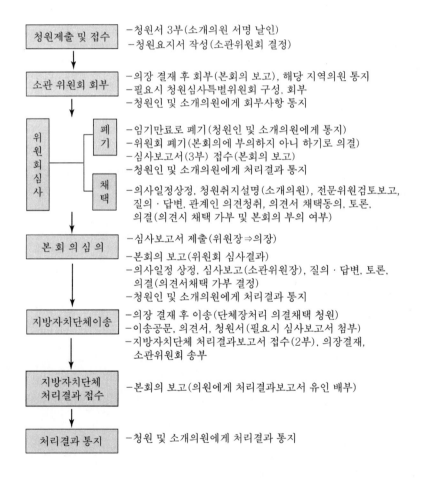

| 청원제출 및 접수 | - 청원서 3부(소개의원 서명 날인)
- 청원요지서 작성(소관위원회 결정) |

소관 위원회 회부
- 의장 결재 후 회부(본회의 보고), 해당 지역의원 통지
- 필요시 청원심사특별위원회 구성, 회부
- 청원인 및 소개의원에게 회부사항 통지

위원회 심사 — 폐기
- 임기만료로 폐기(청원인 및 소개의원에게 통지)
- 위원회 폐기(본회의에 부의하지 아니 하기로 의결)
- 심사보고서(3부) 접수(본회의 보고)
- 청원인 및 소개의원에게 처리결과 통지

채택
- 의사일정상정, 청원취지설명(소개의원), 전문위원검토보고, 질의·답변, 관계인 의견청취, 의견서 채택동의, 토론, 의결(의견시 채택 가부 및 본회의 부의 여부)

본회의심의
- 심사보고서 제출(위원장⇒의장)
- 본회의 보고(위원회 심사결과)
- 의사일정 상정, 심사보고(소관위원장), 질의·답변, 토론, 의결(의견서채택 가부 결정)
- 청원인 및 소개의원에게 처리결과 통지

지방자치단체이송
- 의장 결재 후 이송(단체장처리 의결채택 청원)
- 이송공문, 의견서, 청원서(필요시 심사보고서 첨부)
- 지방자치단체 처리결과보고서 접수(2부), 의장결재, 소관위원회 송부

지방자치단체 처리결과 접수
- 본회의 보고(의원에게 처리결과보고서 유인 배부)

처리결과 통지
- 청원 및 소개의원에게 처리결과 통지

☐ 민 원

- 주민이 의회 의원의 소개를 얻지 아니하고 의회에 제기하는 제반유형의 민원을
  일반적으로 총칭하여 진정서라고 함
- 진정대상 : 진정·건의·탄원·호소 등
- 불법, 부당한 권한행사에 의한 피해의 구제
- 공무원의 비위의 시정 또는 공무원에 대한 징계나 처벌의 요구
- 조례·규칙의 제정·개정 또는 폐지에 관한 건의
- 공공의 제도 또는 시설의 운영과 관련한 사항
- 기타 지방자치단체의 권한에 속하는 사항

○ 민원의 처리절차

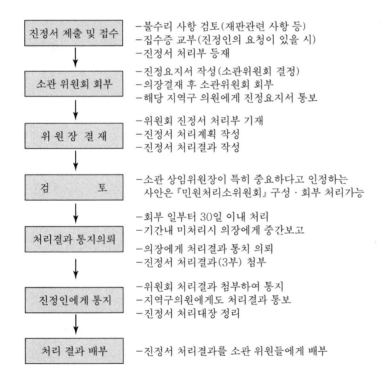

| 진정서 제출 및 접수 | −불수리 사항 검토(재판관련 사항 등)
−집수증 교부(진정인의 요청이 있을 시)
−진정서 처리부 등재 |

| 소관 위원회 회부 | −진정요지서 작성(소관위원회 결정)
−의장결재 후 소관위원회 회부
−해당 지역구 의원에게 진정요지서 통보 |

| 위 원 장 결 재 | −위원회 진정서 처리부 기재
−진정서 처리계획 작성
−진정서 처리결과 작성 |

| 검   토 | −소관 상임위원장이 특히 중요하다고 인정하는
  사안은 『민원처리소위원회』 구성·회부 처리가능 |

| 처리결과 통지의뢰 | −회부 일부터 30일 이내 처리
−기간내 미처리시 의장에게 중간보고
−의장에게 처리결과 통치 의뢰
−진정서 처리결과(3부) 첨부 |

| 진정인에게 통지 | −위원회 처리결과 첨부하여 통지
−지역구의원에게도 처리결과 통보
−진정서 처리대장 정리 |

| 처리 결과 배부 | −진정서 처리결과를 소관 위원들에게 배부 |

☐ 행정사무감사 및 조사

- 의회는 집행부 및 관련업체에 대하여 매년 2차 정례회의 기간 중 7일 이내의 기간
  을 정하여 시정업무 전반에 대한 행정사무감사를 실시하여 시정운영 실태를 정확히
  파악하고 의정활동과 예산안 심사에 필요한 자료 및 정보를 획득하고 시정이 보다
  효율적이고 합리적으로 수행될 수 있도록 잘못된 부분을 시정요구할 수 있음

- 또한 의회는 자치입법권, 자치재정에 대한 권한, 집행부에 대한 통제권 등의 권한을
  유효 적절하게 행사하기 위해 재적의원 3분의 1 이상의 연서로 발의하여 특정사안
  에 대해 사실조사하고 이의 시정을 요구하거나 대책을 강구할 수 있음

- 행정사무감사 및 조사를 위하여 필요한 때에는 현지 확인을 하거나 서류제출을 요
  구할 수 있으며, 단체장 또는 관계 공무원이나 그 사무에 관계되는 자를 출석하여
  증인으로서 증언하게 하거나 참고인으로서 의견진술을 요구할 수 있음

- 단체장 또는 관계공무원은 의회나 그 위원회에 출석하여 행정사무의 처리상황을 보
  고하거나 의견을 진술하고 질문에 응답할 수 있음

☐ 행정사무감사 처리절차

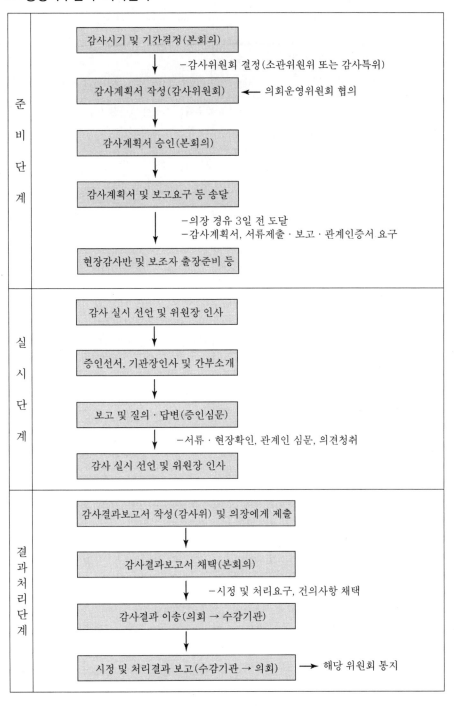

과정별	진행 절차 및 개요

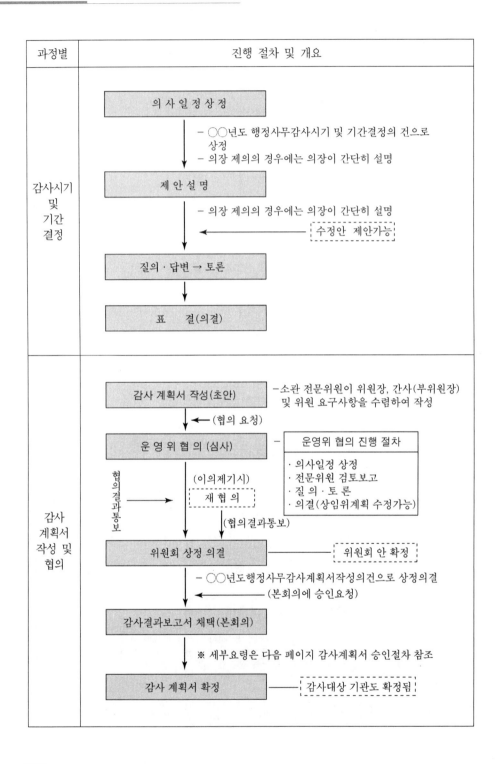

감사시기 및 기간 결정	**의사일정상정** 　 　－○○년도 행정사무감사시기 및 기간결정의 건으로 상정 　－의장 제의의 경우에는 의장이 간단히 설명 **제안설명** 　－의장 제의의 경우에는 의장이 간단히 설명 　◁──── 수정안 제안가능 **질의·답변 → 토론** **표　결(의결)**
감사 계획서 작성 및 협의	**감사 계획서 작성(초안)**　－소관 전문위원이 위원장, 간사(부위원장) 및 위원 요구사항을 수렴하여 작성 　◀──(협의 요청) **운영위협의(심사)**　－　**운영위 협의 진행 절차** 　협의결과통보 →（이의제기시）　**재협의**　· 의사일정 상정 　　· 전문위원 검토보고 　　· 질의·토론 　　· 의결(상임위계획 수정가능) 　（협의결과통보） **위원회 상정 의결**　───── 위원회 안 확정 　－○○년도행정사무감사계획서작성의건으로 상정의결 　◀───（본회의에 승인요청） **감사결과보고서 채택(본회의)** 　※ 세부요령은 다음 페이지 감사계획서 승인절차 참조 **감사 계획서 확정**　───── 감사대상 기관도 확정됨

과정별	진행 절차 및 개요

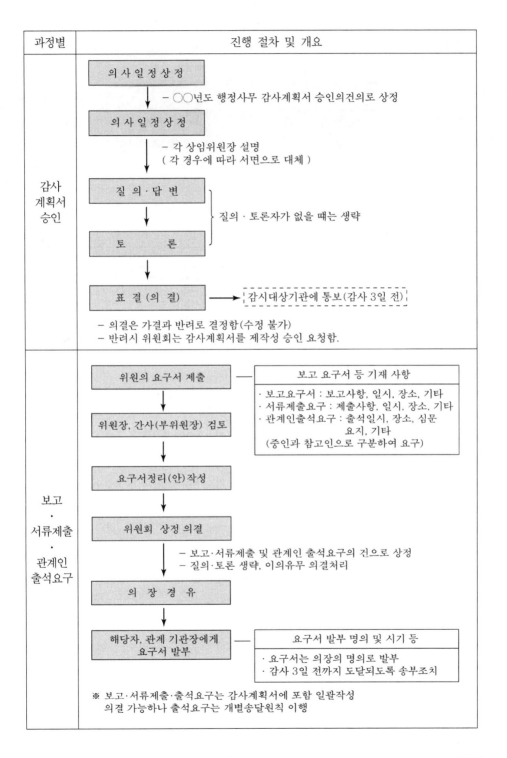

감사
계획서
승인

의 사 일 정 상 정

－ ○○년도 행정사무 감사계획서 승인의건의로 상정

의 사 일 정 상 정

－ 각 상임위원장 설명
(각 경우에 따라 서면으로 대체)

질 의 · 답 변

토 론

질의 · 토론자가 없을 때는 생략

표 결 (의 결) ⟶ 감시대상기관에 통보(감사 3일 전)

－ 의결은 가결과 반려로 결정함(수정 불가)
－ 반려시 위원회는 감사계획서를 제작성 승인 요청함.

보고
·
서류제출
·
관계인
출석요구

위원의 요구서 제출

보고 요구서 등 기재 사항

· 보고요구서 : 보고사항, 일시, 장소, 기타
· 서류제출요구 : 제출사항, 일시, 장소, 기타
· 관계인출석요구 : 출석일시, 장소, 심문
　　　　　　　　　요지, 기타
(증인과 참고인으로 구분하여 요구)

위원장, 간사(부위원장) 검토

요구서정리(안) 작성

위원회 상정 의결

－ 보고·서류제출 및 관계인 출석요구의 건으로 상정
－ 질의·토론 생략, 이의유무 의결처리

의 장 경 유

해당자, 관계 기관장에게
요구서 발부

요구서 발부 명의 및 시기 등

· 요구서는 의장의 명의로 발부
· 감사 3일 전까지 도달되도록 송부조치

※ 보고·서류제출·출석요구는 감사계획서에 포함 일괄작성
　 의결 가능하나 출석요구는 개별송달원칙 이행

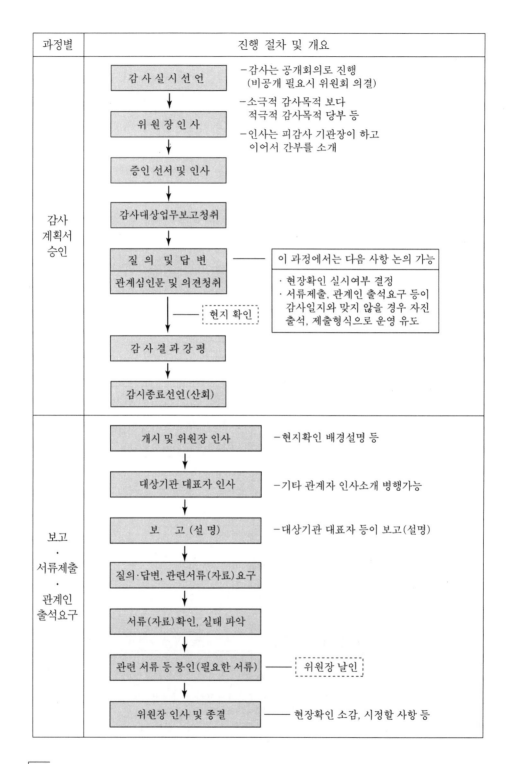

과정별	진행 절차 및 개요

**감사
계획서
승인**

```
감사실시선언   ─ 감사는 공개회의로 진행
                 (비공개 필요시 위원회 의결)
     ↓
위원장인사      ─ 소극적 감사목적 보다
                 적극적 감사목적 당부 등
     ↓
증인선서 및 인사  ─ 인사는 피감사 기관장이 하고
                 이어서 간부를 소개
     ↓
감사대상업무보고청취
     ↓
질의 및 답변      ─  이 과정에서는 다음 사항 논의 가능
관계심인문 및 의견청취    · 현장확인 실시여부 결정
     ↓                · 서류제출, 관계인 출석요구 등이
     ── 현지확인           감사일지와 맞지 않을 경우 자진
     ↓                    출석, 제출형식으로 운영 유도
감사결과강평
     ↓
감시종료선언(산회)
```

**보고
·
서류제출
·
관계인
출석요구**

```
개시 및 위원장 인사   ─ 현지확인 배경설명 등
     ↓
대상기관 대표자 인사   ─ 기타 관계자 인사소개 병행가능
     ↓
보 고 (설 명)        ─ 대상기관 대표자 등이 보고(설명)
     ↓
질의·답변, 관련서류(자료)요구
     ↓
서류(자료)확인, 실태 파악
     ↓
관련 서류 등 봉인(필요한 서류) ── 위원장 날인
     ↓
위원장 인사 및 종결   ── 현장확인 소감, 시정할 사항 등
```

과정별	진행 절차 및 개요
감사결과 보고서 작성 및 처리	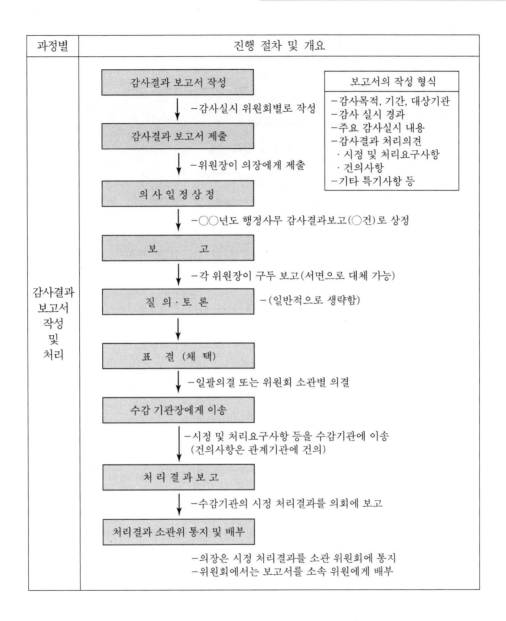

□ 행정사무조사의 처리절차

단계별	절차 및 개요
조사 준비 단계	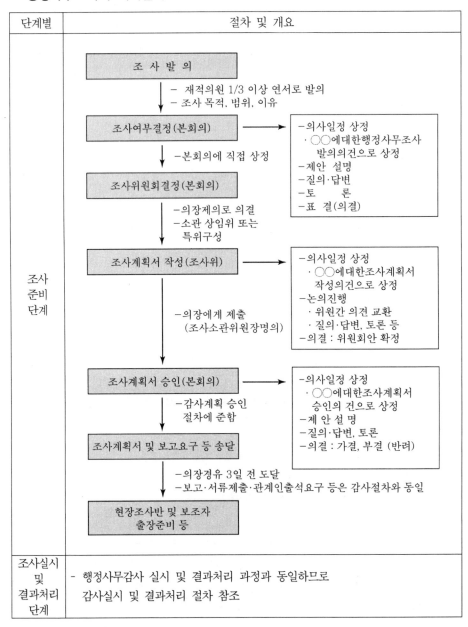
조사실시 및 결과처리 단계	- 행정사무감사 실시 및 결과처리 과정과 동일하므로 감사실시 및 결과처리 절차 참조

참고문헌

[국내 문헌]

강신택 역, 『행정학의 언어』, 박영사, 1999.

강인재, "예결산심의"『의정연구』, 제16호, 한국의회발전연구원, 2003.

강인호·오재일·박혜자·민현정, "광역의회의 의정활동평가: 광주광역시의회(1991-2001)를 중심으로,"『한국지방자치학회보』, 14(3), 2002.

구병삭, 『한국헌법론』, 일신사, 1985.

『국회의원의 헌법상 지위』, 고시계, 1964.8.

국회예산정책처 자료:http://www.assembly.go.kr

권순옥, "원내교섭단체의 법적성격과 정치적 통합기능에 관한 연구", 『의정연구』, 제31집, 1988.11.

권영성, 『신헌법요론』, 형설출판사, 1989.

_____, 『헌법학개론』, 법문사, 1999.

_____, 『헌법학원론』, 법문사, 2010.

김광주 외, "지방의회의 의정활동 평가: 경상북도의회를 중심으로,"『한국행정논집』, 10(1), 1998.

김기범, 『국회의원의 헌법상의 지위』, 고시계, 1964.8.

김기언 외, "경기도 의정활동에 대한 의원과 공무원의 인식비교,"『한국행정학보』, 27(4), 1993.

김동훈, 『지방의회론』, 박영사, 1995.

김명환 외, "정당이 지방의회와 집행기관의 관계에 미치는 영향,"『한국지방자치학회보』, 9(4), 1997.

김문현, "국회의원의 정당대표성", 고시계, 1992.5.

김병국, "단체장 직선 이후 지방의회와 단체장의 관계변화", 『지방행정연구』, 11(1), 1996.

김병준, 『한국지방자치론』, 법문사, 2002.

_____, "지방의회의 구성과 운영", 『한국행정연구』, 1998년 봄호(제7권 제1호).

_____, 『한국지방자치론』, 법문사, 2000.

김생수, "지방의회의 의정활동 측정과 발전적 방안에 관한 연구", 사회과학연구, 1994.

김석준, 거버넌스의 분석의 틀: 21세기 한국사회와 정치의 뉴 거버넌스 모색.

_____, 『뉴 거버넌스 연구』, 대영문화사, 2000.

김석준 외, 『거버넌스의 정치학』, 대영문화사, 2002.

김성호, "지방의회의 의정효율성 제고방안", 한국지방행정연구원, 1996.

김성호 외, 『지방의회의 의정활동 성과평가모형개발과 적용방안』, 한국지방행정연구원,

2002. 김수신, 『한국지방행정론』, 서울: 한국방송통신대학교 출판부, 2012.

김순은, "지방의회와 단체장과의 관계분석: 부산광역시의 사례를 중심으로," 『지방정부연구』, 3(2), 1999.

_____, "지방의회의 집행기관에 대한 견제·감시기능", 『자치의정』, 지방의회발전연구원, 1999.

_____, 지방의회 의정활동(1991-2001)의 평가와 과제," 『지방자치부활 10주년 기념 학술대회』, 한국행정학회 2001년도 학술대회, 2001.

_____, 지방의회의 예산심의 전략에 관한 연구: 부산광역시의회를 중심으로," 『지방의회연구』, 4, 1995.

김영기, "지방정부내의 의결기관-집행기관간 갈등에 관한 연구," 『한국지방자치학회보』, 10(2), 1998.

_____, 『지방자치행정론』, 대영문화사, 1998.

_____, "지방정부내의 의결기관-집행기관간 갈등에 관한 연구," 『한국지방자치학회보』, 10(2), 1998.

김정열, "정부의 미래와 거버넌스-공공관리와 정책네트워크-," 『한국행정학보』, 34(1), 2000 봄.

김종순,, "지방의회의 예산심의 실태분석: 서울시 의회를 중심으로," 『한국행정학회보』, 29(3), 1995.

김종술, "포스트모더니즘을 통해서 본 행정학의 이해", 『정부학 연구』, 5(1).

김진복, "지방의회와 지방자치단체장간의 관계정립," 『지방자치연구』, 6(1), 1994.

김철수, 『헌법학개론』, 박영사, 1999.

김현우, "각국 의회제도분석", 『국회보』, 제371호, 1997.9.

_____, 『한국국회론』, 을유문화사, 2011.

네이버지식백과〈http://terms.naver.com〉, 행정학 백과사전 단원제와 양원제, 양승일, 2013.9.15.

노화준, 『정책측정론』, 법문사, 2001.

문홍주, 『한국헌법』, 해암사, 1974.

박기관, "경기도의회의 성립과 의정활동", 경기도의회사, 경기도의정회, 1997.

_____, "자치단체장의 리더십과 공무원의 직무만족 및 행정성과에 관한 연구", 건국대학교 대학원 박사학위 논문, 1999.

_____, "지방의회 운영", 『지방정부기능론, 최창호(편)』, 삼영사, 2001.

_____, "지방의회 의정활동의 평가와 강화방안: 광명시 지방의회의 사례를 중심으로," 『도시행정학보』, 14(2), 2001.

_____, "지역사회권력구조와 지방정치의 역동성: 원주시 시청사 건립을 둘러싼 행위자들의 영향을 중심으로," 『지방정부연구』, 8(1), 2002.

_____, 『지방분권과 지방자치』, 범론사, 2000.

박기관 외, 『일본지방자치의 이해』, 건국대학교 출판부, 1999.

박동서 편, 『의회와 입법과정』, 법문사, 1985.

박동서 · 김광웅 공편, 『의회와 행정부』, 법문사, 1989.

박봉국, 『개정국회법』, 박영사, 2000.

박수영 외, 『현대사회와 행정』, 대영문화사, 2004.

박재창, 『한국의회행정론』, 법문사, 1995.

박종흡, 『의회행정론』, 법문사, 1998.

_____, "제16대 국회 하반기 평가 : 국정감사", 『의정연구』, 제13호, 2003.

백영철 외, 『한국의회정치론』, 건국대학교 출판부, 1999.

백완기, 『행정학』, 박영사, 2006.

서병훈 역, 『대의정부론』(Considerations on Representative Government저자/존 스튜어트 밀 , 역자/서병훈), 2001.

서창록 외, "거버넌스의 개념: 거버넌스의 개념과 쟁점에 관한 소고".

성낙인, 『헌법학』, 법문사, 2010.

손재식, 『현대지방행정론』, 서울: 박영사, 1991.

송광태, "지방의회 의정활동분석과 의정활성화 방안: 경상남도의회의 안건처리를 중심으로," 『중앙행정논집』, 13(1), 1999.

_____, "지방의회 의정활동평가의 사례분석을 통한 교훈", 『한국지방자치학회보』, 13(2), 2001.

_____, "지방의회운영에 대한 지방의원과 주민의 만족도 비교분석," 『한국행정학보』, 26(2), 1992.

송광태 · 김현태, "지방의회 의정활동 평가와 분석틀 적용," 『도시행정학보』, 13(1), 2000.

신두범 · 오무근, 『최신행정학 원론』, 박영사, 2003.

신성휘, 『게임이론 길라잡이』, 박영사, 2006.

안성호, "자치단체 집행부 성과의 평가와 과제," 한국행정학회 2001년도 하계학술대회 발표논문집, 2001.

안용식 외, 『지방행정론』, 대영문화사, 2000.

오석홍, 『행정학』, 박영사, 2004.

왕규호 · 조인구, 『게임이론』, 박영사, 2005.

우병규, 『각국 의회의 비교연구』, 일조각, 1983.

원주시의회, 『원주시의회사』, 2002.

_____, 『의정백서』, 1991-1992/1993-1995.6/1995.7.1-2000.6.30/20007.1-2002.6.30

유광호 · 박기관, 『관료제론』, 대영문화사, 2011.

육동일, "조례제정권의 발전방향", 『자치의정』, 지방의회발전연구원, 1999.

_____, "지방자치 운영성과와 과제에 관한 연구:민선자치 1기를 중심으로", 『한국지방자치학회보』, 11(4), 1994.

윤영진, 『새 재무행정학(제2판)』, 대영문화사, 2003.

윤영진 · 김태룡 외, 『새 행정이론』, 2002.

이관희, "국정감사제도의 문제점과 개선방향:국정감사 폐지논의를 포함하여," 『경희대논문집』, 제19호, 1999.

이규환, 『한국지방행정론』, 법문사, 2000.

이기우, "지방자치제도 개선을 위한 국민대토론회자료집," 한국지방자치학회·행정자치부, 2000.

이기우 외, "국회에 의한 지방자치단체 국정감사의 범위의 합리적 조정방향", 『한국지방자치학회보』, 제15권 제4호, 2003.

이병훈, 『대표원리와 의회주의』, 박문사, 1992.

이상운, "지방예산의 특징과 예산심의 기법", 『자치의정』, 지방의회발전연구원, 2000.

이상철·송건섭, "기초의회의 의정활동분석과 주민의 만족도 조사", 『한국지방자치학회보』, 10(1), 1998.

이상희, '법령체계와 입법절차' 법제처 정책자료, 2010.

이성진, "1950년대 지방의회와 1990년대이후 지방의회기능에 대한 비교연구," 『한국행정학보』, 36(2), 2002.

이수형, "지방의회의 상임위원회 권력", 한국지방자치학회 동계학술대회 자료집, 2001.

이승종, "지방의회의 유급제 문제", 지방자치제도 개선을 위한 국민대토론회, 한국지방자치학회, 2000.

이재웅 외, 지방의회 2주년 평가를 위한 조사연구," 『지방의회연구』, 4. 동의대학교 지방자치연구소, 1993.

이종수·윤영진 외, 『새 행정학』, 대영문화사, 2003.

이종원, 『서울시 입법활동의 활성화 방안』, 서울시정개발연구원. 1998.

_____, "지방의회의 의결권의 실태와 확대방안", 『자치의정』, 지방의회발전연구원. 1999.

이해익, 『지방의정활동상의 갈등요인에 관한 연구," 『지방자치연구』, 8(3), 1996.

이현출, 『정당과 민주주의』, 오름, 1998.

임경호, 『지방의회론』, 대영문화사, 1991.

임동욱·함성득, 『국회생산성 높이기』, 박영사, 2000.

장영수, "개헌을 통한 권력구조 개편: 의원내각제 혹은 분권형 대통령제." 동아시아미래재단 신년세미나 발제문, 2014.

정덕주 역, 『도시와 지방자치』, 1995.

정세욱, 『지방행정학』, 법문사, 1995.

정재룡, "종이 없는 국회, 이렇게 시작된다", 『국회보』, 2003.

정종섭, 『헌법학원론』, 박영사, 2010.

정준금, "기초지방의회의 의정활동분석: 울산시의회의 활동실적 평가 및 발전방향." 『한국행정논집』, 7(2), 1995.

조경호·김명수, 한국기초지방의회의 의정활동분석과 입법전문성 평가," 『한국행정학보』, 29(1), 1995.

지방의회 1주년 평가보고서, 동의대학교 지방자치연구소, 1992.

최봉기, "대구직할시의회의 의정활동분석과 의회기능의 강화방안," 『한국행정학보』, 28(2), 1994.

_____, "지방의정기능 효율성 제고를 위한 지방의원의 역할쇄신과 자질함양," 『한국지방자치학회보』, 14(2), 2002.

최봉기 외, "지방의회와 집행기관간의 관계에 관한 평가," 『한국행정학보』, 26(3), 1992.

최요환, 『의회정치의 이론과 실제』, 박영사, 1987.

최정규, 『이타적 인간의 출현』, 뿌리와 이파리, 2009.

최창호, 『지방자치의 이해』, 삼영사, 2001.

_____, 『지방자치학』, 삼영사, 2011.

최태욱, 2014의원내각제 vs 분권형 대통령제, 무엇이 좋을까-승자독식 민주주의에서 합의제 민주주의로 나가야 -.

한국지방자치학회, 『한국지방자치론(제3판)』, 삼영사, 2000.

한동섭, 『헌법』, 향학사, 1964.

함성득, "국회예산심사기능의 효율성 제고방안", 『예산춘추』, 봄호, 2005.

허영, 『한국헌법론』, 박영사, 1995.

홍성방, 『헌법학』, 박영사, 2010.

황아란, "지방자치단체의 기관구성모형", 『한국지방행정연구원 연구보고서』, 제292권, 1998.

황태연, "유럽 분권형 대통령제에 관한 고찰." 『한국정치학회보』, 제39권 2호. 2005.

21세기 정치학대사전, 한국사전연구사,

[외국 문헌]

Baudrilard Jean, *America London*: Verso, 1989.

Binmore, Ken., *Game Theory, A Very Short Introduction*, Oxford University Press, 2007.

Carl Bellone(ed.), *Organization Theory and the New Public Administration*, Boston: Allyn and Bacon Co., 1980.

Easton, David, "The New Revoluation in Political Science," *American Political Science Review*, 63,4, December 1969.

Epstein, Leon E., "Parliamentary Government," in David L. Sills(ed.), *International Encyclopedia of Social Science*, Vol. 11, New York : The Macmillan Company & The Free Press, 1968.

Farmer, D. J., *The Language of Public Administration: Bureaucracy, Modernity, and Postmodernity*. Tuscaloosa, Alabama: The Univ. of Alabama Press. 1995.

Forsyth, C. "The Definition of Parliament after Jackson: Can the Life of Parliament be Extended under the Parliament Acts 1911 and 1949?", *International Journal of Constitutional Law*, 9(1), 2011.

Fox, C. J. & H. T. Miller, *Postmodern Public Administration: Toward Discourse.* London: Sage Publications. 1995.

Habermas Jurgen, "The New Obscurity." *Philosophy and Social Criticism* 11, 1896.

Habermas Jurgen, *The philosophical Discourse of Modernity Cambridge,* The MIT Press, 1987.

Harmon, M. I., *Action Theory for Public Administration.* N. Y. : Longman.

Heady, F., *Public Administration: A Comparative Perspective,* fourth edition(New York: Marcel Dekker, Inc., 1991.

http://www.assembly.go.kr

http://www.pressian.com/news/article.htm

Hugh, O. E., *Public Management and Administration: An Introduction.* N. Y.: St.Martin's Press. 1994.

Issak, Alan C., *Scope and Methods of Political Science.* Homewoo(IL: The Dorsey Press., 1981.

John, M., *The Language of Canadian Politics : A Guide to Important Terms And Concepts,* Wilfrid Laurier Univ Pr., 2006.

Loewenberg & Patterson 1979, Norton 1990.

Lyotard Jean-Francois, *The Postmodern condition.* Minneapolis: University of Minnesota Press, 1984.

Mackenzie, K. R., *The English Parliament.* Middlesex: Penguin Books, 1950.

Maurice Roche, *Phenomenological, Language and the Social Science,* London, RKP, 1973.

Osborn D. and T. *Gaebler, Reinventing Government: How the Entrepreneurial Spirit in Transforming the Public Sector,* New York: Addison-Wesley, 1992.

Pasthas, G., *phenomenological Sociology,* New York, 1973.

Pitkin, H. F., *The Concept of Representation,* Losangels: Uni.of California Press, 1967.

Rogers, Steve., *Performance Management in Local Government,* London: Longman, 1990.

Stephen White, *Political Theory and Postmodernism.* Cambridge: Cammbridge University Press.

Suparb Pas-Ong, 1997.

찾아보기

[저자 소개]

· 박기관(朴起觀)

건국대학교 대학원에서 행정학 박사학위를 취득하고, 현재 상지대학교 행정학과 교수로 재직하고 있다.
주요 학문 관심 분야는 지방자치, 관료제, 비교행정, 성과평가, 행정혁신 등이다.

〈주요 저서〉

『수험행정학』(1999), 『우리사회 이렇게 바꾸자』(공저, 2000), 『지방분권과 지방자치』(2000), 『지방정부 기능론』(공저, 2001), 『관료제론』(공저, 2007), 『일본 지방자치의 이해』(공역, 1999), 『복지행재정론: 제도와 정책』(역, 2003), 『지방정부의 아웃소싱』(역, 2007), 『문화행정의 이해』(공저, 2015), 『한국지방정치행정론』(2015) 등이 있으며, "지방분권 국정과제의 평가와 정책과제", "정부간 인사교류의 분석과 비판적 고찰", "행정서비스 시민만족도 결정요인 분석", "지방선거분석과 함의 그리고 정책과제", "지역사회권력구조와 지방정치의 역동성", "민선자치시대 지역주민의 정치적 태도에 대한 실증적 분석", "행정구역개편에 따른 도농통합의 성과와 결정요인 분석" 등을 비롯한 다수의 논문을 주요 학회보에 발표했다.

〈주요 경력〉

플로리다 주립대학교(Florida State University)교환 교수, 대통령 직속 지방분권촉진위원회, 국무조정실, 안전행정부, 강원도, 원주시 등에서 자문위원 및 평가위원, 강원포럼 회장, 자치포럼 회장, 한국행정학회, 한국지방자치학회, 한국정책과학학회, 한국공공관리학회 등에서 이사 및 편집위원 그리고 국가고시를 비롯한 각종 지방 공무원 출제 및 면접위원으로 활동하고 있다.

한국의회행정론

2015년 2월 10일 초판인쇄
2015년 2월 15일 초판발행

저 자 박 기 관
발행인 유 성 열
발행처 **청목출판사**
　　　　서울특별시 영등포구 신길로 40길 20
　　　　전화 (02) 849-6157(代) · 2820 / 833-6090~1
　　　　FAX (02) 849-0817
　　　　등록 제318-1994-000090호

파본은 바꾸어 드립니다.　　　　값 20,000원

http://www.chongmok.co.kr

ISBN　978-89-5565-603-9